経済工学シリーズ・第2期

情報とインセンティブの経済学

細江守紀 著

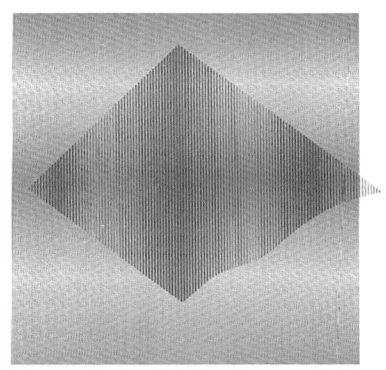

九州大学出版会

はしがき

　経済工学シリーズ第1期として，1987年に『不確実性と情報の経済分析』を執筆したが，その後の情報の経済学の展開を踏まえて，このたび『情報とインセンティブの経済学』を経済工学シリーズ第2期に加えることができた．

　『不確実性と情報の経済分析』を書いた時点において，情報の経済学はゲーム理論の経済学へのあらたな展開とともに経済学の新しい流れを形成していく中核的な研究分野であった．とくに，プリンシパル・エージェンシー関係を記述する契約理論やシグナリングやスクリーニングの概念を使った市場分析などが情報の経済学の主要な内容であった．その際重要な命題である「顕示(表明)原理」もすでに知られていた．その後，情報の経済学は様々な分野に取り込まれて経済学そのものの革新に大いに貢献した．

　15年以上の歳月のなかで，この流れは経済学の基礎の見直しを促進し，そして，さまざまな分野へと応用され，また，あらたなコンセプトを生み出しながら，およそ情報の経済学の分析ツールを使わない分野はないといってよいほどに展開した．そのなかで契約の経済学，組織の経済学はこの間に大きく革新していった学問分野であった．契約の経済学は情報の経済学のもっとも重なった分野であり，経済取引の基本的なパターンを逆選択とモラルハザードを含む契約のあり方としてとらえ，取引におけるインセンティブに注目したものであった．1980年後半からはとくにO.Hartなどの研究を受けて不完備契約の概念が積極的にこの研究にとり込まれてきた．現在，契約理論ではこの不完備契約のあり方についての議論が盛んに行われているが，その成果は今後に待つところが大きい．

　一方，組織の経済学もまた，情報の経済学からあらたな出発をしたといってよい．エージェンシー理論がその研究のパラダイムとして導入され，さらに，B.Holstromのチーム生産に関するあらたな理解とあいまって，組織の経済学はモニタリング・システムの構築として集約されてきた．また，不完備契約論の進

展は組織における非契約的な部分に光をあてることになり，組織の組織たるゆえんはまさにその非契約的な部分に対する統治のあり方をいかにすべきかという点であると考えられるようになった．そしてそのための統治原理が権限であり，その権限の配分をどのように設計するべきかが組織の有効性の要であると認識されるに至っている．このように契約の経済学と組織の経済学は市場と組織という視点の中で相互に影響されながら現在のところ不完備契約という概念をキーワードにして研究が進められている．

また，あらたな研究領域として，法と経済学に現在多くの関心が持たれている．そもそも法と経済学は米国のシカゴ学派からスタートし，当初は新古典派経済学の法領域への適用というスタンスであったが，情報の経済学の進展を踏まえて，市場の失敗の要因の緻密な把握とともに法そのもののあり方，機能，効果などがより広い立場で考察されるようになってきた．とくに，市場や組織の補完として法ルールの分析が重要な視点となっている．また，我が国では司法制度改革のなかでの法科大学院の設立や政策と理論の融合を目指す公共政策大学院の誕生などのあらたな潮流があり，そのなかで法と経済学の一層の研究の必要性が求められてきている．この研究は公共政策の形成・実行・評価を統一した分析や政治と行政の経済分析を含む大変刺激的な研究領域を形成している．

本書はこうした情報の経済学のあらたな展開のなかでこれまで書いてきたものをまとめ，また，この流れをよりよく理解してもらうためにさらに書き加えたものである．内容としては情報の経済学の基礎，契約理論，法と経済学，公共政策に関するものとなっている．契約理論は排他取引と再交渉，取引特殊的投資と競争的取引，雇用とモラルハザードを取り上げ，法と経済学では契約法，会社法，独占禁止法を扱った．また，公共政策としては政策の行政的側面と環境政策の遵守メカニズムを検討している．これらの研究は情報，インセンティブ，そしてモニタリングをキーワードとした内容となっている．経済学に関心のある大学高学年の学生，大学院生，また若手研究者に向けた書物としての性格をもっている．

経済工学シリーズは，1977年に九州大学経済学部に経済工学科が設置されたのをきっかけに，経済工学科に所属する研究者を中心に経済工学という研究・教育の組織を全国的にアピールするために刊行された．経済工学科は設置以来30

年近くを経ているが，2001年，大学院重点化のなかで再編され，経済システム解析と数理情報分析というこれまでの講座にあらたに政策分析講座が導入された．この3つの講座の連携がいかになされていくかが今後の経済工学科の発展の重要な鍵となるであろう．21世紀に入って，グローバル競争の激化，少子化社会の到来により大学の置かれた位置は大変厳しいものがある．また，2004年から国立大学から国立学校法人へと大きな大学改革があった．1977年に産声をあげた経済工学科がこの大きな波のなかにあってこれまで以上の貢献を社会にできることを切に願う次第である．

　なお，本書の整理段階でたくさんの方々に多くの手助けをいただいた．とくに日本学術振興会特別研究員の福山博文氏と九州大学の学術特定研究員の野崎竜太郎氏には内容に対して詳細に目を通していただいたことを感謝するとともに併せて両氏の今後の研究の発展を祈念します．また，出版予定を大幅に遅らせて九州大学出版会の皆様にご迷惑をおかけしましたが，多くのご助言をいただきお礼を申し上げます．最後に私事になりますが，私の学問的なわがままを許してくれた亡き母，いつまでも心のなかに生きている息子，そして今を支えてくれている妻と娘達に言葉で言い尽くせない感謝の気持ちとともに本書を捧げます．

　　平成17年2月1日

　　　　　　　　　　　　　　　　　　　　　　　　　　　　　細江守紀

目 次

はしがき i

第1章 情報と経済取引　　1
1.1 情報と契約 1
1.2 内部情報と外部情報 3
1.3 情報の保有 4
1.4 取引と不完備契約 6

第2章 逆選択と競争市場　　9
2.1 逆選択と品質情報 9
2.2 スクリーニングと保険 11
    2.2.1 メカニズム・デザインと顕示原理 11
    2.2.2 保険市場 13
2.3 シグナリング 21
    2.3.1 学歴シグナリング論——分離均衡と一括均衡—— 22
    2.3.2 継続取引とシグナリング・ゲーム 26

第3章 エージェンシー理論　　33
3.1 エージェンシー関係 33
3.2 インセンティブ契約 34
3.3 モラル・ハザードと不完備契約 37

第4章 再交渉と排他的取引　　41
4.1 はじめに 41
4.2 スポット市場と排他的契約 42

	4.2.1	スポット契約	43
	4.2.2	排他的取引契約	43
4.3	再交渉付き排他的取引契約		46
	4.3.1	事後交渉と排他的取引契約	46
	4.3.2	再交渉付き排他的取引契約	47
4.4	流通市場における排他的取引		51
4.5	おわりに		54

第5章 取引特殊的投資とインセンティブ 57

5.1	取引特殊的投資と情報		57
	5.1.1	取引特殊的投資	57
	5.1.2	最適投資水準	58
	5.1.3	社会的最適投資	60
5.2	取引特殊的投資と取引グループ		62
5.3	留保価格		63
5.4	グループ解消の均衡確率		64
5.5	最適取引特殊的投資		68
5.6	おわりに		69

第6章 契約法と取引不履行 73

6.1	法の経済学と契約法		73
6.2	取引特殊的投資と救済ルール		75
	6.2.1	モデル	75
	6.2.2	法的賠償がない契約	76
	6.2.3	履行利益	77
	6.2.4	信頼利益	78
	6.2.5	原状回復利益	79
	6.2.6	最適賠償ルール	80
6.3	約定損害賠償		81
6.4	信義則		83
6.5	継続的供給契約		85

目次　　　　　　　　　　　　　　　　　　　　　　　　　　　vii

　　　6.5.1　民法上の位置づけ 85
　　　6.5.2　履行利益のもとでの再交渉 86
6.6　不完備契約と継続取引 89
6.7　契約不履行と優越的地位の濫用 91
6.8　おわりに 94

第7章　雇用とモラル・ハザード　　　　　　　　　　　　　97
7.1　雇用における労働の特性 97
　　　7.1.1　労働の不確定性 97
　　　7.1.2　労働力の分割不可能性 99
　　　7.1.3　貸借取引としての雇用 100
　　　7.1.4　裁量権と雇用 100
　　　7.1.5　監督の機能 102
　　　7.1.6　請負契約 103
7.2　エージェンシー関係としての雇用 104
7.3　モニタリング 105
　　　7.3.1　最適な報酬・努力水準 106
　　　7.3.2　最適規模とモニタリング活動 107
　　　7.3.3　完全情報下の企業行動との比較 110

第8章　コーポレート・ガバナンス　　　　　　　　　　　113
8.1　コーポレート・ガバナンス 113
　　　8.1.1　企業法制 113
　　　8.1.2　経営者に対するモニタリング 114
8.2　監査制度の設計 116
　　　8.2.1　監査モデル 116
　　　8.2.2　監査なしの報酬インセンティブ制度 117
　　　8.2.3　外部監査下の契約 118
　　　8.2.4　内部監査と結託 120
　　　8.2.5　内部監査と外部監査の並存 122
8.3　株主によるモニタリング 123

8.3.1　経営に対する複数のモニタリング・チャネル 123
　　　8.3.2　株主によるモニタリング 124
　8.4　金銭的インセンティブと効率的投資 130
　8.5　モニタリング機構 131
　8.6　不完備契約とコーポレート・ガバナンス 133

第 9 章　カルテル抑止とエンフォースメント政策　　139
　9.1　はじめに 139
　9.2　カルテルと逸脱 142
　9.3　エンフォースメント政策と企業行動 143
　9.4　調査協力の場合のモニタリング政策 148
　9.5　調査協力をしない場合の最適政策 152
　9.6　最適モニタリング政策 155
　9.7　おわりに 156

第 10 章　行政とモニタリング活動　　159
　10.1　行政活動 159
　　　10.1.1　行政立法と行政計画 159
　　　10.1.2　行政行為と執行 160
　　　10.1.3　行政指導 162
　10.2　行政のモニタリング活動 164
　10.3　事後監督と比較監督システム 168
　10.4　規制と結託 173
　　　10.4.1　検査官と業者の結託 173
　　　10.4.2　結託が不可能なペナルティ体系 176
　　　10.4.3　結託が可能なペナルティ体系 177
　　　10.4.4　監査制度 179

第 11 章　規制，モニタリング，および談合　　183
　11.1　はじめに 183
　11.2　公共財受注モデル 184

	11.2.1	モデル	184
	11.2.2	入札メカニズム	186
11.3	モニタリングをもつ入札制度	191
11.4	談合の可能性と談合抑止メカニズム	197
11.5	おわりに	199

第 12 章 不法投棄，リサイクル，およびモニタリング　　203

- 12.1 廃棄物とリサイクル ... 203
- 12.2 廃棄物とリサイクリングのモデル ... 205
  - 12.2.1 家計の廃棄とリファンド料金 ... 205
  - 12.2.2 リサイクル業者と生産者 ... 207
  - 12.2.3 社会的最適解 ... 209
- 12.3 市場均衡解 ... 211
  - 12.3.1 リファンド制度（$0 < k < 1$）下での均衡 ... 211
  - 12.3.2 両市場均衡におけるモニタリング政策の有効性 ... 213
  - 12.3.3 料金制度（$-1 < k < 0$）下での均衡 ... 215
- 12.4 おわりに ... 216

第 13 章 汚染排出権市場と遵守メカニズム　　219

- 13.1 はじめに ... 219
- 13.2 排出水準とファースト・ベスト解 ... 220
- 13.3 排出権市場 ... 221
- 13.4 排出権市場の遵守可能性と監視制度 ... 225
- 13.5 モニタリング設計 ... 228
- 13.6 最適モニタリング ... 230
- 13.7 私的費用と社会的費用 ... 233
- 13.8 おわりに ... 235

事項索引 ... 237

人名索引 ... 239

第1章　情報と経済取引

1.1　情報と契約

　人々が社会的活動をおこなう場合，彼らの間で多くの取引がなされる．財・サービスの売買取引，資金や土地などの賃貸取引などの経済取引だけでなく国民と政治家の間の選挙をとおしての公共サービスの供与取引，さらには男女の結婚などの社会的取引も考えられる．それらは取引の実行のために契約が明示されている場合もあるし，契約が明示されていない場合もある．また，契約が明示されているといっても，どの程度詳細に書かれているかは異なる．このとき，取引者同士がもつ取引に関する情報がどのようなものであるかによって取引のあり方，さらには，取引の結果が大きく異なるであろう．そこでつぎのような例を取り上げてこれらの問題を考える糸口としよう．

　例1　いま，甲が自宅の庭の剪定をしてもらう場合を考えてみよう．まず，甲は適当な剪定業者を見つけることから始めなければならない．甲は剪定業者に上手，下手があることを知っている．したがってできれば腕の良い業者に剪定してもらいたい．そのため，よい業者を選ぶために何らかのサーチ活動をするかもしれない．もちろん，これまでのなじみの，信用できる業者がいれば，その業者に依頼することができる．その場合にはサーチコストはゼロである．しかしそのような業者がいなければあらたな業者を探さなければならない．知り合いをつうじて紹介してもらうとか，電話帳から適当にピックアップするとか，あるいはたまたま郵便ポストにはいっていたチラシの業者にあたるとかする．また，入手できるものなら，剪定業者のこれまでの実績とかあるいは経営状態などを調べ選定することになるかもしれない．

　ともかく，交渉相手の業者を決めたら，どの程度剪定してもらうか，それに対

する値段をどうするか，また，工事の日程などを決めなければならない．これらの交渉は成功するかもしれないが，例えば価格面などで折り合いがつかず交渉が決裂し，他の業者をあらためて探すことになるかもしれない．交渉がまとまれば，契約の内容の実行にとりかかることになる．このとき，契約は契約書という形をとるかもしれない．しかし，簡単な内容であれば，いちいち文書化せず，口頭での確認だけかもしれない．また，契約内容についてどの程度詳細にするかということも問題である．すなわち，どの木はどのように剪定するかなどこまかく指定しておくか，あるいは協議しておくか考えなければならない．通常は大雑把な指定はするが業者に任せるということかもしれない．また注意深い人であれば，現実にはあまり考えられないが，契約の変更の可能性を交渉しておくかもしれない．たとえば大雨が降って剪定作業の終了日が予定よりおくれるとか，庭石の値段が急騰したので最初の見積もりとは異なる値段を業者が要求するとか，様々な不確実性についてあらかじめどのようにするかを取り決めておかなければならないかもしれない．そうしたプロセスをへて，交渉がまとまれば，業者はその契約内容を実施することになる．

　さて，ここでこうした取引で重要なポイントを挙げてみよう．まず，甲は腕のよい剪定業者を希望していることである．腕のよい剪定業者であればそれなりの値段でも支払ってよいと考えられる．一般に，取引をする場合に重要なファクターの一つは相手のもつ特性(ここでは腕のよしあし)である．財を購入する場合はその財の品質などが考えられる．取引する財の特性が標準化されており，買い手にとって知られたものであれば問題はない．しかし財あるいはサービスの特性についての情報が少ない場合には取引に困難が生じる可能性がある．これらの問題は情報の非対称性の問題である．また，契約の内容についてはさまざまな状況をあらかじめ取り込めないことからくる問題があり，これは契約の不備性の問題である．

　以上のことから情報のあり方が取引にいかに重要な役割をするかが理解されると思う．これらの問題は情報の経済学として検討されてきた．本章では主として情報の非対称性の問題に焦点を絞って情報の経済学の基本概念を説明しよう．情報の経済学は，まず，不確実性下の経済行動において情報の役割を積極的

に評価することから始まった．1970年のG.Akerlofの「不良品市場：品質不確実性と市場メカニズム」は内部情報が観察できないことから生じる市場の失敗を分析した画期的な論文であった．また，1984年のK.Arrowの『組織の限界』，1975年のO.Williamson『市場と企業組織』は組織と市場において情報のもつ重要な役割の意味を明らかにした[1]．

1.2　内部情報と外部情報

　情報はわれわれの生活になくてはならないものであるが，経済学において情報が正当に重視され始めたのはすでに述べたように1970年代に入ってからである．それまで情報は当事者間で完全に知られているという前提で分析がスタートされていた．現在ではまず情報は偏在していることを前提に議論されている．まず，情報のもつ役割から考えてみよう．

　今日，情報は「高度情報化社会」の到来等で言及されるようにコンピュータによる大量高速情報処理の文脈で語られることが多いが，情報のもつ役割はもっとも単純な2人の間の経済取引においても本質的なものであろう．そこでまず，情報の分類から始めよう．なお，以下では，情報そのものを特に厳密に定義せず，なんらかの事柄の内容および発生に関する知識というほどの意味で使うことにする．

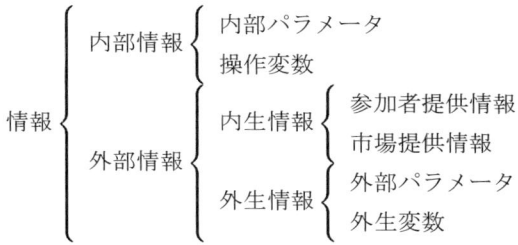

この図はある取引に直面している経済主体にとって問題となる情報を一般的に分類したものを表している．

　内部情報は取引者そのものに帰属するもので，その取引者自身が操作できるものであるかどうかで，内部パラメータと操作変数に分けることができる．内

---
[1] 清水・堀内 (2003) は分かりやすい解説書である．

部パラメータは取引者の特性と言い換えることができ、労働者の能力、保有している財の品質などがそうである．操作変数は取引者の意思によって動かすことのできる変数であり、労働者が実行する努力などがこれにあたる．企業についていうと、すべての意思決定事項がそうである．しかし、内部パラメータと操作変数との差はある意味で相対的である．たとえば、財の品質は操作変数と考えてよい場合もあるが、比較的短期の分析においては、固定されたもの、すなわち、内部パラメータと考えることもできる．また、内部パラメータといってもつねに固定したものと考える必要はなく、確率変数を想定してもよい．

これに対して、外部情報は内生情報と外生情報に分けることができる．前者は取引者の相手方の活動から生じる情報であるが、外部から生じる情報である．内生情報はさらに取引参加者の提供する情報と、取引者間の活動をとおして市場が提供する情報に分けられる．取引参加者の提供する情報をとおしては価格や広告内容などがあげられる．一方、市場をとおして生じる情報とは、取引主体そのものに帰属する変数はないが、各取引主体の活動の結果として生じた情報であり、たとえば、完全競争市場における価格はその代表的な例である．これに対して、外生情報は取引当事者たちが直接・間接に影響をあたえることができない情報で、それは変動可能かどうかで外部パラメータと外生変数に分けることができる．このような分類はどの局面で分析するかということに依存しており、同じ情報でも分析の枠組みが異なれば違った取扱いをうけることになる．たとえば、消費者による価格探索問題を考えるときには価格情報は外生的と考えてよいが、消費者による価格探索と寡占企業の価格政策の関連を考えるときには、価格情報は内部情報となろう．

1.3 情報の保有

情報が取引者にとって重要なのは取引参加者間にその情報の利用・保有の状態に関して量的・質的差異が存在する場合である．すなわち、ある情報についてよりよく知っている人とあまり知らない人がいる場合に、情報は重要になる．その場合・情報は差別化されている、あるいは非対称的であると言われる．とくに、行動情報に関して非対称となっている場合、隠れた行動 (hidden action)

1.3. 情報の保有

といい，特性情報について非対称となっている場合，隠れた情報あるいは隠れたタイプ (hidden information, hidden type) といわれる．この時，その情報ギャップを克服するための行動として，つぎの3つの基本行動が考えられる．

[Ⅰ] 情報保有者 ←——— 探索・モニタリング ——— 情報非保有者

[Ⅱ] 情報保有者 ——— 情報伝達 ——→ 情報非保有者

[Ⅲ] 情報保有者 ←——— 情報伝達/探索・モニタリング ———→ 情報仲介者 ——— 情報伝達 ——→ 情報非保有者

この場合，情報が外部的なものであれば，情報保有者は「自然」や市場であるかもしれない．[Ⅰ] のパターンは情報非保有者が積極的に情報を得ようとするもので，この情報探索・モニタリングにはコストが生じるであろう．したがって，情報を得ようと試みるかどうかはコストを考えたうえで決定しなければならず，情報価値の問題に帰着する．

[Ⅱ] のパターンは情報保有者の側から非保有者へ情報を伝えるというものだが，情報伝達に法的強制力がある場合を除いて，情報保有者にとって有利になる場合のみ，そのディスクロージャーは生じるであろう．また，開示された情報が真実であるかどうかは，そもそも情報の非対称性を前提としているので，情報非保有者にとって調べようがないかもしれない．このように開示された情報が真実であるかどうか立証できない場合，すなわち，第三者（裁判所）に証拠立てることができないとき，その情報は立証不可能情報 (unverifiable information) といい，立証できる場合を立証可能情報という．立証可能な場合には立証作業のためコストが生じるかもしれないことは留意しておかなければならない．この [Ⅱ] のパターンは企業による宣伝・広告活動が典型である．したがって，このパターンが実行されるかどうかは情報の隠蔽と開示に関する選択の問題となるし，開示する場合でも真実を開示するかどうかの問題が生じる．このように当事者間でお互いに観察される情報であっても立証できないのでそのような事項は契約から排除しなければならない．このような契約のことを不完備契約という．このとき，この事項をどのように効率的に実行させるかは取引の制度設計にとって重要な問題である．

[III] のパターンは情報伝達の分業化で，情報仲介者がある種の専門性・特殊機能をもつ場合に生じうる．職業斡旋業・不動産斡旋業，投資顧問，経営コンサルタント等，さまざまな仲介業がこのパターンに属する．この場合，仲介者は情報収集，情報処理，および情報生産の能力においてすぐれていなければならないが，仲介者の介入において問題となるのは仲介者の情報的優越性から生じうる機会主義(O.Williamson)の問題である．機会主義の発生をいかにして防ぎながら，取引効率を高めるかという問題は流通機構の役割，企業における中間管理職の活動などを射程に入れた市場と組織の経済学の中心的課題といえるであろう．

1.4　取引と不完備契約

取引を結ぶとき，情報の非対称性が重要であるだけでなく，契約の不完備性に注目する必要がある．すでに述べたように不完備契約とは契約に関わる取引で重要な項目について立証できないものがある場合をいう．これはその事項がたとえばあまりに複雑すぎて，当事者同士には観察できるとしても契約の内容をきちんと定めることができない場合，あるいはそうしようとしても多大な費用がかかるので契約に書き込むことができない場合をいう．

その例として取引者間の投資活動，とくに，その取引にとくに必要な投資で，他の業者との取引ではその投資が役に立たないようなものを考えてみよう．これは取引特殊的投資と呼ばれるものである．この取引特殊的投資は取引の効率性を高めるためには是非必要であるが，つぎの事例でわかるような問題が発生する．

事例　A社とB社があり，A社はその製品を生産するためにそれに特化した部品が必要であり，その部品を生産するために特殊な生産設備およびそのための生産技術を必要とする．B社はその部品をその生産設備と生産技術を用いて生産し，A社に提供する．

この場合以下のような契約・取引の手順がなされる．まず，契約（部品の内容，数量，価格など）が結ばれる．その後，B社は生産技術を獲得するための投

資を行う．この投資水準・内容が契約事項として書かれるのであれば問題ないが，事項として確定するにはあまりにも複雑であるということである．この投資はほかの企業との取引ではほとんど価値をうまないものであれば，投資によってB社はコミットしたことになる．すなわち，後戻りできないことになる．A社はこのB社の後戻りできない状況を利用して契約内容の再交渉をおこない，自分に有利なものにしてしまうことができるかも知れない．このような状況が予想されれば部品メーカーは投資活動を過小に実行する可能性があり，投資の効率性が損なわれる，ひいては取引の効率性を損なうことになる．このような問題はホールドアップ問題と呼ばれる[2]．

この問題はあらかじめ両者の取り結ぶ契約がすべての状況を記述した完備契約であればおこらないが，そうした取り決めをおこなうのに多大なコストがかかる場合，あまり詳細な事項を設定できず不完備契約となる場合ことから生じるのである．こうした状況では契約の再交渉が生じることになるが，その再交渉が当事者にとって有利になるためには契約が決裂したときにダメージが少ないことが重要である．そして，このダメージの大きさは，決裂した場合，すなわち，いざというときにどのような権利を契約の出発点においてもっているかが影響をもつ．とくに，投資された資産をめぐる所有権のありかたがポイントになる．こうして，不完備契約の状況では，所有権の配分に関わる問題が重要になり，取引の統合，組織化などの問題に取り組む必要がある．

参考文献

[1] Akerlof,G.(1970), "The Market for Lemons," *Quarterly Journal of Economics*, vol.84.

[2] Arrow,K.(1974), *The Limits of Organization*, W.W.Norton (村上泰亮 訳 (1976),『組織の限界』岩波書店).

[3] Hart,O.(1995), *Firms, Contracts, and Financial Structure*, Oxford University Press.

[4] Laffont,J.J.(1989), *The Economics of Uncertainty and Information*, MIT

---

[2] 不完備契約についての分かりやすい解説書としてはO.Hart(1995), 柳川 (2000) がある．

Press (佐藤公敏 訳 (1992),『不確実性と情報の経済学』東洋経済新報社).

[5] Mas-Colell,A.,Whinston,M. and J.Green(1995), *Microeconomics Theory*, Oxford University Press.

[6] Rasmusen,E.(1989), *Games and Information*, Basil Blackwell (細江守紀・村田省三・有定愛展 訳 (1990,1991),『ゲームと情報の経済分析』Ⅰ・Ⅱ, 九州大学出版会).

[7] Salanie,S.(1994), *The Economics of Contracts*, MIT Press (細江守紀・三浦功・堀宣昭 訳 (2000),『契約の経済学』勁草書房).

[8] Williamson,O.E.(1975), *Market and Hierarchies*, The Free Press (浅沼萬里・岩崎晃 訳 (1980),『市場と組織』日本評論社).

[9] 伊藤秀史 (2003),『契約の経済理論』有斐閣.

[10] 清水克俊・堀内昭義 (2003),『インセンティブの経済学』有斐閣.

[11] 細江守紀 (1987),『不確実性と情報の経済分析』九州大学出版会.

[12] 細江守紀 (2000),「情報と経済取引」(第8章),『現代ミクロ経済学』(細江守紀・今泉博国・慶田收 編) 勁草書房.

[13] 柳川範之 (2000),『契約と組織の経済学』東洋経済新報社.

第2章 逆選択と競争市場

2.1 逆選択と品質情報

　情報の非対称性が市場へ与えるインパクトを最初に理論的に分析したのは Akerlof (1970) であった．彼は「供給者のタイプ情報が買い手に知られていないとき，市場は失敗する可能性がある」と主張し，中古車市場の分析によってそのことを示した．

　ここでは市場の一方の当事者のタイプ情報を本人は知っているが，相手は知らないという非対称情報構造において一般的な分析を試みる．いま，様々なタイプの品質の製品を生産する多数の供給者を考える．ここで，θ がその品質のパラメータであり，各供給者の θ は線分 $[\underline{\theta}, \bar{\theta}]$ 上に分布しているとする．θ の値が大きいほど良い品質を表し，もしこの品質が需要者に知られているならば，その価格は θ がつけられるものとする．しかし，需要者は各供給者のタイプを知らない．このとき，市場に供給された財のタイプを予測し，平均品質をその価格とすることになる．また，θ タイプの供給者の留保価格を $r(\theta)$ とする．この留保価格は θ に関して単調増加と仮定しておく．タイプ情報が完全に知られている場合には，各タイプ θ に対して価格 θ が付けられるので，$\theta \geq r(\theta)$ ならば供給され，$\theta \leq r(\theta)$ なら供給しない，すなわち，市場から退出する．

　しかし，市場に供給される財の品質情報が需要者に知られない場合には，価格は品質に関わりなく一定の値となる．いま，この価格を P とすると，$r(\theta) \leq P$ なる供給者のみが市場に財を供給する．すなわち，このときの市場に供給される財のタイプの集合 $\Theta(P)$ は

$$\Theta(P) = \{\theta | r(\theta) \leq P\}$$

---

*本章は細江 (2000) を加筆・修正したものである．

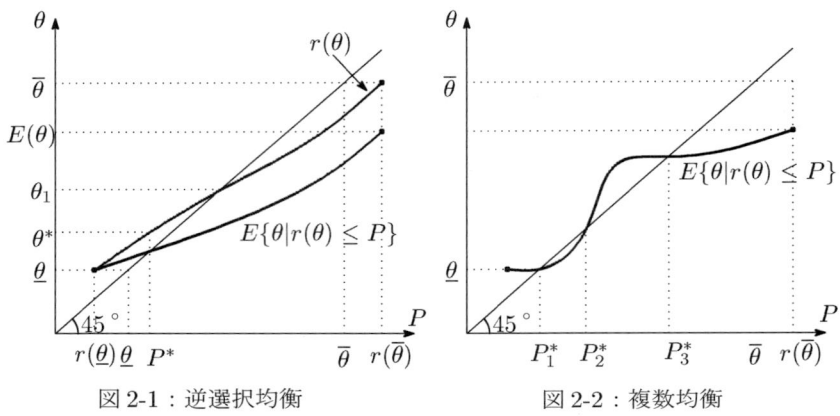

図 2-1：逆選択均衡　　　　　図 2-2：複数均衡

となる．したがって，そのときの市場に供給される財の平均品質は

$$E\{\theta|\theta \in \Theta(P)\}$$

で表される．このとき市場均衡では，価格は市場に供給される財の平均品質になるから，

$$P^* = E\{\theta|\theta \in \Theta(P^*)\}$$

が成立する．この均衡価格を P^* で表す．

図 2-1 はこのときの市場均衡を示している．図では，留保価格関数について，$r(\underline{\theta}) < \underline{\theta}$，$r(\bar{\theta}) > \bar{\theta}$ が成り立ち，かつ，$r(\theta)$ は一度だけ 45 度線と交わるものとしている．このとき，$E\{\theta|\theta \in \Theta(P)\}$ は P の増加関数で，45 度線と一度だけ交わる．したがって，均衡価格 P^* は一意に決まり，市場に参加する企業のタイプは区間 $[\underline{\theta}, \theta^*]$ に属するタイプである．これに対して，完全情報のもとでは区間 $[\underline{\theta}, \theta_1]$ に属する企業が市場に参加することがパレート最適であるので，非対称情報のもとでは，市場均衡はより低質の企業が参加することになる．こうして逆選択が市場によって行われる．

図 2-1 では均衡価格が一意に存在している場合であったが，図 2-2 のように均衡価格が複数存在することがある．これは $E\{\theta|\theta \in |\Theta(P)\}$ の形状に依存する．興味深いのは，図 2-2 における 3 つの均衡価格 P_1^*, P_2^*, P_3^* では，均衡点間

でパレート的に順序付けが可能であるということである．すなわち，より高い均衡価格ではどのタイプの企業も利潤が減少せず (少なくとも市場に参加する企業にとって利潤は増加する)，一方，消費者にとって，どの均衡価格においても期待効用はゼロで変わらないからである．

つぎに，均衡の安定性を考えよう．ここではつぎのような価格調整メカニズムを仮定する．
$$\frac{dP}{dt} = P - E\{\theta|\theta \in \Theta(P)\}$$
これは価格 P の時間に関する微分方程式であり，価格が実際の平均品質より高いときには価格は低下し，実際の平均品質より低ければ，上昇するというものである．このとき，明らかに，安定した均衡価格は P_1^* と P_3^* であり，均衡価格 P_2^* は不安定である．こうして，初期の価格の位置によって，市場均衡は高い価格 P_2^* に収束するか，低い価格 P_1^* に収束することになる．

2.2　スクリーニングと保険

前節では競争的市場での逆選択問題を検討したが，本節では情報非保有者が取引メニューを提示し，情報保有者がそのメニューから自分に望ましいものを選択することによって，その情報を事実上顕示させる状況を考える．これを自己選択メカニズムという．この自己選択メカニズムの重要な性質について述べ，このメカニズムを保険取引について検討する．

2.2.1　メカニズム・デザインと顕示原理

最初に非対称情報下の経済システムの設計についてつぎのような一般的な原理が成り立つことを示しておく．一般に，経済をデザインする設計者がいて，経済の構成メンバー＝エージェントに対して，経済の設計は $(x(\cdot), M)$ で表され，これはメカニズムと呼ばれる．ここで，$x(\cdot)$ は資源の配分状態を表し，M はメッセージ空間である．このメカニズムでは，あるメッセージ $m \in M$ を選択し，それを設計者に報告することによって，エージェントはこの経済の設計者より資源の配分 $x(m)$ をうける．そのとき，エージェントの効用は $U(y(m), \theta)$ となる

ものとする．ただし，θ は効用に関係するパラメータで，あるパラメータ空間 θ 上にあるものとする．どのパラメータの値が実現しているかはエージェントのみが知っているものとする．このとき，このメカニズムのもとで，θ タイプのエージェントはどのようなメッセージを報告するであろうか．それはつぎのようにして解かれる．

$$m(\theta) \in \arg\max_{m \in M} U(x(m), \theta)$$

こうして，エージェントは $m(\theta)$ を報告するので，結果として，$x(m(\theta))$ が入手される．このように，あるメカニズムが提示されると，それに対応してエージェントがメッセージを送り，資源配分が実現する．このとき，顕示(表明)原理 (revelation principle) とは, 経済の設計者が設定するメカニズムは

①メッセージ空間としてはタイプ空間に限定してよい，

②エージェントが選択するメッセージは真実を報告するように限定してよい，

という原理である．これはつぎのようにして証明することができる．まず，あるメカニズム $(x(\cdot), M)$ のもとで $m(\theta)$ が報告され，$x^*(\theta)$ が実行されるとしよう．ここで，$x^*(\theta) = x(m(\theta))$ とおくと，このメカニズムは直接メカニズム $(x^*(\cdot, \Theta))$ によって実行される．なぜならば，もし，この直接メカニズムのもとで，虚偽の報告(たとえば，θ') を好んだとすると，それは

$$U(x^*(\theta'), \theta) > U(x^*(\theta), \theta)$$

を意味するが，これは定義より

$$U(x(m(\theta')), \theta) > U(x(m(\theta)), \theta)$$

と同値である．しかし，これは $m(\theta)$ の定義に反することが分かる．したがって，直接メカニズムによってもとのメカニズムは実行される．言い換えると，直接，かつ，真実告知メカニズム (direct-truth-telling mechanism) に限定しても，ほかのメカニズムで達成できるエージェントの効用および設計者の効用が達成できるということができる．こうして，経済の設計者が考えるメカニズムは直接かつ真実を報告するメカニズムに限定してよいことが分かった．

2.2. スクリーニングと保険

以上ではメカニズム・デザイン論と呼ばれる研究分野のひとつの結果を簡単に述べた．情報の非保有者が情報の保有者に対して設定する契約を考える場合，この顕示原理を使って考えることは有用である．

2.2.2 保険市場

さて，保険は，生命保険，健康保険，損害保険，あるいは製造物賠償保険というように多様なものがあるが，基本的には被保険者のリスク回避行動にかかわったものである．しかも，広い意味で保険・被保険行為は企業間取引や労働市場など，経済活動のさまざまな分野でも実質的に行われているもので，不確実性の経済学の基本的分析対象である．また，通常，被保険者のもつ内部情報が保険者には十分観察されないことから，逆選択やモラル・ハザードの問題が出てくる．実際，逆選択やモラル・ハザードという用語は保険業界で使われたものであるといわれている．被保険者のリスク特性，すなわち，低リスク・タイプか高リスク・タイプかについては保険者は容易に観察できないので，逆選択の可能性が出てくる．また，被保険者の日常の行動情報が観察困難であれば，保険契約のもとで被保険者が行う日頃の用心は，保険にかからなかった場合に比べて十分でないかもしれない，というモラル・ハザードが生じる．極端な場合，保険金詐欺などが発生してしまう．

こうした非対称情報の存在は被保険者の増大，過剰保険利用などの弊害をもたらし，適正な保険サービスの供給を不可能にする．最近の米国における製造物賠償責任クライシスは，こうした保険市場の成立の困難さを表している．このような困難を克服するため，経歴評価や実績監査などの情報探索による結果を保険料と関係づけたり，共同保険や定額負担 (deductible coverage) などによる保険者と被保険者との間でのリスク・シェアリングを行うなどさまざまな工夫がなされている．このように保険メカニズムを検討することは，不確実性と情報に関する経済分析の中心テーマを取り扱うことになる．

自己選択と保険　以下では逆選択問題に限定して，この保険メカニズムの基本的特徴を検討してみよう．いま，リスクの異なる生産者に対して保険を提供し

ようとする独占的保険業者が存在しているとする．特に，生産者にとっての成果が確率的に発生し，その確率が保険者には観察できないものとする．ただし，どのタイプの成果確率をもつ生産者であるか特定化できないとしても，タイプについての分布は知られているものとする．以下では，簡単化のため，2つのリスク・タイプ(高リスク・タイプと低リスク・タイプ)だけに生産者がグループ化されるものとする．また，発生する成果は2つだけで$(y_1 > y_2)$，それは全生産者に共通のものとし，タイプ$i(i=1,2)$の生産者にとって高い成果y_1の発生する確率を$\pi_i(i=1, 2)$とし，$\pi_1 > \pi_2$であるとしよう．したがって，タイプ1は低リスク・タイプ，タイプ2は高リスク・タイプと言える．また，すべての生産者は同一の初期保有資産w_0をもち，保険者との契約のもとで期末に生じる資産を，それぞれの成果(y_1, y_2)の発生に応じて，w_1, w_2で表すことにする．さらに，各タイプの人口比を$L_i(i=1, 2)$とする$(L_1 + L_2 = 1)$．そこで，具体的な保険契約として，タイプiの生産者が状態j(すなわち，成果y_jが発生した状態)となったとき，保険者が提供する額をx_{ji}としよう．この時，保険者の契約は次のような自己選択問題の解となるであろう．

問題1

$$\max_{x_{ji}} \sum L_i(\pi_i(y_1 - x_{1i}) + (1-\pi_i)(y_2 - x_{2i}))$$

s.t.

$$\pi_1 U(w_0+x_{11})+(1-\pi_1)U(w_0+x_{12}) \geq \pi_1 U(w_0+x_{21})+(1-\pi_1)U(w_0+x_{22}) \quad (2.1)$$

$$\pi_2 U(w_0+x_{11})+(1-\pi_2)U(w_0+x_{22}) \geq \pi_2 U(w_0+x_{11})+(1-\pi_2)U(w_0+x_{21}) \quad (2.2)$$

$$\pi_1 U(w_0+x_{11})+(1-\pi_1)U(w_0+x_{21}) \geq \pi_1 U(w_0+y_1)+(1-\pi_1)U(w_0+y_2) \quad (2.3)$$

$$\pi_2 U(w_0+x_{12})+(1-\pi_2)U(w_0+x_{22}) \geq \pi_2 U(w_0+y_1)+(1-\pi_2)U(w_0+y_2) \quad (2.4)$$

ここで，条件(2.1)は低リスク・タイプの個人が自分を低リスクだと宣言して保険を掛けたときに得られる期待効用（＝左辺）が自分を高リスク・タイプだと偽って得られる期待効用（＝右辺）を下回らないという条件である．同様に条件(2.2)は高リスク・タイプの個人が自分を偽わらずに申告して不利になら

2.2. スクリーニングと保険

ない条件である．これらは自分のタイプを偽わらずに伝えるための条件で，自己選択条件と呼ばれるものである．また，(2.3), (2.4) はこの保険契約に入ることが両タイプにとって，保険に入らないときに比べて不利にならないことを保証する条件で，参加条件と呼ばれる．

完全情報下の最適保険　まず，自己選択メカニズムを検討するための参考として，完全情報の場合の保険者による最適保険を考えよう．この場合は生産者のもつリスク・タイプが識別されるので，それぞれに対して最適な契約を提供すればよい．これは各タイプ i ($i = 1, 2$) に対して，次の問題の解を考えることである．

問題 2

$$\max_{x_{ji}} \pi_i(y_1 - x_{1i}) + (1 - \pi_i)(y_2 - x_{2i})$$

s.t.

$$\pi_i U(w_0 + x_{1i}) + (1 - \pi_i)U(w_0 + x_{2i}) \geq \pi_i U(w_0 + y_1) + (1 - \pi_i)U(w_0 + u_2)$$

この場合，制約条件は参加条件だけである．この問題を解けば，

$$U'(w_0 + x_{1i}) = U'(w_0 + x_{2i}) \tag{2.5}$$

が得られるので，$x_{1i} = x_{2i}$ となり，完全情報の場合の最適保険はリスクをすべて保険者が負担する完全保険であることがわかる．図 2-3 において E 点は契約以前の資産の可能な状態 $(w_0 + y_1, w_0 + y_2)$ を表している．各リスク・タイプについて，この初期状態と無差別な事後的な状態の組 (z_1, z_2)，すなわち，

$$I_i = ((z_1, z_2) : \pi_i U(z_1) + (1 - \pi_i)U(z_2) = \pi_i U(w_0 + y_1) + (1 - \pi_i)U(w_0 + y_2))$$

を図示すれば，点 E で無差別曲線は低リスク・タイプの個人の方が急な傾きをもつことが，限界代替率が

$$\frac{dz_2}{dz_1} = -((1 - \pi_i)\frac{U(z_1)}{dz_1})/(\pi_i \frac{dU(z_2)}{dz_2}) \tag{2.6}$$

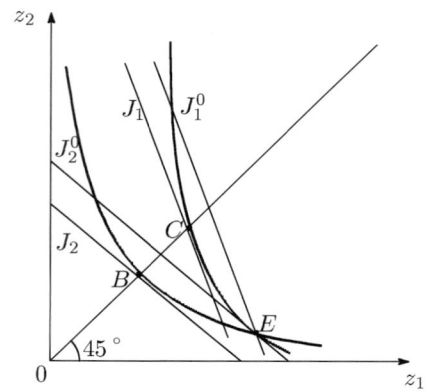

図 2-3：完全情報下の独占的最適契約

となることからわかる (図 2-3).

一方，保険者にとって各タイプ i に対する等期待利潤直線 J_i は $\pi_i(y_1 - x_{1i}) + (1 - \pi_i)(y_2 - x_{2i}) = c(c = $ 一定$)$ であるから 45 度線上で無差別曲線と同じ傾きをもつ．したがって，完全保険の場合の最適保険は，それぞれ，点 B，点 C となる．この場合，各生産者は保険なしの状態と無差別な状態に甘んじており，独占的な保険者は正の利潤を得ている．図の $J_i^0 (i = 1, 2)$ は各タイプに対する期待利潤ゼロのケースである．

一括契約の不可能性　これに対して，特定の生産者のリスク・タイプについて保険者が知らないとき，問題 1 の解はどのような性質をもつであろうか．まず，2 つの保険契約のタイプが考えられる．一つはどのリスク・タイプに対しても同一の契約内容を提示するもので，これは一括（pooling）契約といわれる．もう一つは異なった 2 つの契約を提供するもので，分離（separating）契約といわれる．両者とも問題 1 の制約条件は満足しうることに注意しよう．まず，次の性質が成り立つことを示す．

性質 1　自己選択下の最適保険は一括契約とはならない．

経済関係／図書案内

細江守紀・E.ラスムセン 編
Public Policy and Economic Analysis

菊判 320頁 10,000円

ゲーム理論という共通の手法を用い，規制緩和，都市問題，産業・貿易政策などの公共政策に対してミクロ経済学的アプローチによる分析を行った論集。同名の国際コンファレンスをもとに，欧米・アジア・日本の先端的研究成果を収録。

[97] ISBN 4-87378-470-0

E.ラスムセン／
細江守紀・村田省三・有定愛展 訳
ゲームと情報の経済分析 I・II

A5判(I)244頁(II)278頁 各 3,400円

本書はゲーム理論の方法を積極的に取り入れ，情報の経済学の基本から最新のトピックスまでを，身近な例を使って説明した情報の経済学の標準テキストである。

[90], [91] ISBN 4-87378-255-4, 272-4

R.J.バロー, X.サラ-イ-マーティン／
大住圭介 訳
内生的経済成長論 I・II

A5判 (I) 408頁 (II) 416頁 各 5,600円

本書は，現在，経済学のうちで最も活気のある研究領域「内生的成長論」に関する優れた文献である。既存の成長理論を内生的成長論との関連で位置づけ，理論研究と実証的研究の統合が企図されている。訳書は，ほとんどの章に，数式の導出過程を含む多数の訳注を付している。

[97], [98] ISBN 4-87378-525-1, 550-2

T.J.ミセリ／細江守紀 監訳
法の経済学
―― 不法行為，契約，財産，訴訟 ――

A5判 324頁 3,400円

過去の20年の歴史の中で，法と経済学の分野は，最新の経済学的手法を使って，法的ルールの性質を理解し，それらのルールの改革の可能性を考えるまでになった。本書は不法行為法，契約法，財産法，訴訟などの問題をとおして最新の研究成果を提供している。

[99] ISBN 4-87378-591-X

R.J.バロー／大住圭介・大坂 仁 訳
経済成長の決定要因
―― クロス・カントリー実証研究 ――

A5判 132頁 2,400円

約100ヵ国における1965年以降の経済成長に関する実証分析から経済成長の要因を探求。また，経済成長と民主主義，インフレと経済成長の関連についても実証的に分析・検討を行う。

[01] ISBN 4-87378-669-X

是枝正啓・福澤勝彦・村田省三
ミクロ経済分析

A5判 252頁 3,300円

ゲーム理論を援用することにより，不完全競争市場および市場の失敗についての評価をおこなう。非対称情報複占繰り返しゲームの逐次的均衡における信念列の構成問題や，ナッシュ均衡の精緻化を射程にいれたBalanced Temptation Equilibriumの分析とともに，労働市場における交渉ゲームの均衡分析とその応用分析が多方向から展開されている。

[02] ISBN 4-87378-732-7

三浦 功・藤田敏之 編
グローバリゼーションと地域経済・公共政策 1
―― 理論・ミクロ政策分析 ――

A 5 判 240頁 2,800円

要素移動の活発化や不確実性の拡大の中で採用されうる規制政策・環境政策・公共セクターの行動のあり方等を，ゲーム理論・情報の経済学といったミクロ経済理論の下に検討を加え，法と経済学を中心とした公共経済学の最先端領域への理論的貢献を狙う。

[03] ISBN 4-87378-788-2

大住圭介・堀 宣昭 編
グローバリゼーションと地域経済・公共政策 2
―― 実証・マクロ政策分析 ――

A 5 判 276頁 2,800円

日本を中心とした東アジアの貿易構造，また日本・東アジア地域の社会経済特性を考慮して，最新の経済成長や労働市場の経済理論を発展させ，他の先進経済地域との比較制度分析に資するオリジナルなマクロ経済学モデル・人口経済学モデルを構築する。

[03] ISBN 4-87378-789-0

伊ヶ崎大理
地球環境と内生的経済成長
―― マクロ動学による理論分析 ――

A 5 判 252頁 3,800円

本書では，新しい成長理論と呼ばれてきたマクロ動学モデルに対して環境問題を組み入れ議論を行う。特に，生産性の上昇を引き起こすイノベーション，人的資本の役割や環境汚染を防ぐための環境政策などに焦点をあて，持続可能な発展を実現するための条件や望ましい政策のあり方などを詳細に検討する。

[04] ISBN 4-87378-819-6

内藤 徹
規制と環境の都市経済理論

A 5 判 180頁 4,000円

近年関心の集まっている環境問題や規制問題について，都市経済学の観点からの分析および議論を行う。特に，環境汚染が都市に与える影響やそれを解決する土地利用規制，さらにはそれらが都市の集積・分散にいかなる影響を与えるかなどを検討する。

[04] ISBN 4-87378-846-3

経済工学シリーズ

岩本誠一
動的計画論

A 5 判 270頁 3,400円

動的計画の視点から最適化・計画数学の原理・理論・方法・応用を多面的に解説し，多様な解法を与える。最適性原理の解釈・適用・限界，線形計画問題の動的計画法・単体法・消去法・クーン・タッカー法による解法，ミニマックス計画論，制御過程を中心に最適化の三面鏡―逆・反転・双対―理論などを展開する。

[87] ISBN 4-87378-173-6

時永祥三
経済・経営のためのプログラミング

A 5 判 222頁 2,500円

高度情報社会の中核をなす大規模ソフトウェア，データベース設計の基本技術を磨くため，FORTRANによる数理処理・解析手法とCOBOLによる情報管理のプログラミングを1冊にまとめた経済・経営専攻のための入門書。

[87] ISBN 4-87378-185-X

田中廣滋
市場機構と公共政策

A 5 判 228頁 2,400円

民営化や規制緩和などの議論での経済の活性化という成果にとって，市場機構の効率性は不可欠な要素である。本書では市場機構と経済政策における基礎理論が簡明に解説されるだけでなく，重要な現代的政策課題に関する基本問題が新しい視点から提示される。

[90] ISBN 4-87378-196-5

時永祥三
経済情報管理の基礎
A5判 292頁 3,500円

一般的なファイル管理，データベース構成論から統計パッケージの応用にいたるまでの経済・経営分野でのコンピュータによる情報管理の基本的な技術をまとめている。本書では情報管理の基本となる理論を中心に述べているが，同時に豊富な例とそのプログラムを与えることにより，具体的な手法を示している。

[90] ISBN 4-87378-234-1

武野秀樹
国民所得論
A5判 280頁 3,200円

国民所得という概念は，GNPという愛称（？）で一般の人に親しまれてはいるが，実は約20年前SNAが登場して以来，その内容はたいへん難解なものになってしまっている。本書では国民経済計算の方法で経済循環を描きだし，その中から国民所得概念を定義し，分析することを試みる。

[90] ISBN 4-87378-259-7

細江守紀
不確実性と情報の経済分析
〔第2版〕

A5判 264頁 3,300円

本書は不確実性との関連で生じる取引者間の非対称的情報構造がもたらす様々な取引様式の展開や不確実性を克服するための多様な情報戦略の問題などの分析をおこない，市場と組織分析のための基礎を提供する。

[95] ISBN 4-87378-282-1

児玉正憲
生産・在庫管理システムの基礎
A5判 296頁 3,600円

本書は，生産・在庫管理システムに関して理論的基礎を提供するものである。第1章では，決定論的および確率論的な種々の基本モデルを詳細に解説し，第2章以降では，基本モデルのいくつかについて問題点に言及し，それらを解決する発展モデルを構築し，OR的分析を試みている。

[96] ISBN 4-87378-453-0

経済工学シリーズ・第2期

朱保華
投資関数の理論
A5判 232頁 3,500円

Keynes投資理論，加速度原理とその拡張形式，新古典派投資理論，Tobin's q 理論を計量分析の視点から検討しながら，日本経済への適用を試みる。さらに，Putty-Clay型投資関数，更新投資理論，不確実性・資金制約が投資需要に与える影響，投資需要に関する不均衡分析を説明する。

[95] ISBN 4-87378-417-4

古川哲也
FortranとCによる経済分析
A5判 220頁 3,000円

本書は経済分析における代表的なコンピュータ処理の手法を解説するとともに，具体的にFortranとC言語を用いてプログラムを作成する手順について示している。経済経営系，商学系の学生に理解しやすいように，プログラム例を中心として記述を行い，例題では，すぐに応用できる問題をとりあげた。

[96] ISBN 4-87378-467-0

中井達
不完備情報の動的決定モデル
A5判 244頁 2,900円

動的決定モデルの基礎となる，動的計画法・確率過程・マルコフ決定過程の基本的な理論を紹介し，確率的な資本割り当てモデルに対して，それらの理論の適用を試みる。本書の前半は，確率的な動的最適化モデルについて，簡単な例とともに説明しており，最適化理論の入門書としても最適である。

[96] ISBN 4-87378-492-1

時永祥三
複雑系による経済モデル分析

　　　　　　　　　Ａ５判 250頁 3,000円
本書は複雑系の理論を経済システム分析に応用する基本的手法について論じたものであり, フラクタル, カオス, 遺伝的アルゴリズム, ニューロダイナミクスなどのほか, ファジイ推論システムにおける複雑系の応用についても述べている。

　　　　　　　　　　[00] ISBN 4-87378-648-7

時永祥三・譚 康融
電子商取引と情報経済

　　　　　　　　　Ａ５判 220頁 3,000円
日米における電子商取引による企業の経営革新について, 最近の動向分析と今後の課題を述べるとともに, 情報経済の立場から現在のITが及ぼす経済的な波及効果の解明を産業連関分析および応用一般均衡分析を用いて実施する方法を示す。

　　　　　　　　　　[01] ISBN 4-87378-701-7

大住圭介
経済成長分析の方法
――イノベーションと人的資本のマクロ動学分析――

　　　　　　　　　Ｂ５判 332頁 3,200円
国際競争力を回復させる構造改革は長期的かつ動態的なパースペクティブに立った経済分析の確立を必要としている。本書ではイノベーションと人的資本のマクロ動学分析が試みられる。理論と実証に関する分析を含んでおり, 本書を通読・読了すれば最近の成長論に関する包括的な知識と素養を習得することができる。

　　　　　　　　　　[03] ISBN 4-87378-776-9

萩野 誠
情報技術と差別化経済

　　　　　　　　　Ａ５判 292頁 3,000円
情報化経済の帰結は, すべての産業で差別化が進むことであるという仮説を展開したのが本書である。これを本書では「差別化経済」と呼ぶ。経済の基底に流れる大きな変化を「差別化経済」と捉え, ひとつの分析視角を提示したものである。

　　　　　　　　　　[03] ISBN 4-87378-785-8

三浦 功
公共契約の経済理論

　　　　　　　　　Ａ５判 268頁 3,000円
本書は, 政府調達で利用される契約 (公共契約) に関する諸問題を, ゲーム理論をはじめ, 契約の経済学やオークション理論を応用しながら分析している。特に, 近年, わが国で社会問題化している入札談合問題についても, 経済理論的観点から詳細に検討している。

　　　　　　　　　　[03] ISBN 4-87378-801-3

（表示価格は税別）

九州大学出版会
URL: http://www1.ocn.ne.jp/~kup/

ご注文の際は、最寄りの書店か小会へお申し込み下さい
〒812-0053 福岡市東区箱崎7-1-146
電話：092-641-0515 Fax：092-641-0172
e-mail：salesdep@mocha.ocn.ne.jp

2.2. スクリーニングと保険

(証明)：いま，自己選択条件と参加条件を満たす一括契約を考え，これを $x_{1i} = x_1, x_{2i} = x_2 (i=1,2)$ とする．このとき，これらの条件は

$$\pi_1 U(w_0+x_1) + (1-\pi_1)U(w_0+x_2) \geq \pi_1 U(w_0+y_1) + (1-\pi_1)U(w_0+y_2) \quad (2.7)$$

$$\pi_2 U(w_0+x_1) + (1-\pi_2)U(w_0+x_2) \geq \pi_2 U(w_0+y_1) + (1-\pi_2)U(w_0+y_2) \quad (2.8)$$

となる．この一括契約において期待利潤が正となるのは図2-4の影の範囲となるが，この範囲で(2.7)，(2.8)の条件は(2.7)の条件だけで十分になる．この(2.7)が厳密な不等式で成立する時には，わずかに支払条件を緩和すればより大きな期待利潤を得ることができるので，一括契約の中で保険者にとって，もっとも高い期待利潤をもたらすものは(2.7)が等式で成り立つものでなければならないことがわかる．そこで，$\bar{\pi} = L_1\pi_1 + L_2\pi_2$ とおいて，次の問題

$$\max \bar{\pi}(y_1-x_1) + (1-\bar{\pi})(y_2-x_2)$$

s.t.

$$\pi_1 U(w_0+x_1) + (1-\pi_1)U(w_0+x_2) = \pi_1 U(w_0+y_1) + (1-\pi_1)U(w_0+y_2)$$

を解いてみよう．この解を $(\bar{x}_1, \bar{x}_2)$ とすると，これは，

$$\frac{\pi_1}{1-\pi_1}\frac{U'(w_0+\bar{x}_1)}{U'(w_0+\bar{x}_2)} = \frac{\bar{\pi}}{1-\bar{\pi}} \quad (2.9)$$

を満たす．$\pi_1 \neq \bar{\pi}$ なので，$\bar{x}_2 \neq \bar{x}_1$ でなければならない．図2-4で $\bar{J}^0$ は一括契約下のゼロ期待利潤直線で，$\bar{J}$ が最高の期待利潤直線である．

これは一括契約の中で最適なものは不完全保険契約であることを意味する．

さて，この一括最適契約では，(2.7)より

$$\frac{\pi_1}{1-\pi_1}\frac{U'(w_0+\bar{x}_1)}{U'(w_0+\bar{x}_2)} > \frac{\pi_2}{1-\pi_2} \quad (2.10)$$

が成り立つことに注意しよう．図2-5のようにこの一括最適契約点を $T = (\bar{z}_1, \bar{z}_2)$ とすると，点 T を通る高リスク・タイプに対応する等期待利潤直線は

$$\pi_2 z_1 + (1-\pi_2)z_2 = \pi_2 \bar{z}_1 + (1-\pi_2)\bar{z}_2 \quad (2.11)$$

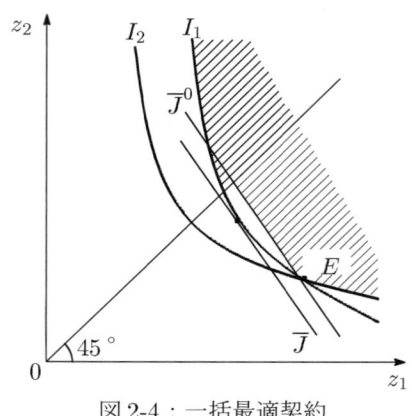

図 2-4：一括最適契約

で表されるので,この等期待利潤直線は低リスクの個人の無差別曲線と T 点以外では交点をもたない.

そこで,この等期待利潤直線と確実性直線との交点を H とし,点 T と H に対応する二組の分離契約を考えよう.この契約は明らかに参加条件と自己選択条件を満たし,かつ点 H は高リスク・タイプの生産者がそれぞれ選択することになる.しかも,このとき得られる保険者の期待利潤は点 T での一括最適契約に比べて高くなるわけで,一括最適契約は自己選択下の最適契約とならないことがわかる. (証明終了)

最適分離契約 こうして,分離均衡のみが最適契約であることがわかった.この最適分離契約についてはつぎの2つの性質がある.

性質 2 最適分離契約においては高リスクの個人は完全に保険される.

(証明)：いま,低リスク・タイプの生産者が図 2-6 に示された点 K を選択するとしたとき,対応するもう一つの契約点は,高リスク・タイプの生産者が選択し,低リスク・タイプの個人が好まない点なので,それは影の部分に属さなければならない.もちろん,点 K は,低リスク・タイプの個人に選択され,高リスク・タイプの個人に選択されない.ところが,この影の部分のうちで保険者の利潤をもっとも高くする点は点 F,すなわち,点 K を通るタイプ 2 の無差

2.2. スクリーニングと保険

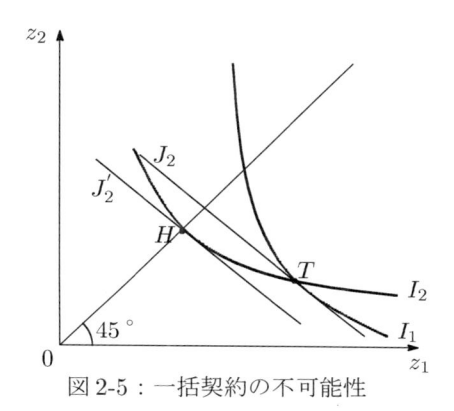

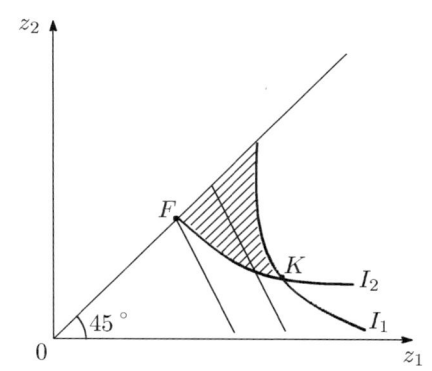

図 2-5：一括契約の不可能性

図 2-6：高リスク・タイプと最適分離契約

別曲線と確実性直線の交点となる．なぜなら，高リスク・タイプに対応する等期待利潤直線群の傾きは $\pi_2/(1-\pi_2)$ であり，これは高リスク・タイプの無差別曲線の傾きの確実性直線上の値と同じになるからである．(証明終了)

性質 3 最適分離契約においては低リスクの生産者は保険以前の状態と無差別な契約を提供される．

(証明)：性質 2 より，最適分離契約においては高リスク・タイプの生産者に選択される契約は確実性直線上にある．いま，図 2-7 のように，初期点 E を通る各タイプの無差別曲線の確実性直線とその交点を G, H とすると，この高リ

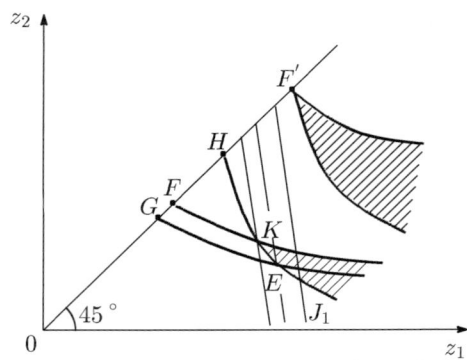

図 2-7：低リスク・タイプと最適分離契約

スク・タイプの生産者が選択する契約点 F は点 G を除いて線分 $\overline{OG}$ 上にはないことはあきらかである．

いま，点 F が図のように $\overline{GH}$ 上にあるとすると，分離契約として低リスク・タイプの生産者が選択する契約は図2-7の影の部分になるであろう．低リスク・タイプに対応する等期待利潤直線は傾き $\pi_1/(1-\pi_1)$ であり，これは低リスク・タイプの生産者の無差別曲線の確実性直線上の傾きと一致するので，影の部分の中で，低リスク・タイプに対応する最大利潤は点 K，すなわち，初期点と無差別な点となることは明らかである．次に，点 F が点 H を超える確実性直線にある場合（例えば F' 点）があるが，この場合，点 H を超える期待利潤を提供する実行可能な契約点はないことが容易にわかる．したがって，最適分離契約では低リスク・タイプは契約以前の状態と無差別になる契約を提供されることになる．（証明終了）

この2つの性質から，自己選択下の最適保険について次のことがわかる．

性質4 最適保険において，低リスク・タイプの生産者が保険を買わないかどうか，すなわち，保険市場から退出するかどうかはリスク・タイプの比率に依存する．

（証明）：性質2，性質3より最適保険契約においては，低リスク・タイプは初期点と無差別に，高リスク・タイプに対しては完全保険が与えられるので，こ

の契約を $((x_{11}, x_{21}), (x_2, x_2))$ とすると,

$$\pi_1 U(w_0+x_{11})+(1-\pi_1)U(w_0+y_2) = \pi_1 U(w_0+y_1)+(1-\pi_1)U(w_0+y_2) \quad (2.12)$$

$$U(w_0+x_2) = \pi_2 U(w_0+x_{11}) + (1-\pi_2)U(w_0+x_{21}) \quad (2.13)$$

が成り立つ. この2つの式から, x_2, x_{11} は x_{21} の関数として表せる. 一方, (2.12) と (2.13) を満たす契約の組に対して保険者の期待利潤は

$$\pi = L_1((y_1-x_{11})\pi_1 + (y_2-x_{21})(1-\pi_1)) + L_2((y_1-x_2)\pi_2 + (y_2-x_2)(1-\pi_2))$$

となるので, これも x_{21} の関数とみなすことができる. このことを考慮して, x_{21} について微分すれば,

$$\frac{d\pi}{dx_{21}} = -L_1(1-\pi_1)\left(\frac{U'(w_0+x_{21})}{U'(w_0+x_{11})} - 1\right) + L_2\left(\frac{\pi_1-\pi_2}{\pi_2}\right)\frac{U'(w_0+x_{21})}{U'(w_0+x_2)}$$

が容易に得られる. したがって, $x_{21}=y_2$ において, $d\pi/dx_{21}$ が負であれば, 低リスク・タイプの生産者は $x_{21}=y_2$, $x_{11}=y_1$ の契約, すなわち, 契約以前の状態となってしまう. この条件は

$$\frac{L_2}{L_1} > \frac{\pi_1}{\pi_1-\pi_2}\frac{U'(w_0+\bar{x})}{U'(w_0+y_2)}\left(\frac{U'(w_0+y_2)}{U'(w_0+y_1)} - 1\right) = r^* \quad (2.14)$$

となる. ただし, $\bar{x}$ は $U(w_0+\bar{x}) = \pi_2 U(w_0+y_1) + (1-\pi_2)U(w_0+y_2)$ を満たすものである. こうして, L_2/L_1 がある値 r^* を超えれば低リスク・タイプの生産者は保険市場から退出することになる. (証明終了)

したがって, 高リスク・タイプが多くなると, 低リスク・タイプの生産者は退出していく可能性が高くなるわけで, これは逆選択現象を表している. 以上で, 独占的保険者による自己選択メカニズムの構造が明らかになった.

2.3 シグナリング

前節では市場の当事者間の情報の非対称性がパレート非効率性をもたらすことがありうることを導いた. ここでは, 市場のプレイヤー間に行動における時間の差がある場合を考える. すなわち, 先手と後手の立場があって, 先手があ

る自然の状態あるいは自分の特性を知ったうえで行動し，後手がその後に行動するような形式を考察する．この場合のポイントは先手の行動が先手の持っている情報を後手に知らせるシグナルとして機能しうるということである．したがって，先手もそうした後手の動きを考慮して自分の行動をしなければならない．この先手の行動はシグナリングと呼ぶことができる．

このような構造をもった経済取引はこれまでかなりいろいろな領域において検討されてきた．たとえば，労働市場における学歴シグナリング論(Spence, Akerlof)，会計情報論(Demski=Feltham)，産業組織論(Milgrom=Roberts)等をあげることができる．Spence が展開した学歴シグナリング理論においてはゲーム参加者は潜在的労働者と企業の2つで，労働者の特性としての能力に関する情報が本人には知られているが，企業の方には知られていないという点がポイントである．そのとき，潜在的労働者が直接，自分の能力について語ったとしても，相手はそれを信用あるものとして受け取るはずがない．相手が納得するかたちで知らせなければ意味がないのである．現実には，学歴の獲得という行動がその役割を果たす．このシグナル=学歴を通して，企業は潜在的労働者の能力を推測し，それをもとにして適当な採用計画を立てる．したがって，潜在的労働者はそれぞれ自分のタイプ=能力に関する情報をもったゲームの先手であり，企業側=後手の採用戦略を考慮して学歴の形成を行うことになる．こうして，学歴社会といわれる現象はここで考察するシグナリング理論の構造を保有することになる．

2.3.1 学歴シグナリング論——分離均衡と一括均衡——

いま，Spence(1973) によって展開されたこの学歴シグナリングモデルを説明しよう．いま，潜在的労働者が存在し，企業における生産性に関して2タイプがあるとする．この生産性を $\theta_1, \theta_2 (\theta_1 < \theta_2)$ で表し，企業にはこの情報はわからないが，労働者は知っているものとする．ここで，学歴の形成が選択変数として存在しているとする．各タイプの労働者がそれぞれ学歴 e を形成するためには費用 $c(e, \theta)$ が生じるものとする．この費用関数に関して e に関して逓増的であり，また，

2.3. シグナリング

$$\frac{\partial^2 c}{\partial e \partial \theta} < 0$$

が成り立つとする．この式は生産性の高い労働者が学歴を形成するにはより費用が少なくて済むことを意味している．また，ここでは学歴の形成は生産性の増加などには影響されないものとする．この学歴情報は企業にも観察可能であるとする．このとき，企業の労働者の生産性に関する判断は学歴に依存したものになるかもしれない．

そこで，いま，e の学歴を形成した労働者について θ_1 タイプである企業が判断する確率を $\mu(e)$ とする．この判断はどのようにして形成されたかということはここでは問わない．このとき，e の学歴をもつ労働者の期待生産性は $\mu(e)\theta_1 + (1-\mu(e))\theta_2$ で表される．したがって，競争的労働市場を考えると e の学歴をもつ労働者に提示される賃金は

$$w(e) = \mu(e)\theta_1 + (1-\mu(e))\theta_2 \tag{2.15}$$

となる．ここで，労働者の効用関数を $U(w,e) = u(w) - c(e,\theta)$ で表されるとする．ただし，$u(w)$ は w に関して増加，凹関数であるとする．

いま，学歴と生産性についての社会的信念が $\mu(\cdot)$ であるとき，各タイプの労働者はどのような学歴を形成するであろうか．これはつぎの最大化問題によって求められる．

$$\max_e u(\mu(e)\theta_1 + (1-\mu(e))\theta_2) - c(e,\theta)$$

これから，ある学歴と生産性に関する社会的信念が与えられているとき，各タイプの労働者は上の最大化問題を解くように学歴を形成するであろう．

ここまでは学歴と生産性の信念について任意に与えていたが，均衡では実際の学歴の形成と整合しなければならない．いま，均衡における学歴と生産性の信念を $\mu^*(e)$ とし，対応する均衡賃金を $w^*(e)$ とすると，各タイプの労働者の均衡での学歴 e_i^* について

$$e_i^* \in \arg\max_e u(w^*(e)) - c(e,\theta_i) \tag{2.16}$$

が成り立たねばならない．

ここで，均衡の可能性について2つの均衡が考えられる．一つは分離均衡とよばれるものであり，これは異なったタイプの労働者は異なった学歴を形成するというものである．もう一つは一括均衡と呼ばれるもので，これはどのタイプの労働者も同じ学歴を形成するものである．したがって，分離均衡では各タイプの労働者のタイプは学歴によって一意に決まってしまう．これに対して一括均衡では同じ学歴しか示さないので，学歴と生産性に関する信念は確率的なままである．

分離均衡 分離均衡では $e_1^* \neq e_2^*$ であり，$\mu(e_1^*) = 1, \mu(e_2^*) = 0$ が成り立つ．

また，つぎの補題が成り立つ．

補題1 分離均衡では，$e_1^* = 0$ が成り立つ．

(証明)：いま，分離均衡において θ_1 タイプの学歴が $e' > 0$ であるとする．分離均衡の性質より $w^*e' = 1$ であり，また，任意の e に対して $w^*e \geq w^*e'$ が成り立つので，こうした賃金プロフィールのもとでは θ_1 タイプの労働者は e' よりむしろ $e = 0$ を選択するであろう．(証明終了)

こうして，θ_1 タイプの労働者は最小の学歴を選択する．このとき θ_2 タイプの労働者にとっての均衡学歴 e_2^* は，分離均衡の条件より，

$$u(\theta_2) - c(e_2^*, \theta_2) \geq u(\theta_1) - c(0, \theta_2)$$

を満たさなければならない．ここで，左辺は θ_2 タイプの労働者が均衡学歴を獲得し，θ_2 の賃金を得るときの効用を表し，右辺はかれが θ_1 タイプとミミックした場合（そのために $e = 0$ としなければならない）の効用であり，分離均衡であるためには左辺の値が右辺の値以上である必要がある．同様に θ_1 タイプの労働者が均衡学歴を獲得する条件は

$$u(\theta_1) - c(0, \theta_1) \geq u(\theta_2) - c(e_2^*, \theta_1)$$

となる．これから分離均衡は図2-8に示されるように $U(\theta_1, 0 : \theta_1) = U(\theta_2, e^1, \theta_1)$ を満たす学歴水準 e^1 と $U(\theta_1, e, \theta_2) = U(\theta_2, e^2, \theta_2)$ を満たす学歴水準 e^2 の間の

2.3. シグナリング

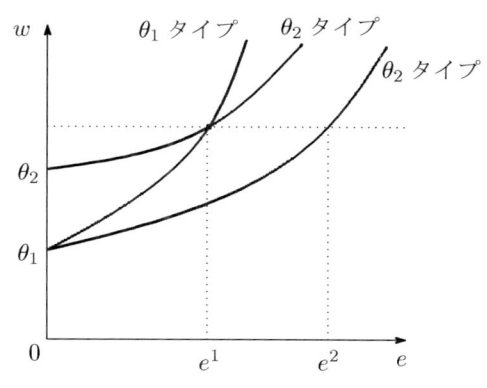

図 2-8: シグナリング均衡

任意の水準 e_2^* が均衡水準である．この図において仮定から θ_2 タイプの無差別曲線のほうが θ_1 タイプの無差別曲線よりつねに傾きが急であることに注意しよう．

したがって，この学歴シグナリングモデルでは分離均衡は無数に存在することがわかる．しかし，可能な分離均衡のなかでパレートの意味でもっとも望ましい均衡は，$e_2^* = e^1$ である．なぜなら，どの均衡点でも企業の利潤ゼロで変わらず，また θ_1 タイプの労働者の効用も同一であるが，θ_2 タイプの労働者は e^1 でもっとも効用が高くなるからである．

ここでこのシグナリングの役割を検討する必要がある．すなわち，もし学歴が利用できない場合はなにがおこるであろうか．シグナリングの役割は学歴が利用できない場合と比較することによって明らかになる．学歴が利用できないときには，生産性は企業に観察できないのであるから，生産性に関する企業のもつ初期信念による平均生産性（これを $E\theta$ とおく）を賃金としてオファーされると考えられる．この値は明らかに θ_1 より大きいので，シグナルが利用できない場合 θ_1 タイプの労働者の効用は高くなっている．こうして θ_1 タイプはシグナリングによって不利益を被ることになる．これに対して，θ_2 タイプの労働者はシグナリングによって利益を得ているであろうか．これは確定的にはいえない．いま，パレート優位な分離均衡である e^1 の場合を考察しよう．この場合，$U(w^1, 0 : \theta_2) = U(\theta_2, e^1, \theta_2)$ となる賃金水準 w^1 が期待賃金 $E\theta$ より大きいかどうかによって，θ_2 タイプの労働者がシグナリングによって利益を得ているかど

うかが決まる．すなわち，$w^1 > E\theta$ のとき，このタイプの労働者はシグナリングによって利益を得る．したがって，θ_2 タイプの割合が小さい場合，すなわち，θ_2 タイプはマイノリティであるときにはこのシグナリングによって利益を得ることになる．また，一般的に言って，シグナリングコスト $c(e,\theta)$ が小さくなれば，シグナリングによる利益を θ_2 タイプは受ける可能性が高くなる．こうして分離均衡の性質が得られたが，一括均衡についても同様な分析によって求められる．

2.3.2 継続取引とシグナリング・ゲーム

これまでは，取引者の財特性についての情報が非対称であるとき，非効率な取引が発生する可能性を論じたが，そこでは，1回限りの取引に限定されていた．しかし，現実には取引は継続的に行われる場合が多い．その場合には情報の獲得という形によって市場の失敗が回避される可能性がある．ここで展開するモデルは Schmalensee(1978) などによって分析されたものを簡単なシグナリング・ゲームとして定式化したものである．ポイントは継続取引が行われることによって，価格が私的情報である品質のシグナルとして機能するかということである．

いま，独占力をもつ供給者と潜在的に無数の需要者との取引を考える．その際，供給される財は経験財であって，その品質は購入後にしか分からないものとする．また，その品質については2つのタイプ（高品質と低品質）がありうるものとする．ただし，供給者はそのどちらかのタイプの財しか生産できないものとする．したがって，需要者にとってはどちらのタイプの財であるかは買ってみなければ分からない．さらに，需要者は，価格 p で高品質のものを手に入れると $h-p$ の効用，低品質のものを手に入れれば $0-p$ の効用を得るものとする．したがって，供給者が低品質財の生産者であることがわかっていれば，だれも買わないし，また，高品質財の生産者であることがわかっていれば h 以下の価格で買われるであろう．したがって，これは，完全情報のもとにおいては，独占市場において逆選択ならぬ順選択が機能していることを意味する．なお，供給者は低品質，高品質の財を生産するのにそれぞれ，c_0，$c_1 (c_0 < c_1)$ の単位費用が生じるものとする．

2.3. シグナリング

さて,直面している供給者のタイプが高品質であるという事前の信念(=確率)$x(0 \leq x \leq 1)$を需要者がもっているとしよう.この信念がどのようにして形成されたかはここでは問わない.まず1回限りの取引を考えると,この初期信念のもとでは,供給者が提示できる最高の価格はxhである.したがって,$xh < c_1$が成り立つ初期信念のもとでは,1回限りの取引であれば高品質の供給者は市場から排除されるであろう.しかしながら,継続取引の場合は必ずしもそうならない.以下ではこの点を考えてみよう.

いま,第1期に需要者が財を購入したものとしよう.それが低品質のものであれば次の期にはどのような価格をつけても購入されることはないであろう.また,それが高品質のものであれば次期にはタイプがわかるのであるから,h以下の価格であるならば購入されるであろう.したがって,供給者は第2期にはhの価格を設定するであろう.ここまでの話は第1期に財が購入されたことを前提としていたが,そもそもどのようにして需要者が財を購入するように仕向けることができるであろうか.すなわち,タイプを直接知らせることができない状況で供給者はどのようにして自分のタイプを需要者に伝えることができるであろうか.もちろん,言葉で自分は高品質企業であるといってもここでは無駄である.このような状況で,自分のタイプを有効に伝える手段があるとすれば,それはシグナルと呼ばれる.したがって,供給者は自分のタイプを伝えるシグナルをもっているかどうかということが重要になる.そこで,第1期に設定される価格がそのシグナルとして機能しうるかどうかを検討してみよう.このように,情報保有者があるシグナルを送ることによって真の情報を伝えようとするゲームをシグナリング・ゲームという(図2-9参照).

均衡戦略と逆選択 いま,第1期に価格p_1が設定されたとする.この価格をみて需要者がその財は低品質財であると判断したら,その期においてもはや購入されない.反対に高品質財であると判断されればその期に購入され,そして,その判断が正しければ第2期にはh以下の価格に対して(したがって,hで)購入されるであろう.したがって,この場合,高品質の供給者の2期間の利潤は

$$\pi = (p_1 - c_1) + \delta(h - c_1) \tag{2.17}$$

(N：自然，S：売り手，B：買い手)

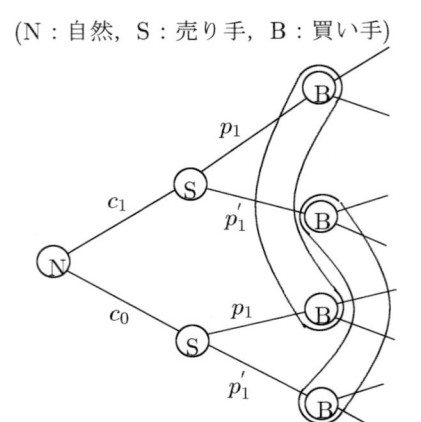

図2-9：シグナリング・ゲーム

となる．ここで，δ は第2期に対する割引因子であり，$0 < \delta < 1$ である．この2期間の利潤が非負である条件は

$$p_1 > c_1 - \delta(h - c_1) \tag{2.18}$$

である．この高品質の供給者の価格戦略が均衡しているためには，低品質の供給者が高品質の供給者の第1期の価格戦略のまねをすることが得にならないことを示さねばならない．まねをした場合，彼の第1期目の利潤は $p_1 - c_0$ であるが，その場合ただちにその正体がバレるので，2期目には利潤 0 となる．したがって，こうした高品質供給者の戦略のまねをする戦略が得にならない条件はそのときの2期間利潤について

$$p_1 - c_0 + \delta \cdot 0 < 0 \tag{2.19}$$

が成り立たねばならない．すなわち，$p_1 < c_0$ ならば高品質者の戦略をまねることはない．(2.18) と (2.19) を考慮すれば，取引におけるパラメータの大きさによって，次の2つのケースが考えられる．

(A)　$c_0 > c_1 - \delta(h - c_1)$

この場合には c_0 と $c_1 - \delta(h - c_1)$ の間に価格を設定すれば高品質の供給者は

2.3. シグナリング

低品質者からまねされる心配はない．とくに，$p_1 = c_0$ と設定すれば，低品質者はそれ以下の価格をつけることができず（利潤が負となるから），また，それ以上の価格をつければ需要者に自分の正体を見破られる．したがって，高品質の供給者が $p_1 = c_0$ にすれば，低品質の供給者は市場そのものから排除される．また，この価格のとき高品質の供給者の利潤は最大になっていることは明らかである．よって，高品質の供給者は c_0 を設定することになる．このとき，需要者はそのような価格をつけた供給者が高品質タイプであることを確信する．こうして，(A) の場合は設定された価格が隠れた情報（品質）に対するシグナルの役割を果たし，高品質の供給者のみの市場にすることになる．このような価格戦略の均衡をタイプを分離させるという意味で分離均衡 (separating equilibrium) という．

(B) $c_0 < c_1 - \delta(h - c_1)$

この場合には分離均衡は成立せず，どのタイプの供給者も同じ価格を設定することになる．このときは価格が同一なので，価格が品質に対してなんの情報ももたらさないことになり，価格提示の後も品質のタイプについての需要者の信念は初期信念のままである．したがって，需要者が直面している財の品質についての期待値は xh（$= xh + (1-x) \cdot 0$）である．よって，第 1 期の価格は xh に設定されるであろう．これ以上の価格ではだれも買わないであろうからである．このとき，高品質の供給者の 2 期間の利潤は $(xh - c_1) + \delta(h - c_1)$ となる．したがって，x あるいは h が十分小さいときは，高品質の供給者は供給しなくなるであろう．低品質の供給者が高品質者の戦略のまねをする可能性があることが高品質者を市場から退出させてしまうことになるのである．これは，Akerlof の逆選択に対応する事柄である．また，このとき，低品質者の利潤は $xh - c_0$ となるので，$xh < c_0$ であれば低品質者も市場から退出する．すなわち，このときは市場の消滅という事態となる．

以上の考察を $c_1 - c_0$ 平面上に図示したものが図 2-10 である．こうして，供給者のタイプが私的情報であるとき，市場のもつさまざまなパラメータの大きさの違いによって劇的に市場成果が変化することがわかる．

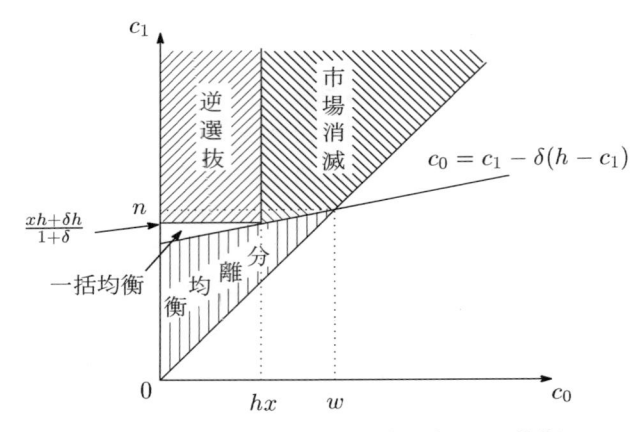

図 2-10：シグナリング・ゲームの均衡

参考文献

[1] Akerlof,G.(1970), "The Market for Lemons," *Quarterly Journal of Economics*, vol.84.

[2] Arrow,K.(1974), *The Limits of Organization*, W.W.Norton（村上泰亮 訳 (1976),『組織の限界』岩波書店）.

[3] Demski,J. and G. Feltham(1978),"Economic Incentives in Budgetary Control Systems," *The Accounting Review*, no.563.

[4] Laffont,J.J.(1989), *The Economics of Uncertainty and Information*, MIT Press（佐藤公敏 訳 (1992),『不確実性と情報の経済学』東洋経済新報社）.

[5] Mas-Colell,A.,Whinston,M. and J.Green(1995), *Microeconomics Theory*, Oxford University Press.

[6] Milglom,P.R.,and J.Roberts(1982),"Limit Pricing and Entry Under Incomplete Information; An Equilibrium Analysis," *Econometrica* vol.50.

[7] Rasmusen,E.(1989), *Games and Information*, Basil Blackwell（細江守紀・村田省三・有定愛展 訳 (1990,1991),『ゲームと情報の経済分析』Ⅰ・

2.3. シグナリング 31

Ⅱ，九州大学出版会).

[8] Rothschild, M., and J. Stiglitz(1976), "Equilibrium in competitive insurance markets," *Quarterly Journal of Economics*, vol. 90.

[9] Salanie,S.(1994), *The Economics of Contracts*, MIT Press（細江守紀・三浦功・堀宣昭 訳 (2000),『契約の経済学』勁草書房).

[10] Schmalensee,R.(1978), "A Model of Advertising and Product Quality," *Journal of Political Economy*, vol.86.

[11] Spence,M.(1973), "Job Market Signaling," *Quarterly Journal of Economics*, vol.87.

[12] Stiglitz,J.(1977),"Monopoly, nonliner pricing, and imperfect information : The insurance market," *Review of Economic Studies*, vol.44.

[13] Tirole,J.(1988), *The Theory of Industrial Organization*, MIT Press.

[14] Williamson,O.E.(1975), *Market and Hierarchies*, The Free Press（浅沼萬里・岩崎晃 訳 (1980),『市場と組織』日本評論社).

[15] 伊藤秀史 (2003),『契約の経済理論』有斐閣.

[16] 清水克俊・堀内昭義 (2003),『インセンティブの経済学』有斐閣.

[17] 細江守紀 (2000),「情報と経済取引」(第8章),『現代ミクロ経済学』(細江守紀・今泉博国・慶田收 編) 勁草書房.

第3章　エージェンシー理論

3.1　エージェンシー関係

　人々の取引関係は一方の当事者に仕事を依頼するという形を持つ場合が多く見られる．こうした関係はエージェンシー関係といわれる．エージェンシー関係の基本図式は1人の依頼人（プリンシパル）と1人の代理人（エージェント）の取引関係によって表されるもので，依頼人は自分に利害のある事柄の実行を自分で行う代わりに，ある報酬と引きかえに，代理人にその実行を委任する関係である．ある事柄の実行を，労働の実行に限定したものを雇用，ある仕事の完成にウェイトを置いたものを請負と区分けすることもできるが，ここでは，これらを統一的な視点から見ていこうとするものである（したがって，ここでは，代理という概念を法律用語としての「代理」より柔軟に使用している）．

　まず，エージェンシー関係の基本的特徴は代理人による実行に関する情報を依頼人は得ることができないという点である．また，これと対照的に，生じる結果については両者共に観察でき，そのことが相互確認できるということである．もし，結果と依頼人の行動が一意的な関係でつながっていたら，観察できた結果の内容から依頼人の行動を推定することができることになる．そこで，依頼人の行動が観察できないということに意味をもたせるために，結果は依頼人の行動とともにある不確定な要因に依存して生じる場合を問題としよう．また，この不確定要因は事後的に依頼人に観察されないものでなければならない．観察されれば，再び，代理人の行動は推定できる．このような非対称的な情報構造をもつ代理関係の中ではどのような報酬構造が望ましいか，また，どのような行動を代理人から引き出すことができるか，これらの問題がエージェンシー問題といわれるものである．こうした情報構造をもつ代理関係においては，可能な場合には，依頼人の意向に反して，代理人自身の都合のよい行動を引き起

こしかねない（モラル・ハザードの可能性）ので，どのような報酬構造が適切であるかが問われる．以上のエージェンシー関係の特徴を時間の流れに沿って表そう．

① 依頼人がある事柄の実行を代理人に託す．
② 代理人の行動は依頼人にはわからない．
③ 事柄の実行の結果は代理人の行動だけでなく他の不確定要因に依存する．
④ その不確定要因は事前に代理人にはわからない（事前にわかる場合もある）．
⑤ その不確定要因は事前・事後共に依頼人にはわからない．
⑥ 事柄の成果は依頼人も代理人も観察可能である．

とくに，④の代理人の行動にかかわる不確定要因の事前・事後情報問題も代理人の行動の決定には重要である．

3.2　インセンティブ契約

こうしたエージェンシー関係はさまざまな経済取引において見られるもので，経営者と株主，小作人と地主，信託会社と与託者，元請と請負人などあげることができる．また，このエージェンシー関係は経済取引にとどまらず，人びとがとりむすぶ社会的取引の一つの基本型と考えることができる．たとえば，依頼人と弁護士，患者と医者，選挙人と被選挙人，市民と警察など多く見られる．われわれは雇用関係を一つのエージェンシー関係として把握することによって，前節で述べたさまざまな問題を再構成してみよう．

いま，エージェントは $a_1,..,a_n$ の行動集合からある行動を選ぶものとする．また，そのときの成果は $y_1,..,y_m$ からどれかが生じるものとする．また，エージェントが a_i を選んだとき，成果 y_j が生じる確率は π_{ij} であるとする．情報に関しては，エージェントの行動はプリンシパルには観察されず，成果は立証可能なものとする．両者の間の契約は，成果に依存した契約 w_j となる．すなわち，y_j が発生したとき，プリンシパルはエージェントに w_j を支払い，残り $y_j - w_j$ を受け取るエージェントの効用関数は $U = V(w) - a$ の形をしているものとする．ここで，V は凹で増加関数とする．

3.2. インセンティブ契約

完全情報 まず,努力がプリンシパルに観察される場合の最適努力水準と賃金体系をもとめてみよう.これを求めるには任意の努力水準に対して,プリンシパルにとっての最小費用を実現する賃金体系をもとめ,最後に最適な努力水準を求めればよい.そこで,任意の努力水準を e_i としてプリンシパルの費用最小問題をとく.これは

$$\min_{w_{ji}} \sum_{j=1}^{m} w_{ji} p_{ji}$$

$$\text{s.t.} \quad \sum_{j} U(w_{ji}) - a_i \geq \bar{U}$$

と表すことができる.制約条件は,エージェントにとってこの契約から得られる期待効用がある留保効用 $\bar{U}$ を下回らないようになっていなければならないことを示すもので,参加条件,あるいは留保期待効用条件といわれる.この問題から任意の努力水準に対して最適な賃金体系は固定賃金であることがわかる.これはリスク中立なプリンシパルが不確実な成果のリスクを負担し,エージェントがリスクを完全に回避させることになることを意味する.この固定賃金を w_i とおけば,これは参加条件より $U(w_i) - a_i = \bar{U}$ を満たす値である.この賃金をあらためて $w(a_i)$ と表すことにする.以上のことを考慮して,プリンシパルにとっての最適努力水準は

$$\max_{i} \sum_{i=1}^{n} p_{ji} x_{ji} - w(a_i)$$

を満たすものである.

非対称情報 いま,契約 w_i が提示されたとき,エージェントはつぎのような期待効用の最大化をおこなう.

$$\max_{i=1,\ldots,n} (\sum_{j=1}^{m} p_{ij} v(w_i) - a_j) \tag{3.1}$$

いま,ある a_k が選ばれるとすれば,つぎの $n-1$ 個のインセンティブ条件が成り立つ.

$$\sum_{j=1}^{m} p_{kj} v(wj) - a_k \geq \sum_{j=1} v(w_j) - a_i, \; i=1,\ldots,n, \; i \neq k \quad (IC) \tag{3.2}$$

また，参加条件は

$$\sum_{j=1}^{m} p_{ij} v(w_j) - a_i \geq \bar{U} \qquad (IR) \qquad (3.3)$$

このとき，プリンシパルは a_i をエージェントが選択するなかで，期待収益を最大にするような契約 w_i を提示するであろう．この問題に対してラグランジュ式は

$$\begin{aligned} L &= \sum_{j=1}^{m} p_{ij}(y_j - w_j) + \delta(\sum_{j=1}^{m} p_{ij} v(w_j) - a_i - \bar{U}) \\ &+ \sum_{k=1, k \neq i}^{n} \lambda_k (\sum_{j=1}^{m} (p_{ij} - p_{ij}) v(w_j) - a_i + a_k) \end{aligned}$$

となる．これから

$$\frac{1}{u(w_j)} = \delta + \sum_{k=1, k \neq i}^{n} \lambda_k (1 - \frac{p_{kj}}{p_{ij}}) \qquad (3.4)$$

この式は賃金の決定式を表している．

ここで，j について合計すると，

$$\delta = \sum_{j=1}^{m} \frac{p_{ij}}{u(w_j)} > 0 \qquad (3.5)$$

が成り立つ．したがって，参加条件は等号で成り立つ．また，λ_k は少なくとも一つは正である．これは，すべての λ_k がゼロであれば (3.4) より，賃金は固定賃金になり，最小の努力を行使することになり，モラル・ハザードが発生するからである．ここで，賃金決定式にあらわれた p_{kj}/p_{ij} は x_j がおこるときの努力 a_k からの確率と努力 a_i からの確率の比率を表している．この比率を尤度比という．いま，この尤度比が成果水準 x_i に関して単調減少であるとすれば，あきらかに最適賃金は成果に関して単調増加になることがわかる．この単調尤度比 (monotone likelifood ratio) 条件は一般に成り立つ条件ではないので，非対称情報下の賃金体系が必ずしも成果に関して単調増加とはならないことに注意しなければならない．

こうしてエージェンシー関係にあるときの報酬体系は成果に依存するインセンティブ契約であることがわかったが，この場合，検討すべきいくつかの問題がある．たとえば，エージェントの行動がわからないといっても全くわからないと

いう状況はそれほど考えられないわけで，なんらかの情報あるいはシグナルがプリンシパルに入手されるであろうということである．あるいはプリンシパルは報酬体系の設計だけではなく行動情報を積極的に入手する，すなわち，モニタリングをおこなうであろうということである．これは当事者としてモニターする人を取り込むことになり，その例が三層モデルといわれるものである．これに関しては多くの研究がなされている．本書の後半はそうした問題を取り扱っている．また，複数エージェントが存在する場合に，非協力ゲームの枠組みのなかでエージェント間の競争を刺激する形でいかなる報酬体系を構成することができるかという問題や，仕事が複数存在する場合，それらの実行を効率的にさせるためのメカニズムを構築する問題などがあげられる．これらの問題についてのサーベイは伊藤 (2003) を参照されたい．

3.3　モラル・ハザードと不完備契約

観察可能だが立証不可能な努力　さてこれまでは行動は観察できないとしてどのような契約によってモラル・ハザードが克服できるかを論じてきた．最近，契約理論の研究のなかで，観察できるが契約の条項に入れることができない事柄に関する研究が進められてきている．これは不完備契約理論といわれるものである．そこでは人々の有限合理性や取引コストによって，契約当事者間で観察できる事項であっても契約に入れられないものが存在することからくる契約の効率性への影響の重要性が指摘される．不完備契約そのものについてはあとの章で議論するとして，ここでは，そうした状況が契約にどのような影響を与えるかを簡単に触れておこう．

そこで，前項のモラル・ハザードモデル問題において，努力 a は観察可能であるが立証可能ではないと仮定する．伝統的モラル・ハザードモデルでは，このとき，努力は契約条項とはならない．

この場合なにが契約プロセスにおいて変わるか．実は，プリンシパルはエージェントによってなされた努力水準を観察できるので，その水準をみたあとあらためて報酬契約を再交渉することが可能となる．このことの影響を見るために前項と同じようにエージェントはリスク回避的であるとしよう．このとき，プ

リンシパルはエージェントに対して，完全保険，すなわち，ある一定の賃金をオファーすることができる．努力が観察できないときには完全保険の報酬体系を提供すればモラル・ハザードが生じるが，努力の実行後にこの報酬の提供が今度は可能となる．

さて，最初の契約において，ある契約 $\{w_i^*\}$ が合意され，それに対して実行される努力は a_k であるとしよう．すなわち，

$$\sum_{j=1}^{m} p_{kj}u(w_j^*) - a_k = \max_{k} \sum_{j=1}^{m} p_{ij}u(w_j^*) - a_i \geq \underline{U} \quad (3.6)$$

エージェントの努力を観察できるので，プリンシパルはその努力 a_k を確認したあと，あらためて，一定額 $\bar{w}_k$ をオファーする．

$$u(\bar{w}_k) = \sum_{j=1}^{m} p_{kj}u(w_j^*) \quad (3.7)$$

このような再交渉はその時点においてエージェントに受け入れられる．また，こうした再交渉を考慮した場合，エージェントは事前において最初の契約で実行する努力と同一の努力を行使する．これは

$$u(\bar{w}_i) - a_i \quad (3.8)$$

を最大にするものは，明らかに，a_k であるからである．

一方，u は凹関数であるから，Jensen の不等式から

$$\sum_{j=1}^{m} p_{kj}u(w_j^*) \leq u(\sum_{j-1}^{m} p_{kj}w_j^*) \quad (3.9)$$

が成り立ち，したがって，

$$\bar{w}_k = u^{-1}(\sum_{j=1}^{m} p_{kj}w_j^*) \leq \sum_{j=1}^{m} p_{kj}w_j^* \quad (3.10)$$

となる．それゆえ，プリンシパルは最適行動 a_k を最初のモデルより少なくないコストで実行することができる．こうしてエージェントの努力が観察可能であるが立証できないという状況下では再交渉によってプリンシパルがエージェントにたいして完全保険することが可能にするので，プリンシパルはより有利な

3.3. モラル・ハザードと不完備契約

契約を結ぶことができることが示された．この意味で努力について立証不可能であっても観察可能であれば，再交渉が可能になり契約がより効率的になることがわかる．Hermalin=Katz(1991) は適当な条件のもとでファースト・ベストな契約さえ導かれることを示している．

不完備契約と所有権　完備契約が可能な場合には，所有権はとくに問題にならない．たとえば，企業間の財の取引に関して，通常の市場における取引をしようと，財の供給企業が需要企業を合併しようが，また，需要企業が供給企業を合併しようと，取引の結果に影響はない．これはコースの定理に対応するものである．しかし，不完備契約の場合には事後的な再交渉が待っており，また，その場合には交渉結果を左右するものとして交渉が決裂したときにどのような結果となるかが重要となる．その交渉決裂時の利得は事前の法的な設定のありかたによって左右される．このことから所有権がどのようにあらかじめ当事者間に分布しているかということが重要になる．ここで所有権とはアングロサクソン法の観点からは残余請求権をいう．すなわち，契約によってあれこれ決めることができるが，予期しないことが起こった場合にはその所有者が財をどのように使用するかを決めることができる権利のことである．この所有権の分布のありかたによっては取引は非効率となることが知られている．

　これは Hart(1995), Grossman=Hart(1986) などが指摘したところである．とくに，取引には取引特殊的投資が効率性を高めるために重要である場合，所有権がどのように設定されるかによってはこの取引特殊的投資からくるリターンが十分得られない可能性が生じるので，その投資が過小になることがあることが示されている．これは投資の水準，内容について明確な形での契約をあらかじめ取り決めることができないことから生じる．この不完備契約理論は Williamson(1989) の取引の経済学の直感に対する理論的な基礎を与えようとするものであり，企業理論を含めた経済システムの比較取引に関する様々な議論のなかで展開されており，今後さらなる検討が必要な分野である．

参考文献

[1] Grossman,S. and O.Hart(1983), "An analysis of Principal-Agent prob-

lem," *Econometrica*, vol. 51.

[2] Grossman,S. and O.Hart(1986), "The costs and benefits of ownership : A theory of vertical and lateral integration," *Journal of Political Economy*, vol. 94.

[3] Hart,O.(1995), *Firm, Contracts, and Finacial Structure*, Oxford University Press.

[4] Hart,O., and J. Moore(1988), "Incomplete contracts and renegotiation," *Econometrica*, vol.56.

[5] Hermalin,B. and M.Katz(1991), "Moral hazard and verifiability: The effects of renegotiation in agency, " *Econometrica*,vol.59.

[6] Holmstrom,B.(1979), "Moral hazard and observability," *Bell Journal of Economics*, vol.10.

[7] Milgrom,P. and J.Roberts(1992), *Economics, Organization and Management*, Prentice Hall (奥野正寛 他訳 (1997),『組織の経済学』NTT 出版).

[8] Rasmusen,E.(1989), *Games and Information*, Basil Blackwell (細江守紀・村田省三・有定愛展 訳 (1990,1991),『ゲームと情報の経済分析』I・II, 九州大学出版会).

[9] Salanie,S.(1994), *The Economics of Contracts*, MIT Press (細江守紀・三浦功・堀宣昭 訳 (2000),『契約の経済学』勁草書房).

[10] Williamson,O.E.(1989), "Transaction cost economics," *Handbook of Industrial Organization*, vol.1, North-Holland.

[11] 伊藤秀史 (2003),『契約の経済理論』有斐閣.

[12] 清水克俊・堀内昭義 (2003),『インセンティブの経済学』有斐閣.

第4章 再交渉と排他的取引

4.1 はじめに

われわれが市場という言葉に抱くイメージはどのようなものであろうか．経済学の基本的な市場概念は整備された価格機構としての市場である．この経済では，価格が市場の需要と供給のバロメータの役割を果たし，市場の経済主体はその価格に対して受動的に活動していく存在であった．いわゆる完全競争市場である．この場合，市場には無数の買い手と売り手とがおり，価格はそれぞれの経済主体にとってシグナルの役割を果たし，財および市場に関する情報はすべて価格のなかに盛り込まれたものとして機能していた．財および市場についての情報はとくに求める必要がなく，その意味で価格メカニズムは情報の節約，情報の効率化を図っていると言うことができよう．

この場合，企業はどのように把握されているだろうか．企業は生産要素を市場の価格で購入し，その生産要素の投入によってなんらかの生産物を生み出し，それを市場に供給する．このとき，生産要素は各時点ごとに購入される．ここには，生産要素の長期的購入という視点はない．なるほど，固定生産要素という概念はあったが，その生産要素がなぜ固定要素として扱われるかは説明されない．

ところが，現実の企業は瞬時に要素取引をするのではなくさまざまな継続的契約によって生産要素を調達している組織体である．価格体系の変化あるいは市場の変化に抗して目的を遂行しようとする組織体なのである．市場経済における価格の役割の重要性は強調してし過ぎることはないが，市場経済における組織の役割もきわめて重要なものであることを見逃してはならない．たとえば，部品調達などの要素投入を考えれば，日本において系列取引あるいは下請け取引が支配的であるのはなぜであろうか．ここでは，価格メカニズムの貫徹とい

うより，価格メカニズムの貫徹を防ぐ装置として組織編成として系列取引が考えられているのかもしれない．このような系列取引などを考える場合は市場か組織かという二律背反的アプローチではなく，むしろ，市場と組織の中間形態が生み出されているということに注目しなければならない．したがって，スポット市場から継続的取引，そして，企業内取引という形で市場と組織は相互に影響しあい，あらたな取引形態をつくっているといってよい．本章ではこのような意味で市場で発生する非スポット取引の一形態である排他的取引のメカニズムを，とくに，そうした契約の実効性を再交渉という視点から考察し，再交渉のある排他的取引の市場における論理構造を明らかにする．

4.2　スポット市場と排他的契約

　日本の産業の取引はしばしば継続的取引が特徴であるといわれるが，これが対外的にどのように機能しているであろうか．とくに，日々の情報交換や人的交流により形成されてきた生産・流通についての情報資産の蓄積は外国の企業の目からは不透明な閉鎖的システムと映る可能性があるであろう．この排他的契約問題は昨今では流通市場における排他的取引の問題として議論され，独占禁止法の適用を巡って活発な意見がでている．この問題を扱う場合，さまざまな角度が設定できるが，ここでは拘束的排他的取引をむすぶ側と外側にいるものとの相互作用を中心にとりあげた Aghion=Bolton(1987) の分析をまずとりあげてみよう．ここでいう拘束的契約 (binding contracts) とは法的に認知された契約として変更されないものを意味する．

　いま，ある市場に 1 人の売り手（先任者）と 1 人の買い手がいるものとし，売り手は 1 単位の財を販売し，その財の買い手にとっての留保価格は 1 とする．また，先任者にとっての単位費用は $C(<1)$ である．いま，この市場にたいして潜在的な売り手が存在し，参入の可能性があるものとする．この潜在的売り手が参入するかどうかはその単位費用に依存する．先任者は潜在的売り手がどのような単位費用をもっているかわからないが，その参入者の単位費用 C_e は区間 $(0,1)$ 上の一様分布のもとで発生するものと考えているとしよう．

4.2. スポット市場と排他的契約

4.2.1 スポット契約

まず，先任者と買い手との間に排他的契約がない場合，すなわち，スポット契約の取引を考えてみよう．この場合，潜在的参入者が市場に参入してくれば，先任者と価格競争を行う．そのとき，限界費用の低いほうが相手よりわずかでも低い価格をつければ，相手を排除することができる．したがって，参入後の価格は $\max\{C, C_e\}$ となる．現在の設定では参入者は先任者の限界費用を知っているので，参入が生じるのは $C_e < C$ のときである．C_e は $[0,1]$ 上で一様分布に従うので，参入が生じる確率は

$$\Pr(\text{参入} \mid \text{無契約}) = C \tag{4.1}$$

であり，そのときの価格は $\max\{C, C_e\} = C$ となる．したがって，参入しない確率は

$$\Pr(\text{非参入} \mid \text{無契約}) = 1 - C \tag{4.2}$$

となり，そのとき，市場は先任者によって独占され，価格は買い手の留保価格 1 になる．以上から，先任者の期待利得は

$$\Pi_s = (1-C)(1-C) + C \times 0 = 2(1-C) \tag{4.3}$$

となる．一方，買い手の期待利得は，利得はその留保価格から価格を引いたものであることに注意すれば，

$$\Pi_{bs} = (1-C) \times 0 + C(1-C) = (1-C)C \tag{4.4}$$

となる．

4.2.2 排他的取引契約

これに対して，排他的取引契約が買い手と先任者との間で結ばれる場合を考えてみよう．とくに，その契約は拘束的であるとしよう．排他的な取引契約は様々な内容のものがあるが，ここではもっとも簡単な契約 (P, d) をとりあげよう．ここで，P は買い手が先任者と取引する場合の価格，d は買い手が先任者と取引しない場合に先任者に支払う違約金とする．

いま，このような違約金付きの排他的取引 (P, d) が結ばれたとしよう．このとき，参入がなければ買い手の利得は $1 - P$ であるから，少なくともこれと同等の利得を買い手に提供しなければ参入者は参入できない．したがって，契約が結ばれた場合の買い手の利得はつねに $1 - P$ となる．

$$\Pi_{bb} = 1 - P \tag{4.5}$$

参入者が買い手に非参入時と同じ利得を提供するためには

$$P_e + d = P \tag{4.6}$$

したがって，参入者の付ける価格は $P_e = P - d$ となる．この価格をつけることができる参入者の限界費用が $C_e < P_e$ でなければならない．したがって，潜在的な参入者が実際に参入する確率は

$$\Pr(参入) = P - d \tag{4.7}$$

となる．このとき，先任者の期待利得は

$$\Pi_b = (P - d)d + [1 - (P - d)](P - C) \tag{4.8}$$

となる．

さて，先任者が買い手と排他的契約をむすぶときは，少なくとも，契約をしないときに得られる買い手の期待利得を保証しなければならない．この条件は

$$\Pi_{bb} > \Pi_{bs} \quad すなわち \quad 1 - P > C(1 - C) \tag{4.9}$$

となる．したがって，先任者にとっての最適な排他的契約は

$$\max \ \Pi_{ib}$$

$$\text{s.t.} \quad 1 - P > C(1 - C)$$

を解いたものとなる．制約条件に d がふくまれていないことから，あきらかに，$d = P - C/2$ となるので，これを Π_{ib} に代入すれば，

$$\Pi_{ib} = P^2 + P + C^2/4 - C$$

4.2. スポット市場と排他的契約

となり，したがって，最適契約は制約条件を等号でみたす価格 $P = C^2 - C + 1$ となり，対応して，$d = C^2 - 3C/2 + 1$ となる．このとき，先任者の期待利潤は

$$\Pi_{ib} = (5/4)C^2 - 2C + 1 \tag{4.10}$$

となる．

　以上のことから，排他的契約がある場合とない場合の参入の確率は，それぞれ

$$\Pr(\text{参入} \mid \text{契約}) = P - d = C/2 \qquad \Pr(\text{参入} \mid \text{無契約}) = C$$

となり排他的契約によって参入阻止効果が上がっていることがわかる．また，それぞれの場合の先任者の期待利潤について

$$\Pi_{ib} - \Pi_{is} = C^2/4 > 0 \tag{4.11}$$

が成り立つので，先任者はいかなる限界費用においても排他的契約が望ましいことになる．これに対して，買い手の利得については

$$\Pi_{bb} = 1 - b = C(1 - C) = \Pi_{bs} \tag{4.12}$$

となり，買い手にとってはこの契約の有無は無差別となっている．なお，注意すべきことは，先任者にとっての非参入時における利得は $P - C = C^2 - 2C + 1$ であり，参入時における利得は違約金 $d = C^2 - (3/2)C + 1$ そのものであるので，その差は $d - (P - C) = C/2 > 0$ であるから，一度契約が結ばれた場合は先任者にとって，自ら生産し販売するよりも参入されて違約金を受け取る方が大きな利益となっていることがわかる．また，潜在的参入企業の期待利益はスポット市場では

$$\Pi_{es} = \int (C - C_e) dF(C_e) = C^2/2 \tag{4.13}$$

これに対して排他的取引契約のもとでは

$$\Pi_{eb} = \int P - d - C_e dF(C_e) = (P - d)^2/2 = C^2/4 \tag{4.14}$$

であり，最適排他取引のもとでの期待利潤が減少している．

　以上をまとめると，つぎの定理が得られる．

定理1 われわれの最適排他的取引契約においては,

1. 契約のない状態に比べて参入確率が減少し,先任者の期待利得は増加する.
2. 排他的取引を実行して得られる先任者の利得は違約金の額を下回る.

4.3 再交渉付き排他的取引契約

4.3.1 事後交渉と排他的取引契約

　このように,排他的契約をむすぶことにより,先任者である売り手と買い手は双方独占的利益を得,参入阻止にある程度成功することになる.しかし,この契約は実行できるであろうか.もっとも重要なポイントは先任者にとって違約金の額が取引を実行した場合の利得に比べて多いということである.このとき先任の売り手はできるなら取引をしないで,キャンセルすることを望むようになるのではないかと考えられる.以下ではこの事後交渉の問題を考察してみよう.

　まず,違約金めあてに潜在的売り手にある参入奨励金をあたえることによって,最適契約での参入よりも多くの企業の参入を可能にすることができるであろう.そこで,事前にこの参入奨励金の額をアナウンスしてやればどうであろう.これを参入奨励金付き排他取引契約と呼ぼう.すなわち,先任者は (P, d, e) からなる政策をあらかじめアナウンスするものとする.ここで,e は参入奨励金を表す.このとき買い手は $P + d$ 以下の価格を提示されないとキャンセルしないが,そうした価格を提示できる潜在的売り手は奨励金が入るので,前回とは異なる.すなわち,奨励金分だけ限界費用の高い売り手もその価格をつけることができるわけである.したがって,$P - d + e$ 以下の限界費用の企業も参入するインセンティブがでてくる.また,契約を破られれば今度は違約金と奨励金の差が先任者の利得となる.もちろん,買い手にとっては先任者の提示した価格のみが選択の基準となるのでこれまでと同じ制約条件を受け入れることになる.以上のことを考慮すると,この参入奨励金付き排他取引契約はつぎのように定式化できる.

$$\max \quad (d-e)F(P-d+e) + (P-C)(1-F(P-d+e))$$
$$\text{s.t.} \quad 1-P > (1-C)C$$

しかしながら，明らかにこうした定式化は無意味なものである．すなわち，$d-e$ を改めて d とおけば，本来の最適契約問題と一致してしまう．したがって，この参入奨励金付き排他契約ではネットの違約金分を負担できる売り手のみが参入することになり，実質は，前の拘束的契約となにもかわらないことになる．したがって，こうした定式化では先程述べた先任者による違約金めあての交渉についてうまく説明できないことがわかる．

4.3.2 再交渉付き排他的取引契約

じつはこのような定式化の問題点は事後交渉＝再交渉 (renegotiation) という視点 (Caillaud,et al.(1995)) を含んでいないことである．すなわち，ある排他的取引契約 (P,d) が結ばれたとき $P-d$ 以下の限界費用をもった売り手は参入し，$P-d$ 以上の限界費用の売り手は参入しないが，そこで改めて参入を断念したものと先任者が交渉するものとする．この交渉過程について明示するのが望ましいが，われわれはその記述をさけて，つぎの仮定をもうけておく．

仮定 交渉において潜在的売り手のタイプは先任者に知られる．

いま，先任者にとっての違約金から契約取引の実行時の利得との差を参入奨励のインセンティブ量と呼べば，この額を考慮して先任者は潜在的売り手と交渉にあたる．このとき，限界費用が $P-d$ 以上であるが先任者にとっての参入奨励のインセンティブ量を上回らない売り手とは交渉の余地があることになる．すなわち，この最大のインセンティブ量を支払って参入を要請することで参入する売り手の範囲はきまる．交渉力をこれまでと同様に先任者にあるとすれば，売り手に買い手が相手をスイッチする価格である $P-d$ と売り手の限界費用の差の分を奨励金として先任者が支払えば，その売り手は参入してくるであろう．したがって，この奨励金が先任者のインセンティブ量を下回る限り，先任者は

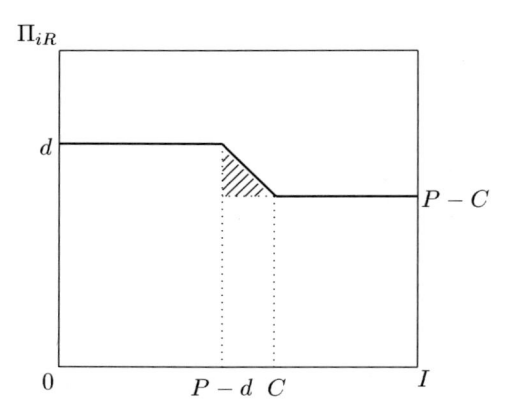

図4-1：事後的参入のインセンティブ

それを実行するであろう(図4-1参照)．すなわち，

$$C_e - (P - d) < d - (P - C) \tag{4.15}$$

のとき交渉が実現する．言い換えると，等号が成り立つとき，すなわち，$C_e=C$ までは参入してくることになる．したがって，スポット市場での取引の効率性を回復したことになることに注意しよう．このとき，市場に改めて参入が発生することから生じる先任者の追加的期待利得は

$$\int d - (P - C) - (C_e - (P - d))dF(C_e) = (d - (P - C))^2/2 \tag{4.16}$$

となる．以上のことを考えると，この再交渉付きの最適排他的取引契約は次のように表すことができる．

$$\max \quad \Pi_{iR} = d(P - d) + (P - C)(1 - C) + (d - (P - C))^2/2$$
$$\text{s.t.} \quad 1 - P > (1 - C)C$$

ここで被最大化項は，第1項目が参入が生じたとき，第2項目がもとの取引が生じたとき，第3項が再交渉の結果参入が生じたときの利得をそれぞれ考慮した先任者の期待利得である．

4.3. 再交渉付き排他的取引契約

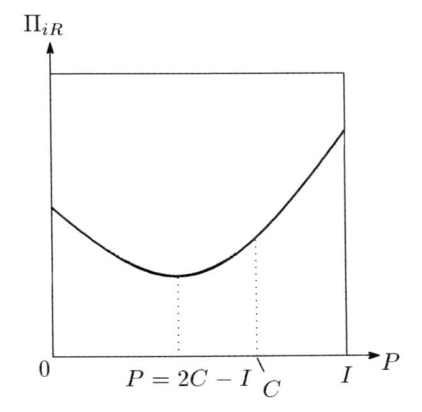

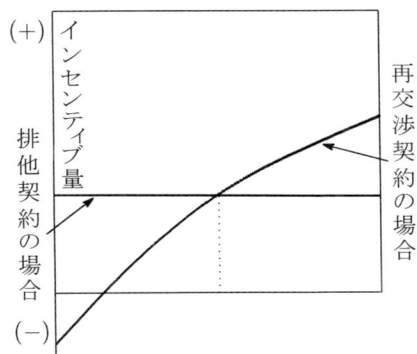

図4-2：先任者の期待利潤

図4-3：インセンティブ量の比較

この問題は前と同様に容易に解ける．すなわち，まず，被最大化項を d に関して偏微分し，1次条件を求めると，

$$d = C$$

となる．もちろん，2次条件は満たされている．この d の値を被最大化項に代入すれば，この項は

$$\Pi_{iR} = (P - C) + (P - 2C)^2/2$$

となり，グラフで表すと図4-2のようになる．価格設定に関しての制限は買い手の受け入れ条件と $P > C$ という条件であることに注意しよう．図からあきらかなように，$P = 1 - (1 - C)C$ において先任者の期待利潤は最大となる．これは拘束的排他契約の場合の最適価格と一致している．

それでは先任者にとっての違約金の量と実際に取引がおこなわれたときの利益との比較をおこなってみよう．これは

$$(P - C) - d = C^2 - 3C + 1 \gtreqless 0 \iff C \lesseqgtr C^*$$

の関係から理解できる．ここで

$$C^* = \frac{3 - \sqrt{5}}{2}$$

である．したがって，先任者の限界費用が十分大きな場合は最初の契約と同様に，違約金の大きさが契約を実行した場合より高くなっている．また，このギャップの大きさを再交渉なしの契約と再交渉のある契約の場合とで比較すると

$$C/2 - (3C - C^2 - 1) = (2C-1)(C-2) \lesseqgtr 0 \iff C \gtreqless 1/2 \qquad (4.17)$$

となる．すなわち，先任者の限界費用が大きいときは再交渉があるときのほうがギャップは大きいが，小さいときには再交渉があることによってこのギャップは縮小している．また，C^* 以下の限界費用を先任者がもっている場合は，ペナルティのほうが小さくなることがわかる．この場合，興味あることは，逆に，適当なプレミアムをつけて市場に入るのを断念してもらっていることになる．その結果，得られる利得が被最大化項の第 3 項目と解釈できるわけである（図 4-3 を参照）．

以上をまとめると，まず，この契約においても均衡結果として再交渉が生じる．もちろん，これは自明ではない．ただし，$C = C^*$ のときはその限りではない．

定理 2 再交渉付き最適排他的取引契約では再交渉が生じる．

定理 3 再交渉付き最適排他取引契約では先任者の限界費用が，

1. $C > 1/2$ のとき，インセンティブ量が再交渉なしの最適契約でのそれを上回る．
2. $1/2 > C > C^*$ のとき，インセンティブ量が再交渉なしの最適契約でのそれを下回る．
3. $C < C^*$ のとき，インセンティブ量はマイナスとなる．言い換えれば，奨励金を使って逆に市場に参入するのを断念させる事態が生じる．

定理 4 再交渉付き最適排他取引契約では事実上効率的取引が生じる．

こうして，再交渉付き契約を結ぶことにより，binding な排他契約によって生じる取引の過少性が克服され，効率性が回復される．また，排他的取引を取り

結ぶことにより，先任者により望ましい取引が実現したことになる．これは一種の precomittment effect(Caillaud,et al.(1995)) ということができる．

最後に，この再交渉付き最適取引契約のもとでの潜在的売り手の事前の期待利得をスポット市場でのそれとを比較してみよう．再交渉付き最適契約では再交渉のある場面でも先任者に交渉の利益をとられているので，結局，交渉の余地のない強い売り手に利益が生じる．これは $(P-C)^2/2 = (C-1)^2/2$ となる．一方，スポット市場での利益は $C^2/2$ であった．この比較はインセンティブ量の比較の場合と同様であって，

定理 5

$$\Pi_{eR} \gtreqqless \Pi_{es} \iff C \gtreqqless C^*$$

が成り立つ．ただし，Π_{eR} は再交渉付きの潜在的売り手の期待利得をあらわす．

こうして，再交渉付き最適契約において，潜在的売り手の期待利得は先任者の限界費用が小さいときにはスポット市場に比べて得をし，先任者の限界費用が大きいときには損をすることになる．したがって，このような排他契約は効率性に問題はないにしても分配の面で重要な偏りが生じているといえよう．

このように考えると，単純化した前提のもとではあるが，排他契約を排除する公共政策が望ましいことになるが，現実に明示的な形で排他契約を結ぶことは少ないであろう．むしろ，排他的取引条項は関係者間の暗黙の了解として見なされている場合が多い．このような場合の経済厚生について検討することが望まれるであろう．

4.4 流通市場における排他的取引

以上，理論モデルを使って排他的取引の論理構造を分析したが，こうした分析の背景としては排他的取引ないしはそれに類する取引が現実には多く見られるということである．この点を流通市場について簡単に触れておこう．

昨今，日本の流通市場について国内外から大きな注目を浴びている．とくに，日米貿易摩擦の拡大にともなって，米国からの圧力として日本の流通市場が閉鎖的であるとか，日本的取引慣行が支配しているとかの議論がある．また，こ

のような閉鎖性や特殊性は国内の物価高をもたらしており，その是正は日本の消費者にも利益をもたらすという主張へとなっている．われわれはここで日本の流通市場を取り上げ，そこでの課題を検討してみよう．

流通の役割　流通の基本的な役割はまず製品をメーカーから消費者に手渡すことである．これは単純でだれでも理解できる．しかし，これは運送業者としての機能であり，これだけであれば運送機能だけ考えればよい．しかし，流通にはもうひとつ重要な役割がある．それは製品に関する生産者の情報と消費者の情報を仲介する点にある．たとえば，生産者がある製品を製造したとき，この製品の内容，品質を消費者に伝えるためには流通の場（この場合，小売業者）が不可欠であろう．消費者は流通の場において製品の情報を獲得し，確認する．また，流通業者が直接，商品の選別，評価をおこなうことにより消費者に情報を流し，品質の判定をおこなう．すなわち，流通業者は単なる運送機能だけでなく情報伝達機能をもっている．情報の伝達だけならカタログ通信販売はどうであろうか．これも一応情報を伝えることにはなるがお客が真に安心して買える品物を提供できるかとなると疑問が生じる．カタログ販売で可能なものはすでに評判の定まったものやそれほど品質の変動のないものに限られるのではないかと思われる．このように，流通の中心的役割はメーカーと消費者との間にあって製品の品質などの情報を仲介している点にあるといえる．と同時に消費者側の需要情報をメーカーに伝える点でも情報の仲介をおこなっているのである．

流通における取引慣行としての再販維持価格制　日本の流通システムにおいていくつかの取引慣行としてあげられるものがある．そのひとつは再販価格維持制度である．これはメーカーあるいは卸売が小売の価格を直接きめようとするもので，これは独占禁止法で除外規定があるが原則として禁じられている．再販価格維持行為が望ましくない理由はなんであろうか．これはメーカーが小売店の裁量権である小売価格の決定に介入しているということ，すなわち，独占的行為をメーカーが行っているという点がひとつであろう．こうした行為が法的に禁止されるべきかどうかは市場経済社会における基本ルールはなにかということにかかわる．とくに，価格の設定はその財の所有者が設定すべきである

4.4. 流通市場における排他的取引

というなら，あきらかに，この行為は違反しているといえる．この場合，メーカー側が決定すべきものは卸売価格だけということになろう．この問題はしばしば新聞紙上でとりあげられている．化粧品メーカー資生堂はメーカー希望価格をまもらず安売りにでた小売店にたいして出荷停止の脅しをかけたが，この件について，現在独占禁止法第19条（再販価格の拘束行為）の疑いがかけられている（日本経済新聞1994年8月20日付け）．

しかし，経済厚生の観点からみて，メーカーが再販維持価格をつけることと小売店が自分で小売価格をつけることはどちらが望ましいことであろうか．消費者にとってはより安い価格で提供されることが望ましいことはいうまでもない．問題は卸売価格と小売価格がメーカーと小売店の販売政策をとおして関連している点である．

いま，独占的に市場を支配しているメーカー1社と小売店1社の関係でこの問題を見ると，明らかに，小売が付ける価格は再販価格に比べて高くなり，したがって，消費者余剰も再販価格のときのほうが高くなっていることがわかる．

こうして，再販価格維持行為を受け入れた場合のほうが経済厚生上望ましいケースがあるが，これは，メーカーと小売がそれぞれ独占力を持っている場合であることに注意しよう．この場合にはそれぞれが最適価格を設定するという二重の限界性（double marginalization）が発生することがその理由である．したがって，独占力のある市場では再販価格維持行為は直ちに望ましくない行為であるといえないことが理解されよう．この問題はしかしそれほど単純な問題ではない．すなわち，どのような品質のものがどのような努力で販売されるかという，逆選択－モラル・ハザード問題を考慮したうえで，さまざまな垂直的取引形態のなかで判断しなければならない（この点で，Perry=Besanko(1991) 参照）．

流通系列 最後に流通系列について簡単にふれておこう．流通市場とは最終財メーカーからの製品が卸売をへて小売業に渡され，最終的に消費者の手に入るプロセスであるが，通常，各メーカーは卸売段階として販売会社をつくり，小売店については自社製品の取扱割合に応じて，格付けして系列化している．これには多くの理由がある．メーカーにとっての理由は

1. 特定メーカーの販売を特定流通業者が担うことで，製品に関する品質情報

が確実に消費者に伝達される．不特定の業者に依頼すれば，品質情報について必ずしも業者が正確に伝達されるとは限らない．
 2. 耐久財の場合，消費者にとってアフターサービスをよくしてくれる業者が望ましいわけで，それに応えるためには製品情報だけでなくアフターサービスをおこなうための修理技術の習得などの投資が必要となる．これは取引特殊的投資である場合が多いので，特定メーカーのものを扱うことが望ましいかもしれない．

この取引特殊的投資の問題は本章で取り扱った排他的取引ときわめて関連がある．こうした投資をすれば，その取引内では効率的費用構造を実現させるとしても，外部との取引を事実上遮断してしまう可能性をもっているからである．こうした観点から，あらためて排他取引をみなおすことができる．

4.5 おわりに

本章では産業組織論的観点から排他的取引のメカニズムを理論的に検討し，最後に流通市場における排他的取引の一形態として再販売価格維持制度や流通系列の問題にふれた．排他的取引のメカニズムについては Aghion=Bolton(1987) のモデルをとりあげ，そのモデルに対して事後的交渉の可能性があることを指摘し，再交渉をもつ最適排他的取引契約を導入することによって，排他取引の論理構造をあきらかにした．とりわけ，先任者の費用レベルの如何によって，Aghion=Bolton(1987) は参入制限が実現するのにくらべて参入のレベルは事実上，スポット市場と同様の効率的取引となることを示した．排他的取引によって効率的取引が実現するというのは大変パラドキシカルである．その背後の論理としては，先任者が契約の破棄をある意味で促進する場合がありうることを指摘した．さらに，十分低い限界費用の先任者にとっては過剰参入をもたらす契約内容を望むことがあることが理解された．これが可能なのは排他的契約というコミットメントを買い手にさせたことによってであり，それをつうじてより大きな利益を得ることになった．

流通市場のメカニズムについては多くのことが語られているが，垂直的取引構造のメカニズムの一般的特徴について検討することができるのではないかと

4.5. おわりに

思う.さらに,ここでは明示的に取り上げなかったが,Vicker(1995) に見られるような政府による規制政策をこの問題のなかに取り込むことが重要であろう.

参考文献

[1] Aghion, P. and P. Bolton(1987), "Long-Term Contracts as a Barrier to Entry," *American Economic Review*, vol.77.

[2] Bolton, P. and M. D. Whinston(1993), "Incomplete Contracts, Vertical Integration and Supply Assurance," *Review of Economic Studies*, vol.60, no.1.

[3] Caillaud, B., Jullien, B. and P. Picard(1995), "Competing Vertical Structures: Precommitment and Renegotiation," *Econometrica*, vol.63.

[4] Katz, M.(1991), "Game-Playing Agents: Unobservable Contracts as Precommitments," *The Rand Journal of Economics*, vol.22-3.

[5] Milgrom, P. and J. Roberts(1992), *Economics, Organization and Management*, Prentice Hall (奥野正寛 他訳 (1997),『組織の経済学』NTT 出版).

[6] Ordover, J.A., Saloner, G. and S. Salop(1990), "Equilibrium Market Foreclosure," *American Economic Review*, vol.80.

[7] Perry, M. K. and D. Besanko(1991), "Resale Price Maintenance and Manufacturer Competition for Exclusive Dealerships," *Journal of Industrial Economics*, vol.39.

[8] Salinger, M. A.(1988), "Vertical Mergers and Market Foreclosure," *Quarterly Journal of Economics*, vol.77.

[9] Tirole, J.(1988), *The Theory of Industrial Organization*, MIT Press.

[10] Vickers, J.(1995), "Competition and Regulation in Vertically Related Markets," *Review of Economic Studies*, vol.62.

[11] Williamson, O. E.(1975), *Market and Hierarchies*, The Free Press (浅

沼萬里・岩崎晃 訳 (1980),『市場と組織』日本評論社).

[12] 伊藤元重・西村和雄 編 (1989),『応用ミクロ経済学』東京大学出版会.

[13] 今井賢一・小宮隆太郎 編 (1989),『日本の企業』東京大学出版会.

第5章 取引特殊的投資と
インセンティブ

5.1 取引特殊的投資と情報

5.1.1 取引特殊的投資

　さて，前章までは買い手と売り手の留保価格は所与のものであるとしてきたが，留保価格そのものを決めるために事前の投資を行うかもしれない．たとえば，売り手は投資を行うことにより生産コストを下げようとするかもしれない．また，買い手も投資（たとえば教育投資）をすることによってその財の価値を高めようとするかもしれない．もちろん，これらの投資は売買取引に先だって行われるが，問題はこうした投資が特定の取引にのみ通用するものであるか否かという点である．投資がそのようなものであればその取引に対してたとえば費用削減という効果をもつとしても，取引相手が代わればたとえ同じ財の販売であってもその投資の効果は発揮されないことになる．たとえば，取引先との信頼関係を築くためせっせと相手と接触し，交際費に多大の資金を投じることによって，取引を通じて利益が高まったとしよう．しかし，こうした投資は，取引先が代わってしまえば全く無意味になるであろう．

　このような性格をもつ投資は取引特殊的 (transaction-specific) 投資と呼ばれ，一度投下されると回収できなくなる．したがって，一度投資をすると相手との取引から容易に抜け出すことが困難になる．これは"ロックイン"効果 (Farell=Shapiro(1989)) と呼ばれる．Williamson (1975, 1985) などはこの取引特殊的効果が取引に対して重要な役割をもつことを指摘している．こうした効果が重要性をもつには，実はこの取引特殊的な投資が契約に書き込むにはあまりにも複雑であることからくる．すなわち，この投資は汎用性がないので，マニュ

アル化されておらず，取引当事者には観察可能としても，その水準や内容について第三者に立証できる性質のものである場合が多い．こうして，当事者間の契約は不完備契約となり，このことが取引のバイアスをもたらすのである．

この取引特殊的投資は前章の流通系列の存在に関する議論のなかで触れたが，汎用の投資ではなく取引特殊的投資が企業間取引においてなされる理由を考えることは重要である．そこで，この特殊的投資がどのように取引に影響するか，なぜそうした投資を行うのかを検討するために，次のような設定をしてみよう．

まず，この特殊性の程度を表すパラメータを s ($s < 1$) として s が大きい程その特殊性の度合は高いものとする．いま，ある投資があって，その総量を I とし，その特殊性の程度を s とする．このとき，投資の費用が $K(s)I$ で表されるものとする．ただし，$K'(s) > 0, K''(s) > 0, K(0) = 1$ とする．また，この投資によって生産の限界費用は $C(s)F(I)$ となるものとしよう．ここで，$C'(s) < 0, C''(s) < 0$ であり，$F'(I) < 0, F''(I) > 0$ とする．すなわち，s の増大はコストを高め，生産の限界費用を低下させるのである．また，外部取引にそれが利用されれば，取引特殊的であることから，その限界費用は $C(0)K(I)$ となるものとしよう[1]．なお，$C(0) = 1$ としておく．また，ここで取り扱う投資は取引当事者 (買い手と売り手) には観察できるが第三者 (裁判所など) によって立証可能ではない (unverifiable) ものであるとしよう．すなわち，当事者たちはその投資量をお互いに知ることができてもその量をめぐって契約できないとする．以下では，実現した費用，および，財の価値 v についてお互いに観察可能であるとし，ナッシュ交渉解によって価格が決定されるものとしよう．したがって，情報構造は事前，事後ともに対称情報となっていることに注意しよう．

5.1.2 最適投資水準

いま，ある買い手との取引に対して売り手によって投資 (I, s) がなされたとする．財の買い手は無数に存在しているとする．そうすれば，投資の後，その相手との売買取引が成立しなければ，外部の取引によって価格を v に設定でき

---

[1] Tirole(1988) は取引特殊的投資の程度を表すパラメータを導入しているが，それは一方的に外部取引にたいして不利にはたらくものとされていた．したがって，最適な特殊度を考えるとそれは必ず特殊度ゼロとなってしまい，特殊的投資のメリットが表せないものとなっている．

5.1. 取引特殊的投資と情報

て，売り手は $v - C(0)F(I)$ の利益を得る．したがって，売り手の留保価格は $v - C(0)F(I)$ となり交渉相手の留保価格 v に対して成立する価格は，ナッシュ交渉解によって，

$$v - p = p - C(s)F(I) - (v - F(I)) \tag{5.1}$$

より求められる．これから，投資した売り手の2期間の利潤の合計は，割引因子を1とすると，

$$\Pi_s = v - \frac{(C(s)+1)F(I)}{2} - K(s)I$$

となる．したがって，売り手はこの2期間の利潤を最大にするように投資を行うことになる．このとき，最適解の1階条件は

$$-\frac{C'(s)F(I)}{2} - K'(s)I = 0 \tag{5.2}$$

$$-\frac{(C(s)+1)F'(I)}{2} - K(s) = 0 \tag{5.3}$$

となる．それぞれの式を満たす (I, s) の組について，

$$\left.\frac{dI}{ds}\right|_{(5.2)} = -\frac{C''(s)F(I)/2 + K''(s)I}{\frac{C'(s)F'(I)}{2} + K'(s)} < 0,$$

$$\left.\frac{dI}{ds}\right|_{(5.3)} = -\frac{C'(s)F'(I)/2 + K'(s)}{\frac{(C(s)+1)F''(I)}{2}} < 0$$

が成り立つ．(5.2) と (5.3) から，最適解については

$$\frac{C'F}{(C+1)F'} = \frac{K'I}{K}$$

が成り立つので，これを変形すれば，

$$\varepsilon_F \varepsilon_K = \frac{1}{C+1}\varepsilon_C \tag{5.4}$$

が成立する．ここで，$\varepsilon_F, \varepsilon_K, \varepsilon_C$ はそれぞれ F, K, C の投資弾力性を表す．したがって，

$$\varepsilon_F \varepsilon_K < \varepsilon_C \tag{5.5}$$

が成り立つことがわかる．

5.1.3 社会的最適投資

立証不可能な投資という条件のもとでの交渉をつうじた最適投資水準の特徴を明らかにするために，参考として社会的最適投資水準の決定問題を考察してみよう．この問題は

$$\max_{s,I} v - C(s)F(I) - K(s)I$$

によって表されるので，その解の1階条件は

$$-C'(s)F(I) - K'(s)I = 0 \tag{5.6}$$

$$-C(s)F'(I) - K(s) = 0 \tag{5.7}$$

この2つの式から

$$\varepsilon_F \varepsilon_K = \varepsilon_C \tag{5.8}$$

が得られる．すなわち，交渉をつうじた最適投資に関しては，$\varepsilon_F \varepsilon_K < \varepsilon_C$ が成り立つのに対して，社会的最適投資にかんしては $\varepsilon_F \varepsilon_K = \varepsilon_C$ が成り立つことがわかる．(5.6) と (5.7) をそれぞれみたす (I, s) の組については，

$$\begin{aligned}\left.\frac{dI}{ds}\right|_{(5.6)} &= -\frac{C''(s)F(I) + K''(s)I}{C'(s)F'(I) + K'(s)} < 0, \\ \left.\frac{dI}{ds}\right|_{(5.7)} &= -\frac{C'(s)F'(I) + K'(s)}{C(s)F''(I)} < 0 \end{aligned} \tag{5.9}$$

が成り立つ．交渉をつうじた最適投資と社会的最適投資の水準を比較するために，それぞれの最適水準を (I^*, s^*) と (I^{**}, s^{**}) で表すことにする．まず，(5.2) が示す曲線は (5.6) が示す曲線より図 5-1，図 5-2 に示されるように $I - s$ 平面上で右にあることがわかる．これに対して，(5.3) が示す曲線は (5.7) が示す曲線より左にあることがわかる．図 5-1 と図 5-2 は最適解での 2 つの dI/ds の値の大小によって場合分けしたものである．

図 5-1 では $\left.\frac{dI}{ds}\right|_{(5.6)} > \left.\frac{dI}{ds}\right|_{(5.7)}$ が最適点で成り立つ場合で，このとき，交渉をつうじた最適投資量 I^* は社会的最適投資 I^{**} より過大になっており，同時に，交渉をつうじた最適特殊度 s^* は社会的最適特殊度 s^{**} より過小となっている．これにたいして，図 5-2 では $\left.\frac{dI}{ds}\right|_{(5.6)} < \left.\frac{dI}{ds}\right|_{(5.7)}$ が成り立っており，このときは，

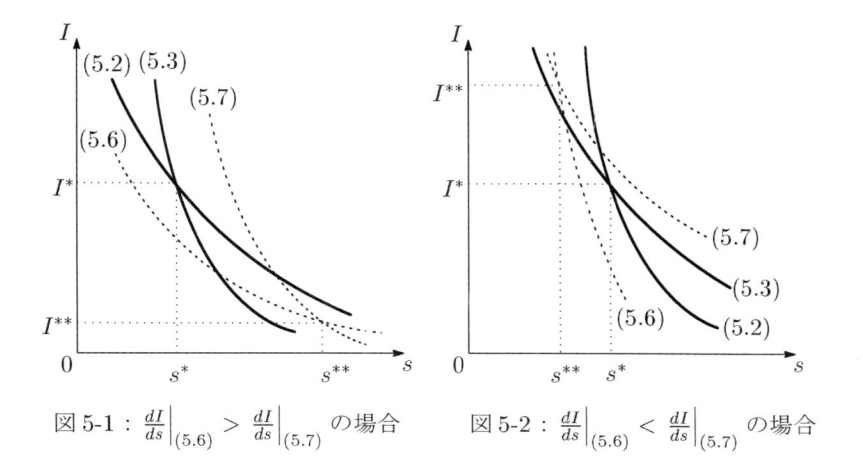

5.1. 取引特殊的投資と情報

図 5-1 : $\left.\frac{dI}{ds}\right|_{(5.6)} > \left.\frac{dI}{ds}\right|_{(5.7)}$ の場合 　　図 5-2 : $\left.\frac{dI}{ds}\right|_{(5.6)} < \left.\frac{dI}{ds}\right|_{(5.7)}$ の場合

$I^* < I^{**}$, $s^* > s^{**}$ となっている．図 5-1 と図 5-2 のどちらがどのような条件で成立するかを検討するために，関数 $C(s)$, $K(s)$ を弾力性一定のものに限定して考察してみる．いま，$C(s) = e^{-as}$, $K(s) = e^{bs}$ とおくと，(5.9) の 2 つの式はそれぞれ，

$$\left.\frac{dI}{ds}\right|_{(5.6)} = \frac{b(a+b)e^{(a+bs)}I}{aF' - be^{(a+b)s}}, \quad \left.\frac{dI}{ds}\right|_{(5.7)} = -\frac{(a+b)e^{(a+b)s}}{F''} \tag{5.10}$$

と表せる．したがって，

$$\left.\frac{dI}{ds}\right|_{(5.7)} - \left.\frac{dI}{ds}\right|_{(5.6)} = -(a+b)e^{(a+bs)}\left(\frac{1}{F''} + \frac{bI}{aF' - be(a+bs)}\right)$$

となるが，これを弾力性のタームをつかって表せば，

$$\left.\frac{dI}{ds}\right|_{(5.7)} - \left.\frac{dI}{ds}\right|_{(5.6)} = \frac{1}{\varepsilon_{F'}}\left(1 - \frac{\varepsilon_K}{\varepsilon_K + \varepsilon_C}\varepsilon_{F'}\right)$$

となる．したがって，

$$1 + \frac{\varepsilon_C}{\varepsilon_K} - \varepsilon_{F'} \gtreqless 0 \iff \left.\frac{dI}{ds}\right|_{(5.7)} \gtreqless \left.\frac{dI}{ds}\right|_{(5.6)} \tag{5.11}$$

の条件が求められる．よって，汎用的投資の生産に関する限界費用削減率 (F') の弾力性が十分小さければ，図 5-1 の場合が成立し，交渉をつうじた私的最適

投資量は過大に，最適特殊度は過小になり，また取引特殊的投資による生産費用 $C(s)$ の弾力性が十分大きくなるほど，交渉をつうじた私的投資量は過大になり，特定度は過小になることがわかった．こうして，投資の取引特殊性という概念を導入した場合，そのメリットとデメリットの大小に応じて，投資の過大性，過小性が生じることがわかった．Williamson (1975) や Tirole (1987) においては過小投資の側面が強調されたが，本節では過大投資の可能性があることを指摘した．

5.2 取引特殊的投資と取引グループ

これまではある特定の売り手と買い手の組を取り出してそれらの間で行われる取引の問題を検討した．今度は売り手と買い手の組が複数存在し，それらの内部取引と外部取引の関係を取引特殊的投資の存在を通して考えてみよう．

簡単化のため，2つの組の売り手と買い手が存在するとする．それらをグループ1，グループ2と名付ける．各売り手は生産に先立って2つのタイプの投資ができるものとする．一つは汎用投資であり，もう一つは取引特殊的投資である．両者とも限界生産費用を削減する効果をもつが，違いは，取引特殊的投資の場合にはグループ外の相手との取引においてはその削減効果は消え，汎用投資の場合にはその効果は変わらないということである．とくに，汎用投資 I と特殊的投資 s に対して，前と同様に，限界生産費用が $C(s)F(I)$ で表され，対応する投資費用が $K(s)I$ で表されるものとする．とくに，$K(0) = 1$ とする．したがって，s と I はともに限界生産費用削減効果はあるが，その程度は小さくなっていき，また，取引特殊的投資の費用は逓増していくものと仮定している．また生産を行うために必要な最低投資量が存在し，それを $I_0(>0)$ で表すことにする．このとき，グループ内で取引すればその限界費用は $C(s)F(I)$ であるが，売り手が他のグループの買い手と取引すれば，そのときの限界費用は $F(I)$ になるとする．したがって，グループ外の取引によって限界費用は増大することになる（$0 < C(s) \leq 1$）．

これに対して，買い手にとっての財の価値は不確実で，その価値の確定は売り手の投資が行われた後になされるものとする．われわれが考える取引プロセス

は次のようなものである．第 1 期において売り手は投資を行い，自分のグループ内の特殊的投資の大きさを決める．彼の投資は買い手に観察可能であるが，確認できないものとする．第 2 期に財の価値は明らかになり，それはグループ内の買い手と売り手に共通して知られることになる．そこで，取引をするかどうか，取引するとすれば価格はいくらにするかということを交渉する．この交渉については簡単化のためナッシュ交渉解をつかい，交渉からの利益が均等になるものとする．

5.3 留保価格

第 2 期から考察してみよう．第 2 期のはじめには投資水準 I と特殊性の程度 s はすでに与えられている．また，買い手にとっての財の価値は確定し，両者がそれを知っているとする．もしその財の価値が低かったならば，そのグループの取引は決裂し，したがって，他のグループから相手を見つけなければならないであろう．このとき仮定によってグループ内に特殊化した投資は無意味になっている．あるグループの買い手が他のグループの売り手と交渉を行うとき，価格交渉に関する仮定から均等利益配分か $v-p=p-F(I)$ より価格は $p=(v+F(I))/2$ となる．もちろん，$v<F(I)$ ならば，新しいパートナーとの取引も行われなくなる．グループを飛び出した買い手 v の利潤は

$$\Pi_b(v_i, I_j) = \max\{(v_i - F(I)/2), 0\} \tag{5.12}$$

と書ける．このとき，新しいパートナーである売り手の利潤も同じである．これに対して売り手は新しいパートナーである買い手の (すなわち，グループ外の買い手の) 財に対する価値を知らないものとする．このとき，売り手が新しいパートナーと組もうとするときの期待利潤は

$$\Pi_{si}(I_i) = \int_0^{v+} \max\{(v_j - F(I_i)/2), 0\} dG(v_j) \tag{5.13}$$

ここで，$G(v)$ は財の価値 v の発生に関する累積分布関数であり，両グループに共通のものであるが，各グループの売り手にとっては独立にその値が決まるものとし，これらのことは各人共通に認識しているものとする．

次に，グループ1内での交渉を考えよう．いま，グループ2のグループ解消率を θ_2 とすると (これは後ほど内生的に決められる)，グループ1内の買い手と売り手の留保利潤はそれぞれ $\theta_2 \Pi_{b1}(v, I_2)$ と $\theta_2 \Pi_{s1}(I_1)$ となる．ここで買い手にとって重要な投資は外部の売り手の投資であることに注意しよう．そこで，グループ内での価格交渉は均等利益分配ルールに従って実現し，

$$v_1 - p_1 - \Pi_{b1}(v_1, I_2) = p_1 - C(s_1)F(I_1) - \theta_2 \Pi_{s1}(I_1) \quad (5.14)$$

が成り立つ．したがって，グループ1内の価格は

$$p(v, I_1, I_2) = [v_1 + C(s_1)F(I_1) + \theta_2 \Pi_{s1}(I_1) - \theta_2 \Pi_{b1}(v_1, I_2)]/2 = 0 \quad (5.15)$$

となる．もちろん，実現したどの v の値に対しても交渉が妥結するのではなく，取引の利益がゼロ以下ならば外部取引を求めるであろう．そこで，交渉を通じて得られる利益がゼロとなる，すなわち，

$$\begin{aligned} & p - C(s_1)F(I_1) - \theta_2 \pi_{s1}(I_1) \\ = & (v^+ - C(s_1)F(I_1) - \theta_2 \pi_{s1}(I_1) - \theta_2 \pi_{b1}(v^+, I_2))/2 = 0 \end{aligned} \quad (5.16)$$

となる v の値を v^+ とすると，もし実現した v の値が v^+ より小さければ，互いに新しいパートナーを求めることになる．v の値が v^+ より大きければ，交渉の結果として実現する利潤は売り手，買い手にとってそれぞれ

$$\Pi_{s1}(v_1, I_1, I_2, \theta_2) = v_1 - C(s_1)F(I_1) + \theta_2 \Pi_{s1}(I_1) + \theta_2 \Pi_{b1}(v, I_2)/2 \quad (5.17)$$

$$\Pi_{b1}(v_1, s_1, I_1, I_2, \theta_2) = v_1 - C(I_1) - \theta_2 \Pi_{s1}(I_1) + \theta_2 \Pi_{b1}(v, I_2)/2 \quad (5.18)$$

となる．

5.4 グループ解消の均衡確率

これまでグループ1の観点からグループ解消点 v_1^+ を求めたが，同様にしてグループ1の解消確率が θ_1 であると信じたときの，グループ2のグループ解消点 v_2^+ を求めることができる．これは

$$(v_2^+ - C(s_2)F(I_2) - \theta_1 \pi_{s2}(I_2) - \theta_1 \pi_{b2}(v_2^+, I_1))/2 = 0 \quad (5.19)$$

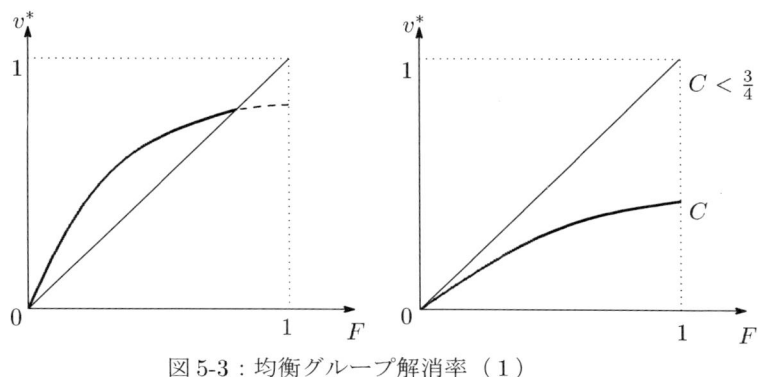

5.4. グループ解消の均衡確率

図 5-3：均衡グループ解消率（1）

によって求められる．ここで v の発生確率については $[0, 1]$ 区間上の一様分布に従うものとして議論を進めよう．また，対応して $F(I_0) = 1$ としておく．このとき，グループ解消点 $v_i^+ (i = 1, 2)$ はそれぞれグループ解消確率として表すことができる．したがって，各グループにとっては他のグループの解消確率を考慮して，自分の解消確率が求められることになる．グループ解消確率についての合理的予想の下では $v_i^+ = \theta_j (j = 1, 2)$ が成り立つはずである．すなわち，均衡解消確率 (v_1^*, v_2^*) は (5.16) と (5.19) より

$$v_1^+ - C(s_1)F(I_1) - G(v_2^+)\Pi_{s1}(I_1) - G(v_2^+)\Pi_{b1}(v_1^+, I_2) = 0 \qquad (5.20)$$
$$v_2^+ - C(s_2)F(I_2) - G(v_1^+)\Pi_{s2}(I_2) - G(v_1^+)\Pi_{b2}(v_2^+, I_1) = 0 \qquad (5.21)$$

の2つの式を満たすものとなる．この均衡グループ解消確率は s_1, s_2, I_1, I_2 の関数となっている．

$$v_i^+ = v_i^+(s_1, s_2, I_1, I_2) \quad (i = 1, 2) \qquad (5.22)$$

いま，投資戦略について対称的なもの $(I_1 = I_2 = I), (s_1 = s_2 = s)$ を考えてみる．このとき，明らかに $v_1^* = v_2^* (= v^*)$ が成り立つ．したがって，この v^* に対しては

$$v^* - C(s)F(I) - G(v^*)\pi_s(I) - G(v^*)\pi_b(v^*, I) = 0 \qquad (5.23)$$

が成り立っている．

図5-4 : 均衡グループ解消率（2）

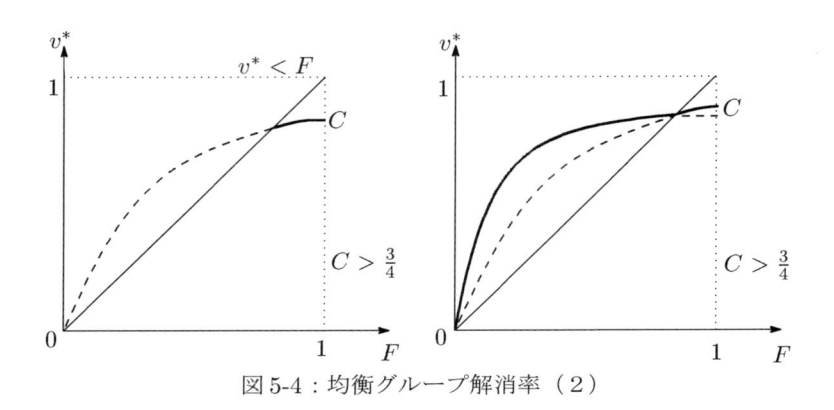

したがって，v^* は I と s の関数となる．これを偏微分すると，

$$\frac{\partial v^+}{\partial s} = \frac{C'(I)F(I)}{1 - \Pi_s - \Pi_b - v^+ \frac{\partial \Pi_b}{\partial v^+}} \tag{5.24}$$

$$\frac{\partial v^+}{\partial F} = \frac{1 - \Pi_s - \Pi_b + F\frac{\partial \Pi_b}{\partial F} + F\frac{\partial \Pi_s}{\partial F}}{\left(1 - \Pi_s - \Pi_b - v^+ \frac{\partial \Pi_b}{\partial v^+}\right) F/v^+} \tag{5.25}$$

ここで，議論をクリアにするために，v の分布を一様分布に特定化すると，$F(I_0) = 1$ を考慮すれば，(5.23) は

$$v^+ \geq F \implies 1 - \frac{(1-F)^2}{4} = \frac{CF}{v^+} + \frac{v^+ - F}{2} \tag{5.26}$$

$$v^+ \leq F \implies 1 - \frac{(1-F)^2}{4} = \frac{CF}{v^+} \tag{5.27}$$

となる．領域 $v^+ > F$ では，(5.23) から，

$$v^+ = \frac{-(F^2 - 4F - 3) - \sqrt{(F^2 - 4F - 3)^2 - 32CF}}{4} \tag{5.28}$$

が得られ，$v^* = F$ では $v^* = 0$ あるいは $v^* = 1 - 2(1-c)^{1/2}$ が得られる．したがって，$V^* = F$ は $C > 3/4$ のときに限って成り立つ．なお，$F = 1$ では $V^* = (3 - (9 - 8c)^{1/2})/2 < 1$ であることに注意する．(5.28) より

$$\frac{\partial v^+}{\partial F} = \frac{-(F-2)}{2} - \frac{(F^2 - 4F - 3)(2F - 4) - 16C}{4\sqrt{(F^2 - 4F - 3)^2 - 32CF}} \tag{5.29}$$

5.4. グループ解消の均衡確率

となるので, $v^* > F$ の領域では $dv^*/dF > 0$ となる. 他方, $v^* < F$ の領域では (5.27) より明らかに $dv^*/dF > 0$ が成り立つ. 上の議論と同様にして, この領域で $v^* = F$ が成り立つのは $C > 3/4$ に限ることがわかる (図 5-3 を参照のこと).

以上のことを使って, 対称的投資のもとでの均衡グループ解消率の性質を検討してみる. このため, 各領域において (5.27) と (5.28) を $v_i^*, F_i, C_i (i = 1, 2)$ で全微分して, つぎの関係が得られる (ただし, $F_i = F(I_i), C_i = C(s_i)(i = 1, 2)$ である). まず, $v^* > F$ の領域では

$$\frac{\partial v_1^+}{\partial F_1} = D^{-1} \begin{vmatrix} C_1 + v_1^+ \frac{\partial \Pi_s(I_i)}{\partial I_1} & 1 - \frac{v_1^+}{2} \\ v_2^+ \frac{\partial \Pi_b(v_1^+, I_2)}{\partial F_1} & -\Pi_s(I_2) - \Pi_b(v_1^+, I_2) \end{vmatrix},$$

$$\frac{\partial v_1^+}{\partial C_1} = \frac{-F_1 \Pi_s(I_2) + \Pi_b(v_1^+, I_2)}{D},$$

$$\frac{\partial v_1^+}{\partial F_2} = D^{-1} \begin{vmatrix} \frac{-v_1^+}{2} & 1 - \frac{v_1^+}{2} \\ C_2 + \frac{\partial \Pi_s(I_2)}{\partial F_2} & -\Pi_s(I_2) - \Pi_b(v_1^+, I_2) \end{vmatrix},$$

$$\frac{\partial v_1^+}{\partial C_2} = -\frac{F_2 \left(1 - \frac{v_1^+}{2}\right)}{D}$$

$$D = \begin{vmatrix} -\Pi_s(I_1) - \Pi_b(v_2^+, I_1) & 1 - \frac{v_1^+}{2} \\ 1 - \frac{v_2^+}{2} & -\Pi_s(I_2) - \Pi_b(v_1^+, I_2) \end{vmatrix}.$$

これらの計算によって, つぎの補題が得られる.

補題 1 領域 $v^+ > F$ において均衡解消率は $v_1^+(F_2, F_2, C_1, C_2)$.

$$\frac{\partial v_i^+}{\partial F_i} > 0, \quad \frac{\partial v_i^+}{\partial F_j} < 0, \quad \frac{\partial v_i^+}{\partial C_i} > 0, \quad \frac{\partial v_i^+}{\partial C_j} > 0. \quad (i \neq j)$$

ただし, これらは対称的投資水準で評価されている.

こうして, 一般的投資の増大による生産コストの削減はグループ解消率を低下させる. また, 外部の一般的投資の増大はグループ内の解消率の増大をもた

らし，外部効果をもつことになる．さらに，特殊化の程度が大きくなるにつれてグループ解消率は低下し，それは外部グループの解消率の低下を促進することになる．したがって，$v^* > F$ の領域では投資のロックイン効果は次の表でも表すことが出来る．

表 5-1：$v^* > F$ での投資のロックイン効果

	内部効果	外部効果
一般投資	＋	＋
特定的投資	＋	－

これに対して，領域 $v^* < F$ では次の性質が直ちにわかる．

補題 2 領域 $v^+ < F$ において，

$$\frac{\partial v_i^+}{\partial F_i} > 0, \quad \frac{\partial v_i^+}{\partial F_j} > 0, \quad \frac{\partial v_i^+}{\partial C_i} > 0, \quad \frac{v_i^+}{\partial C_j} > 0, \quad (i \neq j)$$

が成り立つ．ただし，これらの値は対称的投資水準で評価されている．

それゆえ，この領域ではロックイン効果に関して一般投資と特殊的投資との間の差はないことになる．

5.5 最適取引特殊的投資

この均衡解消率を考慮して，各グループの売り手は投資の決定を行う．これは 2 期間にわたる期待利潤の合計となる．なお，ここでは割引因子は 1 としている．

$$\begin{aligned}\Pi_{s_1}^+&(s_1, s_2, I_1, I_2) \\ &= \int_{v_1^*}^1 \frac{v_1 - C(s_1)F(I_1) + v_2^+ \Pi_s(I_1) - v_2^+ \Pi_b(v_1, I_2)}{2} dG(v_1)\end{aligned}$$

$$+ \int_0^{v_1^+} v_2^+ \Pi_s(I_1) dG(v_1) - K(s)I_1 \tag{5.30}$$

これに対して，売り手の期待利潤は第 2 期のみであることに注意すれば，

$$\begin{aligned}
&\Pi_{b_1}^+(s_1, s_2, I_1, I_2) \\
&= \int_{v_1^*}^1 \frac{v_1 - C(s_1)F(I_1) - V_2^+\Pi_2(I_2) + v_2 + \Pi_b(v_1, I_2)}{2} dG(v_1) \\
&\quad + \int_0^{v_1^*} v_2^+ \Pi_b(v_1, I_2) dG(v_1)
\end{aligned} \tag{5.31}$$

ここで，一般投資と特殊的投資に関する 2 人の売り手間のクールノー＝ナッシュ競争を考える．すなわち，各売り手は他のグループの売り手は投資水準 (I_j, s_J) を所与として自分の長期期待利潤を最大にするよう投資水準 (I_i, s_i) を決定する．ここで詳細な計算は行うことができないが，次の命題が成り立つ．

命題 1 もし $-K'(s)I_0/C'(s) > 1/2$ がすべての s について成り立てば，この売り手間競争における対称的均衡投資は $v^* > F$ の領域で生じる．

この命題は特殊的投資の限界コストが限界生産コストの削減効果を十分上回れば，最適特殊度は小さくなって，グループの解消によって外部で正の利潤を得ることができることを示している．したがって，完全なグループの硬直化は実現しないことがわかる．また，この最適投資水準においては，特殊的投資の外部グループのロックインの程度を減少させる効果をもっている．さらに，この命題の仮定のもとでは一般投資水準は特殊的投資の存在しない場合の一般投資の最適水準よりも低いことがわかる．こうして，各グループはお互いの利益のために特殊的投資を行う反面，そのロックイン効果によって，特定性のない状況よりも一般投資を減少させるインセンティブしかもたないことがわかる．

5.6 おわりに

本章では，売り手－買い手パラダイムにおいて情報構造の違いが取引者のインセンティブをとおしてどのような取引様態をもたらすのかということを検討

してきた．とくに，取引特殊的投資の最適性，最後に企業グループをめぐる競争とその投資の決定問題などが検討された．その際，分析のキーワードであった情報の非対称性やその立証可能性の程度は取引の頻度，したがって，市場と組織の関連のなかで決まってくる．その意味で，市場と組織の生成と展開を情報構造を中心として分析することは重要であることが確認できる．

参考文献

[1] Crawford, V.(1988), "Long-Term Relations Governed by Short-Term Contracts," *American Economic Review*, vol.78.

[2] Farrell, J. and C. Shapiro(1989), "Optimal Contracts with Lock-in," *American Economic Review*, vol.79.

[3] Grout, P.(1984), "Investment and Wages in the Absences of Binding Contracts: Nash Bargaining Approach," *Econometrica*, vol.52.

[4] Hart, O. D. and J. Moore(1988), "Incomplete Contracts and Renegotiation," *Econometrica*, vol.56.

[5] Huberman, G. and C. Kahn(1988), "Limited Contract Enforcement and Strategic Renegotiation," *American Economic Review*, vol.78.

[6] Klein, B., Crawford, R. and A. Alchian(1978), "Vertical Integration, Appropriable Rents and the Competitive Contracting Process," *Journal of Law and Economics*,vol.21.

[7] MacLeod, W. B. and J. Malcomson (1993), "Efficient Specific Investments, Incomplete Contracts, and the Role of Market Alternativs," *American Economic Review*, vol.83.

[8] Tirole, J.(1986), "Procurement and Renegotiation," *Journal of Political Economics*, vol.94.

[9] ——— (1987), *The Theory of Industrial Organization*, MIT Press.

5.6. おわりに

[10] Williamson, O. E.(1975), *Market and Hierarchies*, The Free Press (浅沼萬里・岩崎晃 訳 (1980), 『市場と組織』日本評論社).

[11] ———— (1985), *The Economic Institutions of Capitalism*, The Free Press.

第6章 契約法と取引不履行

6.1 法の経済学と契約法

「法の経済学」は 1960-70 年代にかけて，米国において Carabrage や Posner によって開始された．今日，米国の主要なロースクールでは経済学の学位を持つ教授による Law and Economics，あるいは，Economic Analysis of Law の講義がなされている．法の経済学は現在，欧米を中心として重要な学際研究分野となっているが，我が国においては学部間セクショナリズムや学問的土壌の違いなどからか，いまだに正当な評価がなされていない．しかし，2005 年からスタートした法科大学院の設立によってあらたな動きが見えてきている．

法の経済学の特徴は，ミクロ経済学の手法をつかった法の分析という点にあり，具体的な正義の実現を旨とした不法行為法や契約法などの伝統的法分野に経済学の武器で挑戦した．今日ではあらゆる法分野や司法制度そのものにいたる広範な領域をその分析対象としている．とりわけ，法制度や法規定の趣旨や目的を理論的に明らかにするだけでなく，その法制度や法規定がどうあるべきかについての理論的方向を示している．

本章は法の経済学的観点から契約法について考察したものである．契約に関する経済理論はこれまで情報の経済学の観点からかなり発展してきた．この契約の経済学は経済取引の基礎として契約に分析の焦点をあて，様々な取引環境のなかでなされる契約の構造を明らかにしようとしたものである．そうした観点から契約法の問題を法学者の解釈との対比のなかで検討してみようというのが本章のねらいである．

契約は自発的な合意にもとづく取引を法的に構成したものであり，契約によって取引者はそれぞれ便益を受けるものである．しかし，契約のもとで実行される

---

*本章は細江 (2001) を加筆・修正したものである．

権利義務の発生が同時ではない場合には契約上の義務が必ずしも履行されないことがある．代金を支払ったあと品物が渡される場合，品物を渡したあとに代金が支払われる場合，契約の不履行の可能性を危惧しなければならない．そこでわれわれはこうした危惧を回避するためにいくつかの方法を持っている．まず，相手が誠実な人物であるかどうかの判断をする．その場合，様々な形での評判を根拠にするかも知れない．また，不履行の場合には当事者間の制裁があると信じられていれば履行するであろう．その制裁を行うのは私的な第三者である場合もある．また，取引者同士がお互いに担保あるいは質をとることもありうる．そうした可能な履行手段と補完する形で法による強制力が考えられる．

さて，契約法は契約の成立要件，不履行に関するルールを記述したものである．通常，われわれは契約は守らなければならないということを当然としており，また，道徳的にそうすべきであると思っている．昔は契約を守れなかった債務者は債務奴隷となった時代もあった．しかし，たとえば，我が国の民法やその他の法律では「契約は守られなければならない」という命題をそれほど絶対視していない．私がある人にある商品を売る契約を結んだあとで，ほかの人にその商品を売ったとしても，刑罰を科せられるわけでもなく，懲罰として多額の賠償金を課せられることもない．私は契約を結んだ人に損害賠償すればよく，しかもその賠償すべき範囲は必ずしもその人の被った損害のすべてではなく，通常生じる損害，または予見可能な損害だけである (民法 15 条 416)．この意味で法はそれほど強く契約を守らせようとしていない．

米国の契約法の第二次リステイトメントによれば，契約はつぎのように定義されている．

A contract is a promise or set of promises for the breach of which the law gives a remedy, or the performance of which the law in some way recognises as a duty.

こうした定義のもとで，樋口 (1994) によれば米国契約法にはつぎのような特徴があるといわれている．

1. 契約違反に対する第一次的救済は損害賠償であって，特定履行は例外であ

るという原則が確立している．
2. 契約違反に対して懲罰的賠償は原則としてない．これは米国法において，悪質な不法行為に対しては懲罰的賠償が認められるのと対照的である．故意の契約違反であっても不法な行為とは見なされないということである．
3. また，当事者が契約違反の際の損害賠償額の予定条項を約定している場合，その額が契約違反によって生じると推定される額とかけ離れて高額な場合には違約罰として無効にされ，反対に，低額の場合には違約罰とはならない (penalty doctrine)．
4. また，損害賠償額は契約締結によって期待していた利益 (履行利益 (expectation damages)) である．

こうした米国の救済方式に比較して，日本では損害賠償を前面に出した救済方式となっていない．

6.2 取引特殊的投資と救済ルール

6.2.1 モデル

そこで本章において取り扱うモデルは，買い手と売り手がいて，ある財の一単位を取引するものとする (buyer-seller paradigm)．この取引の時間的展開はつぎのようになる．

1. 契約においては価格 P が決まる (さしあたり，価格は外生的に取り扱う)．
2. 契約後，買い手は前章で議論したように取引特殊的投資=信頼投資 (transaction specific investment=reliance)r をおこない，この財の価値は $V(r)$ となる．$V'(r) \geq 0$，$V''(r) \leq 0$ とし，投資費用は r そのものとする．
3. 財の生産費用 C が確定する (契約時点では不確実であり，確率分布は $F(C)$ は事前に両者に知られているとする)．
4. 売り手は契約履行するか，契約破棄するかを決定する．
5. 契約破棄すれば，売り手は賠償訴訟をおこし，裁判所はある損害賠償 D を受け取る．ただし，訴訟費用はゼロとする．

この取引は買い手の投資問題が契約のあとにあり，また，財の引渡しの前にあるということ，さらに，契約後に売り手の費用が実現するという意味で長期取引ということができる．契約後に費用の実現ということを前提とすると (そうでなければ，売り手が契約破棄することがないから) 少なくとも買い手の投資が財の引渡し後に生じる場合が短期ということになる．この場合は買い手の投資問題はとりたてて問題にならない．この意味でわれわれが考えているモデルは長期契約ということができる．

社会的最適解 まず，この取引のファースト・ベスト解 (社会的最適解) を求めよう．投資 r がなされた後，すなわち，事後的に社会効率的な取引ルールとは，あきらかに $V(r) - C \geq 0$ なら取引をし，$V(r) - C \leq 0$ なら取引しないことである．これらはそれぞれ確率 $F(V(r))$，$1 - F(V(r))$ で生じる．このことを考慮して，社会的最適な投資 (＝信頼) 水準は

$$\begin{aligned}\max \quad & F(V(r))(V(r) - E(C : C \leq V(r))) - r \\ = \quad & F(V(r))V(r) - \int_0^{V(r)} C dF(C) - r \end{aligned} \quad (6.1)$$

によって表される．これから，最適投資（＝信頼）水準は

$$F(V(r))V'(r) - 1 = 0 \quad (6.2)$$

を満たすことになる．したがって，最適投資（＝信頼）水準 r^* は $V'(r^*) \geq 1$ となる．

6.2.2 法的賠償がない契約

いま，契約不履行に対して法的賠償がない市場社会を想定しよう．この場合，契約履行は価格が費用を上回るときのみ，すなわち，

$$P - C \geq 0 \quad (6.3)$$

のときのみ生じることは明らかである．このことが生じる確率は $F(P)$ である．買い手にとって $V(r) \geq P$ でなければそもそも取引をおこなわないことを考慮

6.2. 取引特殊的投資と救済ルール

すれば，法的賠償がない市場社会においては，効率的取引に比べて，契約不履行が過大発生することになる．また，このとき，売り手の契約不履行の決定を考慮して買い手の最適投資水準は

$$\max\ F(P)(V(r)-P)-r \tag{6.4}$$

によって表されるので，投資（＝信頼）水準 r_0 は

$$F(P)V'(r)-1=0 \tag{6.5}$$

を満足する．$V(r) \geq P$ であるから，法的賠償が存在しない場合には，信頼水準は過小水準となる．これは，契約しても履行を強制できないことから生じる．こうして，法的賠償制度が存在しない場合には契約不履行が過大に発生し，また，信頼水準は過小となることがわかる．

6.2.3 履行利益

こんどは法的賠償ルールが確立している場合を考察しよう．法定損害賠償ルールとしてしばしば考えられるものは以下の3つである．

(a) 履行利益 (expectation damages)
(b) 信頼利益 (reliance damages)
(c) 原状回復利益 (restitution damages)

履行利益は契約が履行されたときと同じ利益に対応する金額が補償されるものと定義される．契約が履行されれば，買い手は $V(r)-P-r$ を得て，契約が破棄されれば r の損失を受ける．従って，履行利益は

$$D_e = V(r) - P \tag{6.6}$$

となる．この履行利益ルールのもとでは，売り手は

$$P - C \geq -D_e \quad \text{i.e,} \quad C \leq V(r) \tag{6.7}$$

ならば,契約を履行し,逆の不等式なら,不履行するであろう.これは,効率的不履行ルールと一致する.したがって,この法定損害賠償のもとでは,効率的不履行が実現する.

また,このことを考慮すれば,買い手の最適投資(=信頼)水準 r_e は

$$\max \ F(V(r))(V(r)-P) + (1-F(V(r)))D_e - r = V(r) - P - r \qquad (6.8)$$

より,

$$V'(r) - 1 = 0 \qquad (6.9)$$

となり,$r_e \geq r^*$ が成り立つ.したがって,

「履行利益ルールのもとでは不履行の決定は効率的であるが,信頼水準は過大になる」

となる.信頼水準が過大になるのは,買い手にとってはつねに一定の利益が確保されているからである.

6.2.4 信頼利益

また,信頼利益は,契約がもともとされなかったときの状態を保証する損害賠償水準のことである.ここでの設定では,契約をしなければ,ゼロの利益であり,契約が不履行になれば,買い手は r の損害を被る.したがって,この場合,信頼利益は $D_r = r$ となる.この損害賠償のときには,売り手は

$$P - C \geq -D_r, \quad \text{i.e,} \ C \leq P + r \qquad (6.10)$$

ならば,契約は履行される.したがって,$V(r) \geq P + r$ であることを考慮すると,過大不履行が発生する.このとき,買い手の最適投資は

$$\max \ F(P+r)(V(r) - P - r) \qquad (6.11)$$

で表されるので,その水準 r_r は

$$V'(r) - 1 = \frac{-(V(r) - P - r)f(P+r)}{F(P+r)} \qquad (6.12)$$

6.2. 取引特殊的投資と救済ルール

となる．これから，$V'(r_r) - 1 \leq 0$ が成り立つので，買い手は過大投資をすることになる．とくに，

$$r_r \geq r_e \geq r^* \tag{6.13}$$

が成り立つ．

6.2.5 原状回復利益

原状回復利益 (restitution damages) とは，契約不履行に先だって，売り手に支払われた金額を保証するものである．ここでは特別に売り手に何らかの金額が支払われたわけではないので，原状回復利益は

$$D_s = 0 \tag{6.14}$$

となる．したがってこの場合，実質的に法的賠償がないケースに等しいので契約履行は

$$P - C \geq 0 \tag{6.15}$$

のとき生じる．$V(r) \geq P$ であるから，契約不履行は過大発生する．

一方，買い手の最適投資水準は

$$\max \ F(P)(V(r) - P) - r \tag{6.16}$$

によって表されるので，投資（＝信頼）水準 r_s は

$$F(P)V'(r) - 1 = 0 \tag{6.17}$$

を満足する．$V(r) \geq P$ であるから，原状回復利益のもとでは，信頼水準は過小水準となる．以上のことからつぎのことがわかる．

性質 1 r が一定の場合には $D_e \geq D_r \geq D_s$ であるが，一般には，D_e と D_r の大小は確定しない．

性質 2 $r_r \geq r_e \geq r^* \geq r_s$

6.2.6　最適賠償ルール

以上の分析から現行の損害賠償ルールのもとでは効率的な契約不履行と効率的な信頼水準の決定が同時に実現しないことが分かった．それではどのような損害賠償ルールが望ましいかを検討してみよう．

いま，金額 P で財の購入をするが，もしこの取引を不履行すれば，金額 D の賠償をするとしよう．この D の値をどのように設定すれば効率的な取引が実現するであろうか．

いま，任意に固定した賠償額 D のもとでは，$P - C \geq -D$ ならば売り手は契約履行し，$P - C \leq D$ ならば契約不履行となる．このことを考慮して，買い手は

$$\max \ F(P+D)(V(r) - P) + (1 - F(P+D))D - r \tag{6.18}$$

となる信頼水準を選ぶ．この水準は

$$F(P+D)V'(r) - 1 = 0 \tag{6.19}$$

によって決まる．そこで，

$$P + D = V(r^*) \tag{6.20}$$

とすれば，このときの信頼水準は r^*，すなわち，効率的信頼水準となり，同時に，契約不履行の効率性も実現する．したがって，効率的取引を実現するための望ましい損害賠償ルールは「効率的な信頼水準での履行利益を損害賠償額とする」ものとなる．これは履行利益ルールの修正されたものである．

このように効率的取引を実現するために望ましい損害賠償ルールは導出されたが，現実にはこのようなルールは採用されていない．その理由は効率的な信頼水準での履行利益を計測することは他のルールに比べてかなり困難であるからであると思われる．たしかにこの賠償ルールを設定できるためには事前に投資による財の価値関数を裁判所は知っていなければならない．これに対して，履行利益の場合には実現した財の価値を知ることができればよいし，信頼利益の場合には投資水準を知ることができればよいことになる．こうして，「効率的な信頼水準での履行利益」を損害賠償額とするためには過大な情報を入手しなければならず，現実的でないかもしれない．

6.3 約定損害賠償

これまでの議論では契約時点において契約不履行に対するあらかじめの措置を契約上に組み込んでいなかったが，実際には，契約当事者は契約の条項として，履行されなかったときに履行しなかった当事者が他方の当事者に支払うべき金額を含んだ契約を締結することがある．本節では，契約不履行条項のもたらす契約への影響を検討する．なぜ裁判所は，その賠償額が過大なときにはその賠償を実行させないことがあるかという問題を考察する．

すでにこれまでの議論から，ファースト・ベストの信頼レベルは

$$F(V(r))V'(r) - 1 = 0 \tag{6.21}$$

を満たし，信頼レベル r に対して，効率的契約破棄は $V(r) \leq C$ のとき生じ，効率的な履行は $V(r) \geq C$ において生じることがすでに示されている．履行破棄条項を取り入れた約定損害賠償契約はつぎのように展開される．

まず，当事者は契約時において価格 P と契約破棄における損害支払い額 D を規定する．つぎに，買い手は信頼レベルを決定し，最後に，売り手の生産コストが確認され，売り手は契約破棄するか履行するかを決定する．

この契約問題を解くために，時間を逆に考えていく．そこで，売り手の契約破棄問題から考察していこう．この場合，明らかに売り手は $P - C \geq -D$ ならば契約を履行し，$P - C \leq -D$ ならば契約を破棄する．したがって，契約履行の確率は $F(P + D)$，契約破棄の確率は $1 - F(P + D)$ となる．このことを考慮して，買い手はつぎの期待利潤を最大にするように信頼レベルを選択する．

$$V_b = F(P+D)[V(r) - P] + [1 - F(P+D)]D - r \tag{6.22}$$

この問題の1階条件は

$$F(P+D)V'(r) - 1 = 0 \tag{6.23}$$

となる．この解を $r(P, D)$ で表す．最後に P, D の決定に進む．いま，売り手の参加条件を制約として，買い手が期待利潤 (4.22) を最大にするように P, D を決定するものとする．ここで，売り手の参加条件は次のようになる．

$$V_s = F(P+D)P - \int_0^{P+D} C dF(C) - [1 - F(P+D)]D \geq V_s^0 \tag{6.24}$$

この問題の 1 階条件から

$$F'(P+D)[V(r)-P-D] = F(P+D)(1-\lambda) \tag{6.25}$$

$$F'(P+D)[V(r)-P-D] = [1-F(P+D)](\lambda-1) \tag{6.26}$$

これらの条件から

$$D = V(r) - P \tag{6.27}$$

が得られる．これは期待利益ルールとなっている．このとき，明らかに，信頼レベルも契約破棄ルールも効率的になっている．こうして，契約不履行条項の導入は社会的最適な解の実現をもたらすことがわかる．

過大な不履行賠償額　上のような状況では約定賠償の適切な設定は効率的取引を導くことがわかったが，しばしば，裁判所は過大な不履行賠償額を契約に組み込むことを制限している．これをどのように理解したらよいであろうか．Chung(1992) はこの問題に対してつぎのような説明をしている．まず，潜在的買い手の登場の可能性について不確実性があるというモデルが考えてみよう．既存の買い手と契約を結んだあとに新規参入者があらわれ，売り手にある契約をオファーする．そこで，売り手はこのオファーを受け入れるかどうか決定しなければならないことになる．

いま，新規の参入者＝買い手のこの財に対する評価を W とする．これは確率変数（その確率分布関数を $G(W)$）であるとする．実現した値 W はこの参入者だけが知っているとする．以下では，売り手の生産コスト C は一定で，既存の売り手の財に対する評価 V も一定であるとする．また，ここでは買い手の信頼活動を無視しよう．このとき，最適契約破棄は $W \geq V$ のとき生じる．新規の買い手がオファーできる最大価格は W であり，この場合は販売からの余剰をすべて売り手が受け取ることになる．また，新規の買い手がオファーして，既存の契約を破棄させることのできる最低の価格は $P+D$ である．この場合，新規の買い手は取引余剰をすべて得ることになる．いま，新規の買い手のオファーはこの2つの間のどこかで行われるとし，その値 $R(W)$ を

$$R(W) = \alpha(P+D) + (1-\alpha)W \tag{6.28}$$

で表す．このとき，もし $R \geq P+D$，すなわち，$W \geq P+D$ ならば，売り手はもとの契約を破棄するから，売り手と既存の買い手との契約において，契約履行の確率は $G(P+D)$ であり，契約不履行の確率は $1-G(P+D)$ である．こうして，売り手と既存の買い手にとっての期待利潤は，それぞれ，

$$V_s = G(P+D)P - [1-G(P+D)]D + \int_{P+D}^{\infty} R(W)dG(W) - C \qquad (6.29)$$

$$V_b = G(P+D)(V-P) + [1-G(P+D)]D \qquad (6.30)$$

となる．そこで，売り手の参加条件の制約のもとで既存の買い手の期待利潤を最大にするような契約を考える．この問題の1階条件は

$$D = V - P + \alpha[1-G(P+D)]/G'(P+D) \qquad (6.31)$$

となる．こうして，α が正である限り，不履行損害額は期待損害額を上回る．しかも，その交渉力パラメータ α の値が大きくなるにしたがってこの超過額は増加する．この超過額が増えれば，契約破棄の可能性は減少することが明らかである．

既存の契約当事者が，新規の買い手がより高い評価によって生み出される余剰のいくらかを得ることができると予想すれば，彼らは最初の契約にコミットする手段としてより高い損害賠償額を設定しようとする．この戦略は，過小な契約破棄をもたらすので，社会的に効率的ではないが，超過額は既存の買い手に比べてもとの当事者の期待余剰を増加させるのにだけ役立つことになる．こうして，不履行賠償額に制限を加えることは既存の契約者がもとの契約にオーバーコミットメントをすることを防ぐことになる．こうして，裁判所の約定賠償額に対する介入の正当化が可能になる．

6.4　信義則

すでに述べたように，米国契約法においては，原則として，契約当事者は契約締結後も約束通りの履行をするか，または，履行利益を原則とする損害賠償を支払うかの選択権を有していると考えられていた．しかし，近年，一部の契約

分野では，損害賠償さえ払えばよいということではなく，契約を破ること自体を明確に抑制しようとする動きが現れている．これは，不誠実な契約違反 (tort of bad faith breach of contract) という不法行為を抑制しようとするもので，これに対しては懲罰的賠償まで課す．保険契約，雇用契約における雇用者側からの不誠実な解雇，銀行の顧客に対する契約違反，フランチャイズ契約の理由なき一方的な破棄，消費者契約一般などに対して適用されている (これらはエージェンシー関係における不誠実な契約違反に対する救済につながっている (樋口 (1992))．

日本法においては，契約締結，履行にあたっては信義則 (principle of good faith) に従わなければならないという点が強調される．すなわち，契約は当事者相互の信頼の基礎の上に成り立っている．契約当事者は相互に信頼しあい，その信頼に応えるような行動をしなければならないとして，このことを法的に強制し義務づけたものが信義誠実の原則であるとしている (1条2項)．

事情変更の原則 ：これは信義則の一つの具体的なあらわれである．契約はむすばれた後，社会経済事情に当事者の予想しなかった急激な変動が生じた場合には，契約内容を変更修正し，あるいは，解約してしまうことが認められる．

これに対して米国法では重大な違反の場合に対してのみ契約の解消をみとめる．重大な違反かどうかの基準として，第二次リステイトメント214条では

1. 被害をうけた当事者の不利益の程度，
2. その救済が通常の損害賠償で十分か，
3. 契約の解消によって不履行者がどれだけの損害をこうむるか，
4. 不履行の治癒の可能性，
5. 不履行者が誠実かつ公正な扱い (good faith and fair dealing) をしていたか，

などを総合的に判断して (比較衡量して) 決定すべきであると述べている．もちろん，重大な違反であると判断されなかった場合には，損害賠償だけが請求される．この比較衡量は曖昧さをもっているので，それだけ契約を解消しようと

するものにとってはリスクを負うことになる．

6.5 継続的供給契約

6.5.1 民法上の位置づけ

　これまでは投資活動を契約終了までの期間に取り入れた長期の契約について主として考察してきた．これからはさらに，取引が繰り返し行われる継続的契約について取り扱うことにする．さて，我が国の民法における売買法の規定は1回限りのスポット型の取引をモデルとしており，メーカー系列の特約店契約や，下請け系列における部品納入契約のような継続的供給契約を適切に規定していないといわれている (松本 (1997))．それでは継続的供給契約において，契約解除はどのような状況で可能であろうか．特約店契約は下請け契約などでは，基本契約と個別契約と二重構造になっていることが知られている．個別契約に関しては，「販売代理店契約においては，信義則上代理店に著しい不信行為があるなど契約の存続をしがたい特別の事情が存在しないかぎりできないものと解すべきである」(大阪地判平成7年11/7判時1566号85頁)．これに対して，基本契約の中に，契約の有効期間中といえども両当事者が一定の予告期間をおけばいつでも中途解約できるとの条項がある場合においても，化粧品特約店契約の解除をめぐる東京地判平成5年9/27判時1474号25頁は「信義則上，著しい事情の変更や相手方の不信行為など止むを得ない事由がない限り，一方的解約が許されない」としている．

　我が国の民法や裁判例から一般的に理解されるものはつぎのようなものである．すなわち，継続的供給契約は，相手方の債務不履行によるほか，「止むを得ざる事由」があれば，期間の定めの有無を問わず将来に向かって終了告知をなし得る．それは民法における継続的債権関係たる雇用，委任，寄託，組合などの規定の類推適用によるとされる．止むを得ない事由とは，契約を継続しがたい重大な事由であり，相手方の背信行為や当事者双方の責めに帰すことができない事情変更などを含むものであると理解されている．

「止むを得ざる事由」が存在しない場合

1. 契約にとくに期間の定めがあるとき
   このときは一方の当事者のイニシアティブによってこれを終了することができない．さらに飯村 (1982) は期間の定めのある場合において，契約の更新を任意に拒否できるかという問題について，正当な事由がなければ更新拒否ができないと解すべき場合も十分あるとする．
2. 契約にとくに期間の定めがないとき
   (a) 相当の予告期間をおくこと，あるいは相手方にとって不利でない時期になすことを条件に，原則としてこれを任意に終了し得べきものと解している．
   (b) しかし，止むを得ざる事由がないかぎり当該契約を終了告知することはできない場合がある．それは具体的案件に応じて決まる．当該契約関係がより高度の信頼関係を形成しているとみとめられる場合には，一方当事者による契約終了に対しては，より厳格な規制が課せられるべきであるとする．すなわち，継続的取引関係の拘束性に関しては，どの程度の信頼関係を形成したかという点によって，具体的に判断されるべきであるとする．したがって，我が国では契約の継続性を保持しようとする傾向にある．

また，(2a) の条件が満たされていないとき，①その場合には当該告知が無効であるから，被告知当事者は当該契約の執行を請求できる．②救済は損害賠償に限定される．ただし，継続的法律関係において，相当の予告期間をおかずに解約された場合の救済方法は，解約権の濫用の抗弁と損害賠償請求権のみであり，その補償的賠償といった性質からして得べかりし利益（履行利益）の賠償までは含まれず，信頼利益の賠償にとどまるとされている (谷川 (1969))．

6.5.2 履行利益のもとでの再交渉

このように継続的取引においては契約の継続性を保持しようとする方向があることがわかったが，内田 (1996) においては信義則の活用による契約責任の拡大が裁判例において進んでいるとして，再交渉義務をその一例としてあげている．すなわち，たとえば，売買契約において，価格の取り決めを巡る契約条件

6.5. 継続的供給契約

改定の明文化がなくても，そのための交渉義務を課すというものである．

「多額の資金を投じた継続的取引契約にあってはたとえ当事者間において約定の売買価格を改定する旨の明文の約定がない場合においても，一方の当事者から価格改定を求められたときには，他の当事者は誠実に交渉に応じ，それが事情止むを得ないものとみとめられるような場合には，できる限りその要求に応ずるべきである」(大阪高判昭54年2/23金商580号34頁).

さらに,「事情変更の原則」にもとづく解除を認めた裁判例は，一般に，解除に先行する契約改定のための再交渉義務を想定している．

われわれは，ここで，再交渉のもたらす役割をこれまでのモデルをつかって考察してみよう．まず，再交渉不可能 (renegotiation-free) 契約と再交渉防止契約の違いに注意する必要がある．前者は契約の完備性を前提に再交渉を拒否するものであるが，後者は再交渉の余地を残しながら，再交渉の結果まで組み込んだ契約を作るものとなる．したがって，再交渉が可能な場合でも事実上，再交渉をしなくてよい契約をつくることができるということが再交渉防止原理 (renegotiation-proofness principle) と呼ばれるものである．これは Laffont=Tirole(1993) などによって証明されている．

いま，ある価格 p で取引する契約をしているとする．しかし，生産コストが高くなって，売り手は赤字になることはわかったとする．このとき，売り手の選択枝として現状のままか，キャンセルするか，あるいは，価格の修正をオファーするかということが可能であるとする．すなわち，売り手による再交渉が可能とする．まず，そのまま履行すれば，それぞれの利得は $(v-p, p-c)$ であり，また，不履行のときには

$$((v-p)-h, -(v-p)-h)$$

となる．ここで，不履行のときには訴訟をおこし，履行利益を買い手に支払わなければならない．また，裁判にかかる費用を $h>0$ であらわし，簡単化のために共通とする．さらに，ある価格 p' を提示したときの利得は $(v-p', p'-c)$ である．

まず，履行か不履行かの選択を考えよう．あきらかに売り手にとって

$$p-c < -(v-p)-h$$

すなわち，

$$v + h \leq c \tag{6.32}$$

ならば，売り手にとって不履行のほうが望ましい．このとき，買い手は $(v-p)-h$ の利得を得る．したがって，(6.32) のもとでは $p' \leq p+h$ となる価格を申し込めば，買い手は受け入れることになる．また，買い手は受け入れれば，売り手の利得は $p'-c(<p+h-c)$ を手にすることになる．一方，不履行のときの売り手の利得は $-(v-p)-h$ なので，

$$p' - c \leq -(v-p) - h$$

なら，売り手は価格の修正を提案し，そのとき買い手も受け入れる．以上のことから，

$$p' \geq -(v-p) + c - h, \quad p' \leq p + h \tag{6.33}$$

ならば，売り手は価格の修正を提案し，そのとき買い手も受け入れる．この条件は

$$c - h \leq v + h \leq c \tag{6.34}$$

で表される．このことから，$c \geq v + 2h$ ならば，契約不履行が実現し，

$$v + h \leq c \leq v + 2h$$

ならば，価格の修正が実現する．

さらに，$c \leq v + h$ ならば，初期契約の履行が行われる．

こうして，再交渉が可能であるときは，初期契約が履行される可能性が拡大するとともに，契約の修正が実現する可能性がある．とくに，初期契約の履行自体が過大取引となっていることに注意しなければならない．これは，再交渉がない場合においては履行利益ルールは不履行の決定が効率的であったのと対照的である．

つぎに，再交渉可能性が投資水準に対する影響を考察してみよう．上述の交渉結果から，つぎのような投資水準の決定問題となる．

$$\max_{r} \quad F(v+h)(v-p) + (F(v+2h) - F(v+h))(v-p') \\ + (1 - F(v+2h))(v-p) - r \tag{6.35}$$

ここで，売り手による価格修正については，最大価格 $p' = p + h$ を提示するものとする．このとき，上の最大化問題は

$$\max_r v - p - (F(v+2h) - F(v+h))h - r$$

となるので，このとき，最適投資水準は

$$v'(r) - 1 = (f(v+2h) - f(v+h))h \tag{6.36}$$

をみたすものとなる．いま，$f(v+2h) \geq f(v+h)$，すなわち，生産費用がかなり高いときは，その可能性が低くなると仮定すると，この最適投資水準は $V'(r) - 1 \leq 0$ をみたすことになり，信頼水準は社会的最適水準より過大であり，さらに，再交渉が不可能な場合に比べても，過大となる（(6.9) 式参考）．

6.6 不完備契約と継続取引

いま，契約の不完備性を強調するために，Hviid(1998) にしたがってつぎのような状況を考える．取引における不確実性は3つの状態の発生から生じる．状態1はノーマルな状態で買い手の留保効用と売り手の費用はそれぞれ V, c となるものとし，これは確率 $1-\epsilon$ で発生し，状態2と状態3はともに ϵ で発生するものとする．状態2では買い手の留保効用が $V - \delta$ と減少し，状態3では売り手の費用が $c + \delta$ に上昇するとする．すなわち，状態2では買い手が不利となり，状態3では売り手が不利となる．状態2と3の発生確率 ϵ は極めて小さな値とする．また，$V > c + \delta$ を仮定する．これはどのような状態がおころうとも，つねに取引は社会的に望ましいことを意味する．さらに，契約の不完備性の特徴をあきらかにするために，2人の交渉力を対等であるとし，交渉力の効果を排除する．これは契約において同じ利益を受け取ることを意味する．

まず，完備情報のもとでの契約は事後的な均衡契約を事前に設定したものとすることができるので，この場合，状態1が発生すれば，価格は $p_1^* = (V+c)/2$，状態2が発生すれば価格は $p_2^* = (V+c-\delta)/2$，状態3が発生すれば，$p_3^* = (V+c+\delta)/2$ となる．

つぎに，不完備な情報構造をつぎのように設定する．状態2に関することがらは契約の上に書き出すことができないとする．これは状態2が発生し，売り

手が不利な状態になってもそれを第三者をとおして立証できないことを意味する．これに対して状態1と状態3は立証可能であり，したがって，契約の条項として書きこむことができるとする．

こうした情報構造のもとで，売り手と買い手は無限の繰返し取引をするものとする．本節では継続的取引を特徴づけるために文字どおり繰り返しゲームを行うものとする．このとき，契約としてつぎの2つが考えられる．一つは契約はある一定価格を定めるもので，必要であればその時点で交渉するという単一価格契約である．また，もう一つの契約は立証可能な2つの状態に応じて価格を設定する条件付き価格契約である．

このときつぎの補題が成り立つ．

補題 1 ノーマル状態1での価格を p_1^* とする不完備な単一価格契約に設定し，状態2あるいは状態3が起こったときにはそれぞれ価格 p_2^*, p_3^* に変更するという約束は，十分忍耐強い場合には，もしこの約束に違反したら未来永劫に p_1^* をとりつづけるという戦略によって信用できる (credible) ものとなる．

ここで，契約はすべての状態について記述していないので不完備契約であり，立証可能でない状態に対する約束であるから，その約束は実行されるかどうかわからない．しかし，補題1はそうした約束は単一価格契約のもとで実行されるということを述べている．ここで，約束を交渉と呼び変えてもよいので，この補題は不完備な単一価格契約のもとでは交渉はおこなわれることを述べている．

これに対してもう一つの不完備契約はファースト・ベスト解を実現しないことがつぎの補題で示される．

補題 2 状態1のとき p_1^*, 状態2のとき p_{2*} とするという不完備な2価格契約のもとで，状態3が生じたら p_3^* とする約束をした場合には，その約束は信用できない．

この契約も不完備であることはあきらかである．これは状態3がおこったとき，交渉に臨んで売り手の不利益を配慮してやるより，たとえあとの期間にパニッシュメント経路をとられるとしても金額 p_1^* をわたすほうがよいことを意味

6.7. 契約不履行と優越的地位の濫用

する．これを示すには，この約束を守った場合の買い手の期待利得 Π_b^C と約束を守らないときの期待利得 Π_b^C をもとめると，つぎのようになる．

$$\Pi_b^C = V - p_3^* + \sum_{t=1} \delta^t E\Pi_b(P_1^*, P_2^*, P_3^*) \tag{6.37}$$

$$\Pi_b^D = V - p_1^* + \sum_{t=1} \delta^t E\Pi_b(P_1^*, P_2^*, P_1^*) \tag{6.38}$$

ここで，δ は割引因子である．両方の値を比較すればあきらかに逸脱の期待利得が大きいことがわかる．とくにそれぞれの対応する項の値はあきらかに逸脱の場合のほうが大きい．こうして逸脱すれば短期的にも利益が得られるだけでなく，長期的にも状態3は立証できないことを利用して逸脱が継続される．この逸脱に対しては売り手側はなんらの対抗措置もとれない．なぜならば，状態3は立証できないからである．これに対して補題1のほうの単一価格の場合はなぜ約束が実行されるかというと，その場合は状態3がおこって逸脱しても，状態2で自分に不利なことがあるので，このことを考えると必ずしも逸脱が有利にならないからである．

この考えは重要な視点をわれわれに与える．すなわち，いくつかの可能な不完備契約のなかでより望ましい不完備契約はなんであるかという問題に焦点をあてることができるのである．ここではノーマルな状態についてのみ価格契約をすれば，不完備状態ではすすんで交渉されることによって，事実上，ファースト・ベスト解が実現するが，売り手に不利な状態が立証可能でないことによって売り手はつねに相手から機会主義的脅威にさらされている場合には，この契約は不完備性を交渉で補うことができないということを示しているのである．

6.7 契約不履行と優越的地位の濫用

最後に，以上の問題を優越的地位の濫用という競争政策の視点から考察してみよう．すでに述べたように，契約不履行に対する日本の契約法の判断は，継続的契約において「止むを得ない事由」がある場合に限って契約の解消をみとめる判例が多いことに表されるが，この節ではこの契約の解消における取引の

競争政策的側面に検討を加えることにする．白石(1998)はこの問題を法的立場から取り上げている．具体的な例としてつぎのものがある．

　これは田植え機の独占的販売契約をめぐる高裁決定である．この事件は田植え機メーカー（解消者）とその田植え機の独占的販売業者（被解消者）との間に起こった．契約では1年ごとに更新されることになっており，もし解約の意思がある場合にはあらかじめ半年前に申し出ることになっていた．この取引は10年以上にわたってきたが，この度，メーカー側から契約の申し出があった．これに対して，販売者側は契約の継続を申し立てた．

　ここで，重要なことは販売者はこの田植え機のソフト面での研究開発などのため多大の費用と労力を投入したこと，また田植え機販売については各メーカーごとに販売系列が確立しており，解消された場合，ほかのメーカーと代理店契約をむすぶことが困難であることなどである．このような事情を考慮することによって，解消者側に「止むを得ない事由」がなければ，解消を認められないとした．こうして，解消者側に「止むを得ない事由」を要求する事情として取引特殊的投資があげられている．すなわち，取引特殊的投資をしているので，取引を解消されたらそれが他の取引では通用せず，したがって投資が回収されないというのである．さらに言うと，取引特殊的投資をなぜしているかといえば，相手との長期的取引を当てにしているということである．この信頼のもとで安心して取引特殊的投資をしているのである．

　この事態は独占禁止法の観点からみると，それは「優越的地位の濫用」に関連している．優越的地位の濫用とは「自己の取引上の地位が相手方に優越していことを利用して」行う行為であり，つぎの3つの行為類型があげられている．

1. 継続して取引する相手方に対し，当該取引に関わる商品またはサービス以外のものを購入させること，
2. 継続して取引する相手方に対し，自己のために金銭，サービスなど経済上の利益を提供させること，
3. 相手方に不利益となるように取引条件を設定し，または変更すること，

　現実の取引では当事者間に取引上の地位の格差があるのは普通であり，その意味で，当事者間に取引条件について有利・不利が生じることはとりたてて問

6.7. 契約不履行と優越的地位の濫用

題にすることではない．ここで，優越的地位の濫用とは一方の当事者はかならずしも他方の当事者と取引しなければならない状況にはないが，その当事者にとっては取引の解消が死活問題となっている場合，一方の当事者は優越的地位にあるということができる．このような地位関係にあって，優越的な当事者が有利になる取引をおこなう場合に「優越的地位の濫用」といわれる．これを経済学的な用語で表現すると，留保効用が極めて異なる2人の当事者が，その状況のもとで一方にのみ有利な取引をすることである．しかし，こうした取引交渉それ自身はお互いの威嚇点に差があるというだけであり，やはり，優越的地位の状況にあるが，それをもとにした取引になにか問題があるとは思えない．これが問題であるとしたら交渉において同じ交渉力をもっていると仮定しても威嚇点が低い当事者は結果的に不利になっていることもある．

おそらく問題なのは時間的な経過のなかでの問題ではなかろうか．たとえば，現状がある水準にあって，これからあらたな状況が発生し，その結果，威嚇点の分布が変化した場合，あらたな交渉をおこなうことによってこれまでの地位を保つことができなくなるという状況で，一方が不利になるとき，人々はその事態に納得できないということではないか．しかし，これもそのような事態になったからといって法に訴えたりすることは少なくとも経済学的観点からは不自然である．もちろん，弱者保護の立場はそれはそれで一つの考えであるが，それをどのようにこの「優越的地位の濫用」に適用するかはかなり難しい問題になる．これ以外に重要な問題が一つある．それもやはり時間的経過のなかでの話であるが，契約上の信頼の問題である．契約上，取引が続くものと思って取引特殊的投資をおこなったが，相手が取引解消を要求してきた場合である．この場合も二つのケースがある．一つは一方的にあてにして取引特殊的投資をおこなった場合であるが，この場合はとくに議論することではないかもしれない．問題は取引が継続していき，契約上明示的にはなってはいないが，当然取引は継続すると思っても不自然でない状況で取引特殊的投資をした場合の契約解消はどうなるであろうか．これは認識ギャップに関する議論としてあらたな展開を必要とする．

6.8 おわりに

　以上において，継続的取引において契約解消が提起されたとき，解消者に対して「止むを得ない事由」を要求する場合として両当事者の留保効用のギャップが大きい場合と取引特殊的投資を相手との信頼関係のなかでおこなった場合についてどのような救済方式が望ましいかを検討した．われわれは留保効用のギャップに対してなにか特別の救済方式をもとめることは経済の論理の中では不可能であるが，取引特殊的投資についての救済方式はつねに損害賠償において考慮すべきであることを示した．また，再交渉の余地をいれることにより，事前の取引は過剰になり，投資水準も過剰になりうることを示した．さらに，不完備契約のもとで不完備契約の構造の違いによって取引の効率性が異なり，その意味で不完備契約の内生的決定問題が発生することを指摘した．

　法学的思考は事後的正義の実現にウェイトが高く，経済学的思考は事前的効率性あるいは正義に重点をおいているとしばしばいわれている(平井(1997))．契約法とりわけ継続的取引における契約解除に関する議論においてもそうした思考の違いが浮き彫りにされている．しかし，事前的効率性あるいは事前的正義を考慮しなければ，トータルの意味で社会的な望ましさは達成されない．また，事後的正義を過度に重んじたのは日本法の運用における社会的土壌に起因するところが多かったように思われる．欧米においては周知のように法のダイナミックな視点が認識されている．また，事前的な効率性の議論において法学者はきわめて経済学的知識の到達点を無視する傾向が見られた．日本においても新借地・借家法の議論において論争となった点でもあった．この意味でも法学との経済学の接触が一層盛んになることを期待している．

参考文献

[1] Bebchuk, L. and S. Shavell(1992), "Information and the Scope of Liability for Breach of Contract," *Journal of Law, Economics and Organization*, vol.7, no.2.

[2] Chung, T-Y.(1992), "On the Social Optimality of Liquidated Damage Clauses," *Journal of Law, Economics and Organization*, vol.8, no.2.

6.8. おわりに

[3] Farnsworth, E. A.(1990), *Contracts*, Aspen Publishers.

[4] Hviid, M.(1998), "Relational Contracts, Repeated Interaction and Contract Modification," *European Journal of Law and Economics*, vol.5.

[5] Miceli, T.(1995), "Conract Modification when Litigating for Damages is Costly," *International review of Law and Economics*, vol.15.

[6] Miceli, T. J.(1997), *Economics of the Law*, Oxford University Press (細江守紀 監訳 (1999)、『法の経済学』九州大学出版会).

[7] Laffont, J-J. and J. Tirole(1993), *A Theory of Incentives in Procurement and Regulation*, MIT Press.

[8] Rasmusen, E.(1995), "The Economics of Agency Law and Contract Formation," working paper.

[9] Rogerson, W. P.(1984), "Liquidated Damages and Efficient Reliance and Breach," *Rand Journal of Economics*, vol.15, no.1.

[10] Schwartz, A.(1992), "Relational Contracts and the Courts: An Analysis of Incomplete Agreements and Judicial Strategies," *Journal of Legal Studies*, 21.

[11] Shavell, S.(1980), "Damage Measures for Breach of Contract," *Bell Journal of Economics*, vol.11, no.2.

[12] 飯村佳夫 (1982)、「継続的取引の中止・解除をめぐる諸問題」、『NBL』260号,261号,264号.

[13] 内田貴 (1996)、「現代契約法のあらたな展開と一般条項」、『NBL』514号-516号.

[14] 川越憲治 (1988)、「継続的取引契約の終了」、『別冊 NBL』19号.

[15] 白石忠志 (1998)、「契約法の競争政策的な一断面」、『ジュリスト』1126号.

[16] 棚瀬孝雄 編 (1999)、『契約法理と契約慣行』弘文堂.

[17] 谷川久 (1969)、「商事判例研究」(大地判例昭 36・10・12 事件)『ジュリス

ト』305 号.

[18] 中田裕康 (1994),『継続的売買の解消』有斐閣.

[19] 中田裕康 (1997,1998),「契約と関係－継続的取引の調査から（上）（下）」,『NBL』631 号-632 号.

[20] 樋口範雄 (1992),「信託的関係と受託者の責任」,『信託』170 号.

[21] 樋口範雄 (1994),『アメリカ契約法』弘文堂.

[22] 平井宣雄 (1997),『法政策学』有斐閣.

[23] 細江守紀 (2001),「契約法と取引不履行の経済学」,『法の経済分析』細江守紀・太田勝造 編, 第 3 章, 勁草書房.

[24] 松本恒雄 (1997),「継続的契約の維持と解消」,『法学教室』199 号.

[25] 三輪芳朗・神田秀樹・柳川範之 編 (1998),『会社法の経済学』東京大学出版会.

[26] 柳川範之 (2000),『契約と組織の経済学』東京大学出版会.

[27] 行澤一人 (1991),「継続的取引関係の終了に関する法的考察 (1)(2)」,『神戸法学雑誌』4-1 号, 4-2 号.

第7章 雇用とモラル・ハザード

7.1 雇用における労働の特性

7.1.1 労働の不確定性

これまでは買い手と売り手の財取引に関する議論を行ってきたが、労働サービスの取引には固有の問題がある．通常、労働市場における取引の対象は労働サービスであり、企業は、労働者による労働サービスの提供の代価として賃金を支払うものであると言われている．この表現に間違いがあるわけではないが、労働分析を行う場合、労働の取引が通常の財の取引と異なってサービス取引であるという点に留意しなければならない．しかも、それが労働サービスという人間の直接的活動であることが考慮されねばならない．リースされた機械は、特定のサービスを提供する点で労働取引と同じといえるが、もちろん、機械は人間ではない．ここで、労働力と労働(サービス)の概念の区別をしておくことは、以下において有用であろう．労働力は労働(サービス)を供給するその本体で、これは人的資本(human capital)ということもできる．この点では、ちょうど、ロボットそのものが作動する物的資本であり、そのロボットが行う旋盤作業が労働サービスに対応するものである．労働の特質としてあげられるもっとも重要なものは、次の性質であろう．

性質1:（労働の不確定性） 労働サービスの質は不確定である．

この性質は取引の事前・事後によって次のように分けられる．

性質1-a：（事前の不確定性） 取引以前には労働者の提供するであろうサービスの質を使用者は知ることができない．

性質 1-b：（事後の不確定性）　取引後，すなわち，採用後において労働者の提供するサービスの質および量は労働者自身の利益に合うように供給される可能性をもつ．

　性質 1-a は，労働サービスは買われてしまわないとその質がわからないという意味で「経験財」(R. Nelson) であることを意味する．もちろん，労働者の質について全然わからないというわけではない．通常は，使用者は労働者の質についての事前情報を何程かもつであろうし，また，もとうとするであろう．学歴，職歴，友人関係，家庭状況，本人の服装や態度にいたるまで，ありとあらゆるものが事前情報として利用されるであろう．性質 1-b は，労働サービスが人間の行為であるということからくるものである．つまり，労働サービスの買い手と売り手の完全な利害の一致という状況がない限り，採用後の労働サービスの質および量は買い手のもくろみ通りにはいかないであろう．労働者は，事前に約束した労働サービスの質（および量）をできる限り労働者自身の都合に合わせて変更しようとするかもしれない．たとえば，労働サービスの売手はできたらその供給を少なくすることを望むかもしれない．この問題は労働者のモラル・ハザード (moral hazard) と呼ばれるものである．このモラル・ハザードを克服するために，企業はさまざまな労務管理上の工夫をなさなければならない．さらに，この労働サービスの質は時間とともに変化していくことも，重要な性質の一つであろう．

性質 2：（学習可能性）　労働サービスはその質を学習・投資を通じて上昇させることが可能であり，逆に，なんの投資もなされなければ質の低下が生じる可能性をもつ．

　これは，就業以前における学習の問題であると同時に，仕事についた後に，技能・知識を習得していく学習過程の問題でもある．したがって，企業側および労働者側から，この学習・投資をいかに行っていくかという人的投資政策の問題となる．これは Becker(1975) の人的資本理論が強調するところである．

7.1. 雇用における労働の特性

7.1.2 労働力の分割不可能性

次に, 労働力の特異性として分割不可能性があげられる.

性質3：(分割不可能性) 　労働力は分割が困難である.

これは資本としての労働力と, 資本としてのカネを比較してみると理解しやすい. カネはそれを分割することによって, さまざまな投資機会に投入することができるが, 労働力は身体的に切り離すことができないことはいうまでもない. こうして, カネの場合は分散投資することによって投資に伴うリスクの軽減を図ることができるが, 労働者の場合, 単独投資＝1社就職から生じるリスク (たとえば失業の可能性) を直接こうむることになる. ただし, こうした, いわば空間的分割不可能性をのぞいて, 時間的には労働者も分割することができるかもしれない. 例えば, 昼間は本業, 夜は副業 (あるいはその逆) といった2足のわらじが全くないではない. しかし, これは極めて限られた場合といえるであろう.

このように直接, 労働者は分散投資が困難であるといえるが, リスクの程度を普段から軽減するように努力しておくことは可能である. すなわち, 特定企業に通用する技能ではなく, いわばつぶしのきく技能を修得すること, あるいは社会的に通用する資格を修得することによってリスクの大きさを減じることができる. しかし, このような場合でも, 労働者が回避できるリスクの程度は限定されると言えるであろう.

リスク分散ができない場合は, リスク分散ができる場合に比べて個人はよりリスク回避的になると考えることができる. したがって, 企業家あるいは資本家が労働者に比べてカネおよびヒトの面でより豊富な活動機会が得られているとすれば, 企業家あるいは資本家が労働者よりリスクの分散の程度が大きいので, 労働者はよりリスク回避的な態度をもつであろう. さらに, 資産そのものの量は労働者の方が一般に少ないと考えられるので, Arrow の絶対危険回避仮説をまつまでもなく労働者はよりリスク回避的になるであろう. すなわち, 性質3の系として次の性質をあげることができる.

性質3′　労働者はよりリスク回避的である．

7.1.3　貸借取引としての雇用

通常のサービス取引と同様に考えた場合，労働力がサービスを供給する本体 (fund) である．冷蔵庫が冷却サービスを行う本体であり，また，工作用ロボットが工作サービスを行う本体であるように．したがって，雇用契約は5.1.1で述べた不確定な労働サービスそのものの売買取引というより，労働力の貸借取引といった方が適切であろう．企業は借りた労働力をある期間使用し，それに対する対価を支払うわけである．生産財のリース業の場合 (たとえばトラクターのリース)，業者からトラクターを借りてレンタルを支払うわけである．これが労働力の賃貸と異なるのは，トラクターの性能がほぼ事前にわかっているのに対して，労働力の質は事前にはあまりわからないことであり，さらに，トラクターの場合，モラル・ハザードは生じない (性質1-b)．

また，通常，トラクターの貸与期間は指定されているが，労働力の場合，貸与期間は通常あいまいで，終身雇用などになることもある．現在の労働法では期間の定めのない雇用は使用者において「何時にても」解約を申し入れることができる (民法627条1項) が，解約権の濫用をふせぐため，実際には30日前の予告か，30日分以上の平均賃金を支払わなければならない (労働基準法20条)．しかも，その解約そのものも正当な理由なしには (企業側のモラル・ハザードをふせぐため) 実行できない．

7.1.4　裁量権と雇用

労働力を企業に貸与したのであるから，その使用権は企業側に移る．したがって，企業の指揮命令のもとに労働サービスを提供する義務が生じる．この契約においては，一般的に，特定のサービスのみ提供するという形をとらない．すなわち，雇用契約においては特定の職務での仕事の遂行に限定して人を採用することは一般的でないということである．これは，人間はさまざまなサービスを提供できる潜在力をもっているのであるから，仕事を狭く限定させないこと

7.1. 雇用における労働の特性

によって企業は発生しうるさまざまな状況に柔軟に対応できることから生じる.したがって,このサービス供与の柔軟性を見越して雇用されているのである.多機能ロボットでもその柔軟性は限定される.したがって,融通のきかない労働者では仕事ができないということである.こうして,サービス供与の柔軟性は企業による裁量的指令を可能にするものと言えるが,それだけでは企業による裁量的指令の発生の理由にはならない.もし労働者が自分の判断で行うことが使用者の利益に沿うものであれば,仕事についての裁量権は労働者にゆだねられるであろう.現実にはもちろん労働者自身の自己利益の追求の可能性がある.これに対処するために企業側は,裁量的に指令を下す権限をもつ必要があるのである.

このことは極めて限定された職務に服するものとして採用された場合においても,そうである.たとえば,ガードマンを雇った場合でも,その業務の遂行にあたってさまざまな予期せざる状況が発生し,ルーティンでない事態が生じるかもしれない.その場合,使用者に有利な行動を彼がとるかどうかは定かでないであろう.要するに,完全にマニュアル化した仕事は皆無に等しく,現場の担当者の裁量の余地が入る.これは担当者の自己利益の追求を可能にする.これに対処するため企業側は臨機応変に指令を下す権限をもつ必要が生じるのである.すなわち,職務遂行上の予期できない事柄の発生,労働者の自己利益の追求の可能性が,雇用契約後の企業による権限の行使を正当化するのであり,これが実行できるのは労働者のサービス供給における柔軟性ゆえであると言ってよいであろう.フォード式生産は生産技術の面から労働者の自己利益の追求の余地をなくそうとしたものと言える.

したがって,労働力の特性として次のものをあげることができる.

性質4:(供給の柔軟性) 労働力はいろいろなサービスを提供できる.

もちろん,この性質の内容は「子供は無限の可能性をもっている」ということと同様,一般的すぎるかもしれない.むしろ,労働力がどのようなサービスを提供できるかは,その人のこれまでの教育とか職歴とか能力に依存するものであろう.したがって,やれる仕事の種類や仕事への柔軟な対応などは,人によって異なることが普通である.しかし,可能な仕事が多様であるということ

は，たしかに人びとが生産を組織していく時に不可欠の要素であろう．

このような労働の性質を基礎として，企業は労働サービスの使用に対する裁量権をもつが，もちろん全く自由に行使できるわけではない．トラクターを借りた場合でさえ，それを乱暴に扱ったり，手入れを行わないことのないように借りる時点で約束しているであろう．同様に，雇用においても労働力の不当な使用は禁じられている (不当労働行為の禁止)．トラクターの場合は物を言わないので，利用者が粗雑に取り扱って壊れたのか，自然にそうなったのか貸し手は判断がつきにくいので，使用者によるトラクターの粗雑な扱いというモラル・ハザードが生じる可能性があるが，雇用の場合には，労働者は不当に取り扱われた場合は，当人が抗議をすることができる．もっとも，明治初期の紡績工場において雇用された女工達が，企業主に虐待され死亡したとしても親元にはただ病気で死んだと通知されたことがしばしばあった (細井和喜蔵『女工哀史』より)．

7.1.5 監督の機能

上述の企業による労働使用の裁量権は，実際に，企業の指令に対して労働者が服従するということがなければ意味がない．ここにおいて企業が行う重要な活動として監督（モニタリング，monitoring）が導入される必然性がある．Alchian=Demsetz は有名な論文 (1972) の中でこの監督機能が古典的な資本主義的企業のあり方を特徴づけるものであると述べている．生産はそもそもチーム生産であり，その場合には参加している労働者がどのように積極的に働いたか，また，得られた成果のうちどれだけが特定の参加者の貢献であるのかわからない．したがって，この時には，相手の働きをあてにして，あまり働かなくなる可能性が出てくる．こうした非効率的な生産を克服するために，監督者が必要となるわけである．

しかし，単に監督者を置いただけでは問題はかたづかない．というのは，その監督者そのものが十分なインセンティブなしにはその監督活動をおこたるかもしれないからである．この困難は労働者をモニターする人に企業収入から固定的支払（賃金など）を差し引いた部分に対する権利，すなわち残余請求権 (residual right) を与えることによって解決すると Alchian=Demsetz は主張している．こ

7.1. 雇用における労働の特... 103

の余剰請求権の成立は資本...られる. いずれにし
ろ, 企業における監督の機... ーム的性格による労
働の観察不可能性, 労働者の... るといえる.

7.1.6 請負契約

他人の労働を使用する契約... 契約がある. 雇用が
労働サービスの提供を目的と... 請負は仕事の完成そ
のものを目的とし, 注文者は... 報酬を支払うのであ
る. したがって, 請負人はそ... 自ら労働活動を行
う必要はない.

請負契約は内部請負契約と... 部請負契約は特定
の仕事を注文者＝企業の被雇... 部請負契約は企業
の外部の人に仕事を請け負わ... 史的に見て, 企業
の起源＝形成過程に深くかか... 期における生産技
術に関する知識の偏在というこ... なわち, 生産工程
の知識を企業家自身が十分知ら... かせるという形を
とる可能性がある. 19 世紀の英国では, 工場主が直接労働管理に携わるのではなく, そうした仕事は親方職工に任せていたといわれている. また, 知識の問題以外に技術的条件として生産工程が非連続的で, 各生産作業が自己完結的に分解できるケースは請負が行われる可能性が高い.

Littler(1982) によれば, 19 世紀の英国において, 内部請負制下の産業では親方に対しては出来高払いであり, 一方, 一般工員には時間給であったといわれている. これは, 工場主に観察されない親方職人の仕事ぶりを高めるため出来高制を, そして, 直接労働者には親方がモニターするので客観的な評価基準として時間給を採用したものと考えることができる. 他方, 外部請負は, 英国の場合, 初期紡績工場で見られた (Littler(1982)). この外部請負制は, 現代の企業間取引の基本形態の一つである外注システムあるいは下請システムなどと基本的には同一のもので, 企業間取引のメカニズムを探究するうえで重要な要素である. 現代の労働者派遣業もこの外部請負業の一例である. 最後に, 請負業と

104　　雇用とモラル・ハザード

してもっとも典型的な業（略）の文章を引用しておこう．

「下請制度の形成につ……よう．その一つは，建設業が受注産業であり，工……向など不安定な要素が大きいことから，建設業…働者を雇い入れ，建設…機械を所有することは危険…請業者を合理的に使う…身軽な経営を求めることと…者と結びつきを強め，その系列下において自己の…きる専門的業者として育っていくことになった．

　一方，建設業の労働力供給…業は多数の労働力を要してきたが，その労働者は…を中心として調達されてきた．この労働力の…り，その後，工事量の伸びに伴って特定建設業者…発展してきた．労働力供給の関係からみると，…零細な業者が請負…工事の施工を通じての労働力供…ことであり，このような形の労働力充足は，特に…労働力増減対策上も好都合であることから，…管理研修テキスト編集委員会編『建設業の下請…

7.2　エージェンシー関係

　前節では雇用関係にある労働の…した．この節では以上の労働特性を包括的に把握…ージェンシーモデルを導入し，具体的な分析を行…

　すでに述べたようにエージェンシ…頼人（プリンシパル）と1人の代理人（エージェン…れるもので，依頼人は自分に利害のある事柄の実…報酬と引きかえに，代理人にその実行を委任する…る事柄の実行を前節のように，労働の実行に限定…成にウェイトを置いたものを請負と区分けする…

　エージェンシー関係の文脈で雇用関係を見ると，まず，労働者は企業家の代

わりに生産のための努力を行使し，一定の成果をあげる．この成果は双方共通に観察可能であるが，その成果は労働者の努力とともに撹乱要因によって決定される．企業家は労働者の努力水準を観察できないだけでなく，その撹乱要因も事前・事後ともに観察できない．現実には，労働者の努力水準に関する情報を入手するため企業家もさまざまな監督がなされるであろう．このモニタリングの問題は次節で取り扱い，企業家は労働者の努力水準に対する情報を入手できないという非対称情報のもとで，どのような報酬スキームを提示すべきかという問題を考えよう．

ここでは企業家のモニター活動によって労働者の努力はある程度観察できるものとした場合に，生産効率がどのように実現されるか，また，生産組織の規模がどのようになるかなどを分析する．

7.3 モニタリング

さて，企業家は特定の努力水準をノルマとして労働者に課し，その努力水準を労働者が実行しているかどうかをチェックするためモニターを行うとする．なまけているのを発見する確率は監督者としての企業家の精勤ぶり，すなわち，企業家自身の努力水準および労働者の数に依存するであろう．企業家の監督の努力が大きくなれば，そして，監督する労働者の数が少なければ，その発見の確率は大きくなるであろう．なまけているかどうかは監督者の判断に依存するが，ここでは，あらかじめ企業側が指定した努力水準を少しでも下回っていればなまけていると判断するものとする．いま，企業家の監督努力水準を e とし，それはある区間 $[0, \bar{e}]$ に属するものとする．また雇用される労働者の数を n とし，まじめに働いていることがわかれば，労働者は賃金 w を得，なまけていることが発覚すればペナルティとしてゼロの賃金すなわち，解雇されるものとしよう．また企業側が指定する労働のノルマを e^* とし，その時の労働者の効用関数を簡単化のため $U(w, e^*) = w - e^*$ という加法的に線形なものとすれば，まじめに働く条件は

$$w - e^* \geq p(e, n)\dot{0} + (1 - p(e, n))w \tag{7.1}$$

となる.ここで,$p(e,n)$ はなまけている時にそのことが発覚する確率で $\partial p/\partial e > 0$, $\partial^2 p/\partial e^2 < 0$, $\partial p/\partial n < 0$, $\partial p^2/\partial n^2 < 0$ とする.ノルマ以下で働けばその努力水準でも同じ確率で発覚するので,なまけることを決心した場合ゼロの努力(＝最低の努力水準)を実行するはずである.したがって,なまけていて発覚した時には,$U(0,0) = 0 - 0 = 0$ の効用を労働者は得る.またなまけていても発覚しなかった場合の労働者の効用は $(W,0) = W - 0 = W$ であり,その確率は $1 - p(e,n)$ である.つまり,(7.1) の右辺はなまけた時の期待効用であり,左辺はまじめに働いた時の効用である.(7.1) は簡単に次のように書ける.

$$p(e,n)w \geq e^* \tag{7.2}$$

また,外部の就業機会から得られる留保効用を T とすれば,この企業に雇用される条件(参加条件)は

$$w - e^* \geq T \tag{7.3}$$

となる.したがって,このまじめに働く条件と参加条件のもとで企業は,雇用人数,その労働者の努力目標,そして,自分の監督努力を決めなければならない.

7.3.1 最適な報酬・努力水準

いま,生産関数として努力水準 (e^*) に対して凹な生産関数 $f(e^*)$ を仮定しよう.すなわち,$f' > 0, f'' < 0$ とする.また,簡単のため労働者の数に対して生産の加法性を前提とする.企業家は労働者と同様の線形効用関数をもつとすれば,この企業の解くべき課題は次のように書かれる.

$$\max_{e^*,e,n,w} nf(e^*) - nw - e$$
$$\text{s.t.} \quad p(e,n) \geq e^*, \quad w - e^* \geq T$$

ここで,e は企業家自身の監督努力の水準を表す.

この問題を解くために,まず,(e,n) の組を固定して,(e^*,w) の最適解を求めてみよう.図 7-1 はある (e,n) の組のもとでの制約条件を示している.

いま,2 つの制約条件がともに等号で成り立つ時の (e^*,w) の組は

$$e^* = w - T, \quad p(e,n)w = e^*$$

7.3. モニタリング

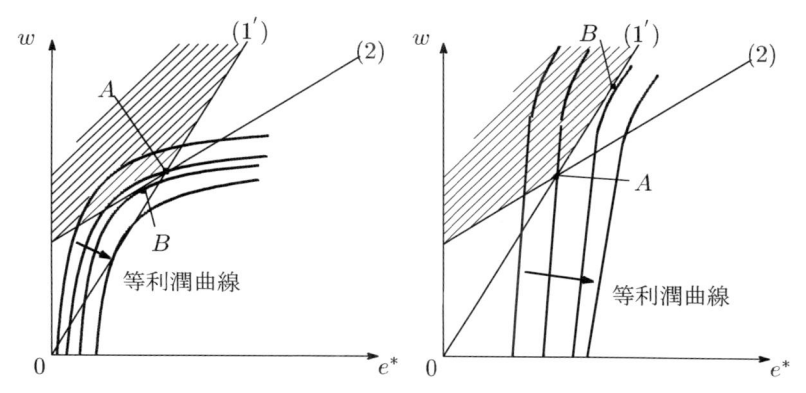

図 7-1 : 最適報酬・努力水準

より，

$$e^* = \frac{p(e,n)T}{1-p(e,n)}, \quad w = \frac{T}{1-p(e,n)} \tag{7.4}$$

となる．この e^* と w をそれぞれ，$e^* = e^*(e,n), w = w(e,n)$ と表す．ある e^* と w に対する等利潤曲線は $nf(e^*) - wn - e = \pi$ で表せるが，(e^*, w) が与えられれば等利潤曲線は (e^*, w) の組によって，

$$w = \frac{nf(e^*) - e - \pi}{n}$$

で表され，その傾きは $dw/de^* = f'(e^*)$ となる．図 7-1 において，制約条件を満たしつつ，利潤を最大にする (e^*, w) の組はこの等利潤曲線の形状に依存する．図 7-1 では (7.1) が等号で成り立つ場合の利潤最大点を示している．さらに，2 つの制約条件が等号で成立する点 A で，ちょうど最適点となる場合もある．これらの 3 つのケースを考えるためには，点 A での等利潤曲線の傾きと 2 つの制約式の傾きを比較しなければならない．

7.3.2 最適規模とモニタリング活動

そこで，次の条件を満たす (e,n) の組をそれぞれ考えよう．

$$1 = f'\left(\frac{p(e,n)T}{1-p(e,n)}\right) \tag{7.5}$$

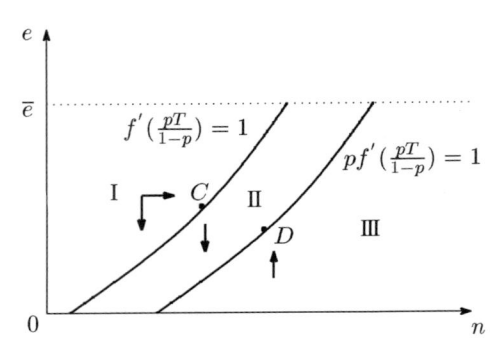

図 7-2：最適雇用・努力水準

$$\frac{1}{p(e,n)} = f'\left(\frac{p(e,n)T}{1-p(e,n)}\right) \tag{7.6}$$

したがって，(7.5) を満たす (e,n) の組については

$$p(e,n) = \frac{c}{T+c} \tag{7.7}$$

となる関係がある．ただし，c は $f'(c) = 1$ となる定数である．(7.5) あるいは (7.7) を満たす (e,n) の組については

$$\frac{de}{dn} = -\frac{p_n}{p_e} > 0 \tag{7.8}$$

が成り立つ．また，(7.6) を満たす (e,n) の組については

$$\frac{de}{dn} = -\frac{p_n f' + p f'' \frac{p_n T(1-p) + pTp_n}{(1-p)^2}}{p_e f' + p f'' \frac{p_e T(1-p) + pTp_e}{(1-p)^2}} = -\frac{p_n}{p_e} > 0 \tag{7.9}$$

が成り立つ．したがって，(7.5) と (7.6) によって区分される (e,n) 上の 3 つの領域は図 7-2 のように表せる．(7.5) を満たす曲線は (7.6) を満たす曲線より上にくることに注意しよう．

領域 I では $f'(pT/(1-p)) < 0$ であるから，最適な (e^*, w) の組は，図 7-1 の場合のように

$$f'(e^*) = 1, \quad w = T - e^*$$

7.3. モニタリング

となるから，$e^* = c, w = T - c$ が成り立つ．したがって，この領域の (e, n) に対する企業の利潤は

$$nf(c) - n(T - c) - e$$

となる．ここで $f(c) - (T - c)$ はこの領域での労働者 1 人当りの粗利潤であり，T が小さいときは正と考えることができる．したがって，企業の利潤最大化行動は n をできるだけ大きく，e をできるだけ小さくすることになる．この結果，より望ましい (e, n) の組は曲線 $f' = 1$ 上の点となる（図 7-2 では点 C とする）．

次に，領域 II に (e, n) があるときは，図 7-1 の点 A で最適な (e^*, w) が設定されるので，

$$e^* = \frac{p(e,n)T}{1 - p(e,n)}, w = \frac{T}{1 - p(e,n)}$$

である．この時の企業の利潤は

$$\pi = nf\left(\frac{pT}{1-p}\right) - \frac{Tn}{1-p} - e$$

であるから，最適な (e, n) の組を求めるため，この利潤の式をそれぞれ e, n で偏微分すると

$$\frac{\partial \pi}{\partial n} = f - \frac{nf'p_n T}{(1-p)^2} - \frac{T(1-p) + Tnp_n}{(1-p)^2} \tag{7.10}$$

$$\frac{\partial \pi}{\partial e} = -\frac{nf'p_e T}{(1-p)^2} - \frac{Tnp_e}{(1-p)^2} - 1 < 0 \tag{7.11}$$

となる．$\partial \pi / \partial e$ は負であるから，e をできるだけ小さくすれば高い利潤が得られることになる．したがって，$pf' = 1$ の曲線上のある点で望ましい (e, n) の組が得られる．

最後に，領域 III を考えると，この領域では図 7-1 のように，最適な (e^*, w) の組は

$$pf'(e^*) = 1, \quad pw = e^*$$

を満たさなければならない．最初の式より，その式を満たすある関数 $e^* = e^*(p)$ があって，$de^*/dp > 0$ となることがわかる．対応して，後の式より $w = e^*(p)/p$ となるわけである．したがって，この領域での企業の利潤は

$$\pi = nf(e^*(p)) - ne^*(p)/p - e$$

となる.この領域での最適な (e,n) の組を求めるため,π をそれぞれ n と e で偏微分すると,

$$\frac{\partial \pi}{\partial n} = f + f'e^*p_n - w - \frac{n(e^{*'}p_np - e^*p_n)}{p^2} \tag{7.12}$$

$$\frac{\partial \pi}{\partial e} = nf'e^{*'}p_e - n\frac{e^{*'}p_ep - e^*p_n}{p^2} = \frac{ne^*p_e}{p^2} > 0 \quad (pf'=1 \text{ より}) \tag{7.13}$$

となる.したがって,この領域では,e の値が大きいほど高い利潤が得られ,結局,望ましい (e,n) の組は $pf'=1$ の曲線上にあることになる.

以上,3 つの領域での企業の利潤の動きを検討したが,これを総合すれば,$pf'=1$ の曲線上に最適な (e,n) の点があることが理解できる.この曲線は,

$$pf'(\frac{pT}{1-p}) = 1, e^* = \frac{p(e,n)T}{1-p(e,n)}, w = \frac{T}{1-p(e,n)}$$

で特徴づけられる.すでに述べたように,この曲線は単調増加なので,それを $e=e(n)$ で表せば,その曲線上の利潤は

$$\pi = nf(\frac{p(e(n),n)T}{1-p(e(n),n)}) - \frac{Tn}{1-p(e(n),n)} - e(n) \tag{7.14}$$

と書け,n に関する 1 変数の関数となる.最適な規模の直接的な導出はここではしないが,以下で,完全情報下での企業行動とわれわれのモニタリング下のそれを比較してみよう.

7.3.3 完全情報下の企業行動との比較

さて,完全情報下の企業とは,この場合どのようなものであろうか.企業が労働者の努力にコストをかけ,しかもノイズをこうむりながらモニターするというのがこれまでの話であったから,比較すべき状況は労働者の努力がコストなしで,しかもノイズなしに完全にわかる場合であろう.この場合,企業が労働者に指定する (w,e^*) は参加条件さえ満たせばよいわけで,したがって,企業の解くべき問題は次のようになる.

$$\max_{n,w} nf(e^*) - wn$$

7.3. モニタリング

$$\text{s.t.} \quad w - e^* \geq T$$

ここで，$e = 0$ であることは言うまでもない．明らかに参加条件は等式で成立すべきであるから，上の最大問題は

$$\max_{n,w} nf(w-T) - wn$$

と書ける．したがって，w に関しての最適条件は $f'(w-T) = 1$ となる．領域 I での考察において触れたように，T を十分小さくとれば，$f(w-T) - w$ は $f'(w-T) = 1$ において正にすることができる．したがって，完全情報下の労働者に要求する努力水準は $f'(e^*) = 1$ の限界条件を満たす．この努力水準をファースト・ベスト努力水準と呼ぼう．これと比較して，われわれが求めたモニタリング下の最適努力水準は $pf'(e^*) = 1$ を満たすものであったから，$0 < p < 1$ を考えれば，この時の e^* はファースト・ベスト水準よりも少なくなることがわかる (努力の過少性)．

次に，生産規模について考えてみよう．完全情報のもとでの企業の利潤は1人当りの最適利潤が正となることを前提したので，規模に関して収穫一定を仮定しているわれわれのモデルでは，人は雇えるだけ雇った方がよいことになる．したがって，資本設備の問題を無視すれば，最適規模は無限大となってしまう．これに対して，モニタリングがある場合，すなわち，労働者の努力が不完全に観察される場合には (7.1) の最適化問題より求められるある最適規模が存在する．したがって，完全情報下で労働者を無数に雇ってよい状況においても，不完全情報のもとではまじめに働いてもらうための条件を満たすためには，ある最適規模が存在することになる．つまり，このまじめに働かせる条件を満たすためにはモニターをしなければならないが，人数が多くなると，そのモニターのための努力が増大し，企業にとって負担となってくるのである (最適規模の存在)．

以上，労働者の努力の観察不可能性に対するモニタリングを考えたが，これはさらに，階層的モニタリングシステムの可能性を示唆している．すなわち，モニターする人をさらにモニターする人を導入することが問題となる．これは階層的企業組織の問題となる (Calvo=Wellisz(1978) 参照)．また，ここでは留保期待効用 (T) は外生的に与えられていたが，労働市場での労働者の活動をつう

じて内在的に決定していく可能性があり，その問題を解くことはとくに，非自発的失業をもつマクロ経済を理解する手掛りを与える有力な方法となっている (Shapiro=Stiglitz(1984) 参照).

参考文献

[1] Alchian, A. and H. Demsetz(1972), "Production, Information Costs and Economic Organization," *American Economic Review*, vol.62.

[2] Becker, G. S.(1975), *Human Capital : A Theoretical and Empirical Analysis with Special Reference to Education*, NBER（佐野陽子 訳 (1976),『人的資本：教育を中心とした理論的・経済的分析』東洋経済新報社）.

[3] Calvo, G. and S. Wellisz(1978), "Supervision, Loss of Control and Optimum Size of the Firm," *Journal of Political Economy*, vol.86.

[4] Holmstrom, B.(1972), "Moral Hazard in Teams", *Bell Journal of Economics*, vol.8.

[5] Littler, C. R.(1982), *The Development of the Labor Process in Capitalist Societies*, Heinemann Educational.

[6] Shapiro, C. and J. E. Stiglitz(1984), "Equilibrium Unemployment as a Work Decipline Device," *American Economic Review*, vol.74.

[7] Williamson, O.E.(1975), *Market and Hierarchies*, The Free Press（浅沼萬里・岩崎晃 訳 (1980),『市場と組織』日本評論社).

[8] 尾高煌之助 (1988),「内部請負と内部労働市場」『経済研究』39 号, 岩波書店.

[9] 佐野陽子 (1989),『企業内労働市場』岩波書店.

[10] 細江守紀 (1987),『不確実性と情報の経済分析』九州大学出版会.

[11] 宮沢健一 (1985),『現代経済学の考え方』岩波書店.

第8章　コーポレート・ガバナンス

8.1　コーポレート・ガバナンス

8.1.1　企業法制

　コーポレート・ガバナンスとは①公開会社はだれのものであるかという観点と②会社の効率性をいかに確保するかという観点から理解することができる．とくに第1の観点は歴史的には1930年代の米国において経営者はだれの受託者かという議論に端を発している．実際の法規上ではこれはあきらかである．1994年米国法律協会の「コーポレート・ガバナンスの原理」の2.01条において「会社の目的は会社の利潤および株主の利益を増加させる観点から営業活動をすることである」と定めている．また，日本では

1. 会社は社団であり，株主がその構成員として出資する，
2. 株主は株主総会を構成し，株主総会は経営者たる取締役を選任，解任するなどの基本的事項を決定する権限をもつ会社の最高機関である．株主は利益配当請求権をもつが，債権者とことなり，利益の生じたときのみ具体化する．株主は残余財産配分請求権を有するが，これは債権者に支払いをしたあとの残余の財産についてのみ生じるものとなっている，

という商法の規定のもとで，あきらかに会社の主権者は株主であるということができる．株主が直接オーナーとして会社の経営をすれば会社の利益と株主の利益が一致するわけであるが，会社の経営のための知識は必ずしも株主が十分持たない場合が多い．あるいは自分で行動するより他の人に行動を委任したほうがよいことが多い．こうして，経営知識上から，また，行動制約から経営者は

---

*本章は細江(2001)を加筆・修正したものである．

株主の信任のもとで株主に代わって経営をおこなう.「所有と経営の分離」であり，このとき問題は第2の観点である会社の効率性をいかにして確保できるかということになる．とくに預託された経営者は会社の利益と反するような行動をとる可能性があり，これをどのような装置のもとで克服することができるかということが重要な問題となる．これはエージェンシー理論の描く問題である．

しかし，会社は株主の利益を目的とするといっても従業員，顧客，さらに地域住民の利益も会社の運営に左右される．したがって，それらの利害関係者（ステークホルダー）の利益を会社の運営にいかに反映させていくかが広義のコーポレート・ガバナンスに関連することがらといってよい．

ここでの分析は会社の効率性を高めるという意味で狭義のコーポレート・ガバナンスに限定する．このときコーポレート・ガバナンスとは資金の供給者がいかにして資金を回収できるか，また，効率よく投資利益を得ることができるかという問題になる．資金の提供者は資金を経営者にゆだねたうえで，どのような望ましい経営努力，投資先を見いださせるような仕組みを提供できるかということになる．

8.1.2 経営者に対するモニタリング

一般に取締役に対しては法的に誠実義務と注意義務という2つの義務が課せられている．誠実義務とは取締役は会社の株主に対して誠実さを貫かなければならない．たとえば，2つの会社の取締役を兼ねることはできない．これに対して，注意義務は取締役が決定を下す際には相当の注意を払わなければならないということである．したがって，決定事項に関して可能なかぎり情報を収集し，可能な選択肢を十分考慮したうえで判断すべきである．しかし，現実にこれらの義務を取締役がはたしているかというと必ずしもそうだとはいえない．さまざまな私的利益のために行動している例は枚挙にいとまがない．問題はこうした取締役の逸脱した決定をどのようにモニターすべきかという制度設計の問題となる．すなわち，経営についてどのようなモニタリング装置を設定するかという問題が重要になる．経営者は株主より情報優位にあり，かつ私的利益を追求する可能性がある．すなわち，戦略的経営者を想定する場合，経営者からい

8.1. コーポレート・ガバナンス

かにして高い成果をひきだすことができるかという点に会社経営の重要な課題があり，これは理論的にエージェント理論の目指すところとなる．このための制度としてはまず経営者に対するインセンティブ報酬制度を導入することである．また，どのようなモニタリング制度を経営組織に対して組み込むかということになる．

このモニタリング制度を国別にみると，米国のような一元的なものとドイツのような二元的なものに大別することができる．

英米型：英米型のモニタリング制度は，経営業務の遂行とその監督を株主総会によって選出された取締役からなる取締役会というひとつの機関によっておこなうものである．すなわち，取締役会の役割は基本的な経営政策を策定し，経営を監督することである．ただし，最近は取締役会の監督機能を強化するために，社外取締役と委員会制度の拡充が図られている．

ドイツ型：ドイツ型では業務執行機関と監督機関は別個の機関によって遂行されている．大会社の監査役会は10名の株主代表と10名の従業員代表から構成され，取締役は監査役会より選任される．

これに対して，日本のモニタリング制度は，1899年，商法の制定によって，各取締役が業務の遂行をし，監査役がその監督をおこなうものとなっていたが，1950年の商法改正によって，代表取締役の設置のもとに，これの業務執行について取締役会が監督をおこなうことになった．すなわち，株主総会が取締役と監査役を選出し，選任された取締役から構成される取締役会が代表取締役を選任する．取締役が監督業務をになうことになって，監査役は会計監査のみおこなうようになった．しかし65年の商法改正によって，監査機能の強化のため監査役と取締役会がともに経営の監督をおこなうことになった．

会社経営者に対するモニタリングにおいて重要なことは監督者が経営者から独立に監督できるかということと，また，会社の重要な情報を入手できるかという点である．この独立性と情報アクセス性はしばしば背反的なものとなる．すなわち，経営者に独立な監督の立場にあれば，重要な情報を入手することが困難となり，経営者に近い立場の監督者であれば，情報は入手しやすいが，経営者

と独立に監督判断をくだすことが難しくなる．英米で見られる社外取締役による監査委員会はこの困難を克服するために設置されていると言われている．また，日本において常勤監査役と社外監査役からなる監査役会もこの点を考慮したものである．

8.2　監査制度の設計

　ここで検討するモデルは Kofman=Lawarrèe(1993) によって展開されたものであり，内部監査と外部監査の特徴をもとにどのようなモニタリング制度が望ましいかを考察している．監査の独立性を経営者との結託がないことと同値と考え，外部監査人は経営者との結託が不可能であるという前提で議論されている．すなわち，外部監査人は会社に対して一時的接触しかしないので，会社内のメンバーと結託する可能性がないとする．そのかわり，組織内の仕事について経験や知識に欠けており，その点で効率的でないとする．また，内部監査人は組織内にいるので，高質の情報をもっており，また，監査以外のサービスも提供しているので，監査機能の機会費用は低いと考えることができる．しかし，外部監査人は企業に対してより少ない情報しかもたないし，また，情報の入手によりコストがかかると考えられる．

　内部監査人は通常，経営者自身によって雇われる．したがって，かれらは外部監査人に比べて，経営者に都合の良い結果を報告する圧力を受けやすい．たとえば，財務諸表を経営者に対して都合良く粉飾するかもしれない．一方，外部監査人は通常株主あるいは取締役会の監査委員会によって雇われる．それ故，経営者とは独立になりやすい．われわれのモデルでは，内部監査人と経営者は合意できるときにのみ経営者の成果についての証拠を捏造できるものとし，外部監査人はかれの受け取ったシグナルをつねにそのまま正直に報告するものとする．

8.2.1　監査モデル

　最適監査政策は，内部監査と外部監査との最適な組み合わせを求め，経営者からのプレッシャーのもとにあり，機会費用が低く，かつ詳細な報告をする内

8.2. 監査制度の設計

部監査と，経営者からのプレッシャーをうけないが機会費用が高くあまり正確でない報告をする外部監査とをどのように組み合わせるべきかという問題である．外部監査人はつねに正直であり，内部監査人は機会主義的に行動するものとする．

まず，生産性の外部パラメータ a が実現したら，経営者は努力 e を実行し，生産量 $x = a + e$ を生み出すものとする．a は2つの値 a_1 と a_2 をとり，$a_1 \geq a_2$ であるとする．それぞれの発生する確率はそれぞれ $q, 1-q$ となるものとしよう．e は経営者の努力水準であり，そのコストは $g(e) = e^2/2$ であるとしよう．a と e は経営者の私的情報となり，x は公開情報でありかつ立証可能であるとしよう．経営者に報酬 t を支払ったあとはオーナーの取り分となる．

ファースト・ベスト解 いま，情報の問題がいかに重要であるかをみるために，生産性パラメータと経営者の努力が公開情報である場合を分析の参考としてまず考察しよう．この場合，監査人はあきらかになんの役割も持たない．そこで，オーナーにとっての問題は自分の期待利得を最大にするように努力水準と経営者への報酬を決めることである．かれの期待利得は

$$E\pi = q(a_1 + e_1 - t_1) + (1-q)(a_2 + e_2 - t_2)$$

で表される．経営者の参加条件は報酬から努力に対するコストを引いたものがかれの留保利得ゼロを下回らないことであるので，各タイプに対して $t_1 \geq e_1^2/2$, $t_2 \geq e_2^2/2$ で表される．したがって，この問題は容易に解けて，最適努力水準は $e_1 = e_2 = 1$ となり，また，各タイプの経営者の報酬は $t(x_1) = t(x_2) = e^2/2 = 1/2$ となる．

8.2.2 監査なしの報酬インセンティブ制度

さて，オーナーが自然 (a) の状態も経営者の努力も観察できないものとしよう．この場合，オーナーが経営者に提供する契約は産出水準 x の関数として報酬を規定するものとなる．このとき，顕示原理より，オーナーは2つのインセンティブ制約をみたすつぎの申告契約を考えればよいことになる．すなわち，経営者が生産性パラメータの情報を入手すると，それをオーナーに申告し，その

申告を受けて経営者にあらかじめ示しておいた産出水準，したがって，努力水準を行使させる．そして，このときの申告が正直になるように契約を工夫するのである．この誘因両立条件は

$$t_2 - \frac{e_2^2}{2} \geq t_1 - \frac{(e_1 - \Delta a)^2}{2} \tag{8.1}$$

$$t_1 - \frac{e_1^2}{2} \geq t_2 - \frac{(e_2 + \Delta a)^2}{2} \tag{8.2}$$

となる．ここで，$\Delta a = a_2 - a_1$ である．これらの制約と参加条件のもとでオーナーは最適な努力と報酬の組 $(e_i, t_i)(i = 1, 2)$ を選べばよい．この非対称情報下の最適契約は，よく知られるように低い生産性のタイプに対する参加条件と高い生産性のタイプの誘因両立性条件が拘束的である．また，その契約のもとでは，高い生産性のタイプは情報レントを得て，最適（＝効率的）努力水準を実行するが，低い生産性のタイプは留保賃金のみを得て，過小努力しか行わない．

8.2.3 外部監査下の契約

つぎに，外部監査を導入しよう．すなわち，ある固定報酬 z を支払うことによって，生産性に関して不完全に相関するシグナルを観察する外部監査人からオーナーは正直な報告を得ることができるものとする．もし経営者が十分働いていないというシグナルを報告してきたら，オーナーは P^m のペナルティを課す．いま，最大可能なペナルティを外生的に P^{m*} とすると，一般性を失うことなしに $P^m = P^{m*}$ とおくことができる．監査人は a の値に不完全に相関したあるシグナル s を入手し，正直にオーナーに報告する．このシグナルの確率分布は $Prob(s_1|a_1) = Prob(s_2|a_2) = r$, $Prob(s_1|a_2) = Prob(s_2|a_1) = 1-r$ とする．したがって，シグナルは確率 r で正しい情報を入手できるものとする．また，この監査人の受け取るシグナルは経営者も観察可能であるとする．かれは監査人の調べる資料を知っており，どのような結論を引き出すかをよみとることができることを意味する．まず，オーナーはその産出額を観察し対応する報酬を支払う．もしその産出額が高ければ，さらなる行動はしない．もし産出額が低ければ，監査人の報告を依頼するかもしれない．その確率を γ とする．依

8.2. 監査制度の設計

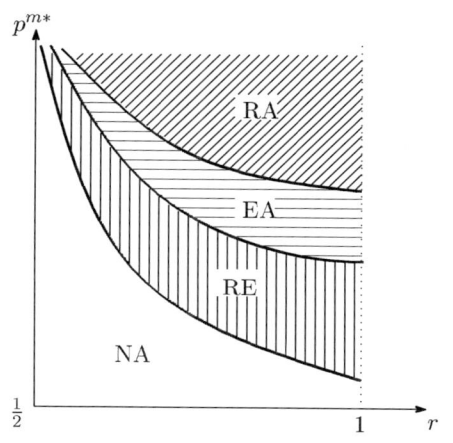

図 8-1：外部監査人の最適契約
(出所): Kofman=Lawarrèe(1993)

頼をうけて監査人が監査を行い，監査人が高い生産性のシグナルを報告すれば，経営者が虚偽報告したとして罰金 P^m を支払うことになる．

このとき，オーナーの最適契約はつぎのように定式化される．

$$\max \ q(a_1 + e_1 - t_1 + \gamma((1-r)P^m - z)) + (1-q)(a_2 + e_2 - t)$$

$$\text{s.t.} \quad t_1 \geq \frac{e_1^2}{2} + \gamma(1-r)P^m$$

$$t_2 \geq \frac{e_2^2}{2}$$

$$t_2 - \frac{e_2^2}{2} \geq t_1 - \frac{(e_1 - \Delta a)^2}{2} - \gamma r P^m$$

これを解くとつぎのような4つの可能な領域によって監査戦略が決定される（図 8-1 参照）．

1. 監査を必要としない領域 (NA)：これは，提供される情報や経営者に適用される最大罰金に比べて監査が割高である場合である．
2. レント抽出領域 (RE)：この領域では，各タイプの経営者の努力レベルは監査なしの最適契約と変わらないが，オーナーはハイタイプの経営者から情

報レントを得ることができる．また，監査の精度や最大罰金が高くなるにつれて，ハイタイプの経営者からのレントは減少していくことになる．

3. 努力調整領域 (EA)：この領域は，監査人の情報が，ハイタイプの経営者のレントを取り除くのに十分に正確である場合である．このとき，参加条件は両タイプに対しても拘束的である．オーナーは，誘因両立性を達成しながら，ロータイプの経営者の努力を増加させるために抑止力を使うのである．

4. 確率的監査領域 (RA)：ロータイプの経営者の努力は非効率的であるが，監査確率を減らすことが最適となる領域である．罰金が無限大になった極限において，ファースト・ベストが実現する．オーナーはロータイプの努力の調整からの利潤の増大とコストリーな監査の確率の減少からの利益の増加を比較しなければならない．

このように，監査精度が上昇するにつれて，監査の導入が要請されるが，最大ペナルティが低いときには努力水準には影響できず，オーナーはレントのみ取ることができる．このペナルティは経営者の脅しとなることから最大ペナルティが高い場合にはその効力を増すことになる．

8.2.4 内部監査と結託

前項では外部監査を導入した場合の分析を行ったが，今度は内部監査を導入する．内部監査人も外部監査人と同じ精度のシグナリング技術をもち，a の値に不完全に相関したシグナル s を入手し，r をレポートする．彼はオーナーから賃金 w を受け取り，期待利得を最大にしようとする．このとき，監査の独立性が保てないので，場合によっては経営者と内部監査人が結託できる．経営者が努力を選択し，監査人と同時にシグナルを観察したあとに，かれらは結託のための契約を結ぶことができる．結託は，経営者の生産性が低く，監査人の入手したシグナルが高い生産性のときにのみ起こる．この場合には監査人が正直に報告すれば，成果が低いのは生産性が低いからと申し開きができないので罰則をうけるから，監査人に裏取引をすることによって，低い生産性であったと報告してもらう可能性がでてくる．これに対して，経営者が高い生産性をもつ

8.2. 監査制度の設計

ならば，オーナーは監査人の報告を必要としないことは言うまでもない．また，経営者が低い生産性をもち，かつ監査人が低いシグナルを入手すれば，監査人は一人では資料を捏造できないのでこの裏取引ができないことに注意しよう．

低い成果が発生した場合，罰則 P^m を避けるために，経営者は P^m まで監査人に報酬を支払う用意がある．こうして，裏取引が存在すれば，監査人は正直に情報を報告しない．したがって，オーナーにとってこの結託を許さない条件を追加する必要がある．結託誘因両立条件である．経営者を罰則に導く証拠＝シグナルを入手したとき監査人が正しく報告するためには，オーナーは，少なくとも虚偽の報告をしてもらえば経営者が支払うであろう金額を彼に支払わなければならない．すなわち，もし監査人が正直に情報を明らかにしたら，経営者が罰金としてオーナーに支払わなければならない金額は少なくとも監査人に支払わなければならない．

そこで，この問題はつぎのように表現される．

$$\max \ q(a_1 + e_1 - t_1 + \lambda(1-r)(p^m - w)) + (1-q)(a_+ e_2 - t_2)$$

$$\text{s.t.} \quad (MIR1) \quad t_1 \geq \frac{e_1^2}{2} + \lambda(1-r)P^m \qquad (8.3)$$

$$(MIR2) \quad t_2 \geq \frac{e_2^2}{2} \qquad (8.4)$$

$$(MIC) \quad t_2 - \frac{e_2^2}{2} \geq t_1 - \frac{(e_1 - \Delta a)^2}{2} - \lambda r P^m \qquad (8.5)$$

$$(CIC) \quad \lambda(w - P^m) \geq 0 \qquad (8.6)$$

ここで，λ は監査人を使う確率であり，w は経営者を告発した監査人に対する報酬である．$(MIR1)$ の右辺の第2項は低い生産性の経営者が監督者によって高い生産性とみなされ罰則を支払う期待罰則である．これに対して，(MIC) の右辺の第3項は高い生産性の経営者が低い生産性タイプと偽ったときの高い生産性というシグナルを入手することによる期待損失を表している．この問題の分析の結果について Kofman=Lawarrèe(1993) はつぎの結果を得ている．

1. 結託の可能性があるにもかかわらず，もし $r > 1/(2-q)$ ならば内部監査人が採用される．

2. このとき，最大ペナルティが十分大きければ，経営者にとっての期待ペナルティは一定となる．したがって，この場合には最大ペナルティが適用されない．

　この内部監査付き契約の注目すべき点はたとえ最大ペナルティの場合でさえ，ファースト・ベストが実現しないということである．経営者の期待する罰則が増加するとき2つの効果がある．一つはロータイプの努力の過小性で測って，オーナーにとってより低いコストで経営者に誘因両立性を達成させることを可能にする効果である．また，もう一つは，監査人が正直に報告するようにさせるためのコストが増加することである．実際，監査人にとって潜在的な収賄額は経営者にとっての罰金 P^m とおなじ大きさである．このことは結託誘因両立性条件を満たすために非常に高いコストが生じることを意味する．

8.2.5　内部監査と外部監査の並存

　最後に，オーナーがコストが掛からないが自己利益を追求する内部監査人とコストが高いが正直な外部監査人の両方を使う可能性をもつ場合を考察してみよう．ただし，経営者の生産性に関する情報は同じシグナルを得るものとする．もし内部監査人が正しく報告するなら，外部監査はなんの役にも立たない．オーナーが外部監査人を雇う唯一の理由は内部監査人を監査することである．この場合，Kofman=Lawarrèe(1993) はつぎの図8-2によってそのときの最適監査政策を示した．

　興味深いのは，結託があり得る場合でさえ内部監査だけを採用することがあることである．確かに，結託の可能性があれば監査人の導入は追加的コストをもたらすが，あるパラメータの範囲では，あえてそれを負担しても監査人を導入するほうが好まれることがある．また，外部監査が内部監査人を監視するため主として導入されるので，外部監査の導入は確率的導入となる．われわれはさらに期待最大抑止は結託がある場合には非効率になるかもしれないことを示した．経営者に対する罰金が増加すると経営者の努力水準も上昇するが，結託をより魅力あるものにする．すなわち，裏取引が増大しその阻止にはより費用がかかることになる．

8.3. 株主によるモニタリング

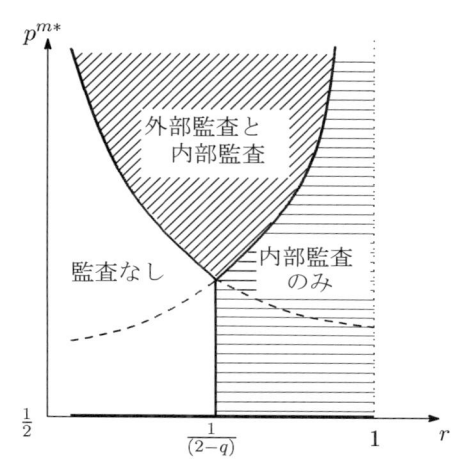

図8-2: 最適監査システム
(出所): Kofman=Lawarrèe(1993)

以上のことから，最適監査政策は監査の精度，ペナルティの大きさ，2つの監査制度のコスト比較などに依存することがわかった．なお，このモデルでは監査人の入手するシグナルが正確でなくても，結託防止のための証拠として使えるとした点は改善の余地がある．その場合には内部監査人，あるいは経営者は訴訟をおこすことによって真実をあきらかにする可能性がある．

8.3 株主によるモニタリング

8.3.1 経営に対する複数のモニタリング・チャネル

さて，わが国の場合，経営者に対する監査人のモニタリングは主として経営者の業績評価という点ではなく，会社の不祥事などにみられる企業活動の適法性を判断するものであるといわれている (片木(1999))．監督機能の実質化のために社外取締役の拡充などの取締役会の制度変更をもとめる試みがあったが，実現は困難であった．1975年に公表された「会社法改正に関する問題点」においても，これまでの企業の人事政策が終身雇用制と内部昇進制により，取締役の社外採用は従業員の勤労インセンティブの低下のおそれがあるとして採用され

なかった．その代わり，経営執行に対する監査の強化(複数監査役・常勤監査役の導入)などが1981年に持ち込まれた．すなわち，取締役の採用費用が監査役のそれに比べて日本では相対的に高かったと判断することができる．

　日本においてこのように内部監督制度として取締役会の機能が重視されなかったもう一つの理由はメインバンク・システムやグループ経営などをつうじてほかに監督機能をはたすものがあったことにもよる．メインバンク・システムのもとでは日常の銀行口座情報をつうじて，また，日常的情報交換をつうじて経営者の行動をチェックし，助言することができ，また，役員の派遣をつうじて経営の規律を監督していた．

　また，経営者のモニタリングは市場をとおしてなされる側面もある．もし経営者の不適切な行動が会社の利益を減少させると，株価の下落をとおして会社の敵対的買収の可能性が高くなることや，株主による突き上げが発生することがある．

　このように経営者のモニタリング・チャネルとしては，内部監督システムの構築があり，また，メインバンク・システム，企業グループなどによる準市場型のモニタリング・チャネルがあり，さらに，敵対的買収などの市場型のモニタリング・チャネルが存在する．次項においてもう一つのチャネルである株主(支配株主)による経営者のモニタリング機能と所有構造について検討しよう．

8.3.2　株主によるモニタリング

　すでに述べたように我が国の商法は株主が会社の実質的所有者であると見なしている．株主は株主総会において経営者の選任・解任の権限をもとに会社の経営をコントロールしている．しかし株主総会の形骸化がしばしば議論される．これは日本において株式の主要な割合が長期的な取引関係にある他の会社や金融機関などによって保有され，しかもこの株式の保有関係が株式の相互持ち合いとなっているからである．このことによって一般株主は事実上会社の経営に関与することができないといわれている．以下では，会社の支配のためにどのような所有権構造が考えられるか検討してみよう．この観点は言い換えると，会社を実質的に支配するための最適所有構造を検討することになる．

8.3. 株主によるモニタリング

まず，いわゆるオーナー企業が存在しているとする．このオーナーは株式を発行し，その一部を自己持株とし，その他は一般の株式市場で売却する．経営者と企業の株式の α パーセントを所有するオーナー＝大株主を考える．経営者はあるプロジェクトを実行しようとするものとしよう．このプロジェクトには資金 I が必要とされ，そのうち A は会社の内部資金によって調達されるものとする．したがって，$I - A$ の資金を外部市場にたよらざるを得ない．この資金の純利子率を δ とする．このプロジェクトを実行すれば，2 つの可能な成果のうちの一つが発生する．すなわち，成功すれば R，失敗すれば 0 の収入を実現する．成功確率は経営者の努力に依存する．高い努力をすれば p_H の確率で成功し，低い努力をすれば p_L の確率で成功するものとする ($p_L < p_H$)．経営者が低い努力をすれば，私的利益として B の収入を得るが，高い努力をすれば特別の私的利益を得ないものとする．したがって，特別のインセンティブ装置がなければ経営者は成功確率の低いプロジェクトしかしない．そこで，大株主によるモニタリングを導入しよう．モニタリングによって経営者の努力水準をうまく把握できる場合には，経営者に対して高い努力を強制することができる．モニタリングが失敗すれば，経営者は自己利益を追求して成功確率の低いプロジェクトしかおこなわない．このモニタリングの成功確率を γ とし，そのモニタリング費用を $C(\gamma) = a\gamma^2/2$ とする．ここで a は正の定数である．ゲームのタイミングはつぎのようになっている．

- 1日目：会社のオーナーは持株比率を決定する．
- 2日目：経営者は金利を提示して資本市場から資金 $I - A$ を借りる．
- 3日目：オーナーは経営者の努力に対してモニターする．すなわち，γ の水準を決定する．
- 4日目：プロジェクトの成果が発生する．

まず，つぎの仮定をしよう．これは成功確率の低いプロジェクトを実行することが社会的に好ましくないことを示すためのものである．

仮定　$P_L R - (I - A) < 0$

　この仮定のもとではじつはモニタリングがなければ，企業価値は負になることが示される．まず，モニタリングがなければ成功確率の低いプロジェクトしかおこなわないので，経営者が資本市場で提示する借り入れ資金の金利を δ とすると，借り入れ条件は債権者の期待利益が非負となり，これは

$$p_L \delta (I - A) - (1 - p_L)(I - A) \geq 0$$

であらわされる．したがって，$p_L(1 + \delta) \geq 1$ である．これに対して株主の期待利益は $p_L(R - (1 + \delta)(I - A))$ となるので，期待利得を最大にするために可能な最低金利をとれば，株主の最大利得は $p_L R - (I - A)$ となる．仮定からこれは負となるので，結局，モニタリングがなければ，企業価値は負となることがわかる．これはモニタリングの必要性を求める仮定である．以下では成功確率の低いプロジェクトを悪いプロジェクト，成功確率の高いプロジェクトをよいプロジェクトと呼ぶことにする．

　分析を進めるために後方から解いていく．すなわち，3日目においてオーナーはモニタリング水準 γ を決定する．そのため，すでに設定した持株比率 α と借り入れ金利 δ のもとで，あるモニタリング γ をおこなえば，オーナーの期待利益はつぎのようになる．

$$\alpha(\gamma p_H(R - (1 + \delta)(I - A)) + (1 - \gamma)p_L(R - (1 + \delta)(I - A))) - C(\gamma) \quad (8.7)$$

すなわち，モニタリングに成功すれば，よいプロジェクトを実行させることができ，成功すれば，R の成果が得られ，債権者に元利支払いをする．このプロジェクトに失敗すれば，収入はないので，債権者は損失を被る．これに対してモニタリングに失敗すれば，経営者は自己利益に走って，低い期待収益のプロジェクトを採用する．この結果，確率 p_L で成功し，そのとき，収入から債権者に元利支払いをする．以上から得られる期待利益の α だけがオーナーの取り分となる．最後に，オーナーのモニタリング費用が差し引かれる．この期待利益を最大化するように，最適モニタリング比率を決定する．この問題は容易に解くことができて，

$$\alpha(p_H - p_L)(R - (1 + \delta)(I - A)) = C'(\gamma) = a\gamma \quad (8.8)$$

8.3. 株主によるモニタリング

より,

$$\gamma = \gamma(\alpha, \delta) = \frac{\alpha(p_H - p_L)(R - (1+\delta)(I - A))}{a} \tag{8.9}$$

となる．このとき，モニタリング比率は金利水準の減少関数となる．この関数をモニタリング－金利直線と呼ぶ．また，上の式から，オーナーの持株比率が高くなると，モニタリング比率も高くなる．

つぎに，以上のことを考慮して，2日目に経営者は資本市場にある金利を提示してプロジェクト資金 $I - A$ を入手する．まず，経営者の期待利得は

$$\max \ (1 - \gamma)B \tag{8.10}$$

$$\text{s.t.} \ (\gamma p_H + (1 - \gamma)p_L)(\delta + 1) - 1 \geq 0 \tag{8.11}$$

ここで，制約条件は資本市場での借り入れ条件である．直接の借り入れ条件は

$$\gamma(p_H \delta(I - A) - (1 - p_H)(I - A)) + (1 - \gamma)(p_L \delta(I - A) - (1 - p_L)(I - A)) \geq 0$$

であらわされる．すなわち，よいプロジェクトが採用されて，成功した場合には金利分の利益が得られ，失敗すれば，元本が回収されない．また，悪いプロジェクトが採用された場合も同様である．したがって，この期待利益が非負となることが借り入れ条件である．この式を整理すると上の問題の制約条件となる．ここでのモニタリング比率はオーナーの事後的な値であり，$\gamma(\alpha, \delta)$ であらわされている．したがって，2日目の経営者の問題はオーナーの持株比率 α が与えられたものとして，借り入れ利率を債権者に提示する．経営者は自己利益を最大にしたいので，モニタリングをできるだけ低くすることを目的とする．ここで，金利をあまり低くすると貸し手はいなくなるが，金利を高くしすぎるとオーナーのモニタリングが低下し，悪いプロジェクトが採用される可能性が高まり，その結果，貸し手の期待利益が低下していく．したがって，借り入れ条件が等号で成り立つ最大金利を提供することになる．これは，金利の逆選択効果からもたらされるものである (図 8-3 参照)．この最適金利

$$\delta = \delta(\alpha) \tag{8.12}$$

はオーナーの持株比率 α の増加関数になることに注意しよう．これは α の上昇は経営者のモニタリングを増加させるので，債権者の期待利益を悪化させる．こ

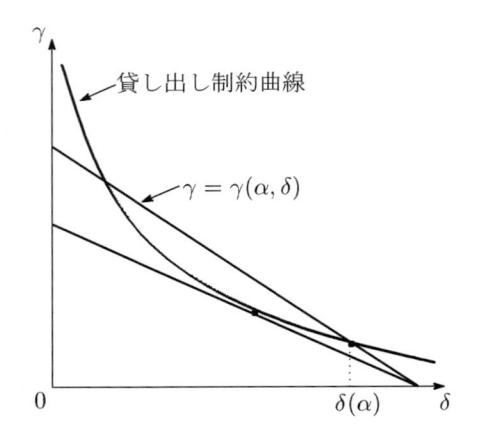

図 8-3：モニタリング−金利直線と貸し出し制約曲線

れを改善するために金利を上昇させなければならないからである．したがって，オーナーの持株比率の上昇に対して，最適モニタリング比率は減少関数になる．すなわち，持株比率の上昇は，モニタリングに対して直接的な利益効果と，その金利上昇効果による負の影響，すなわち，逆選択効果があるが，逆選択効果が上回ることがわかる．この持株比率の関数としての最適モニタリング比率は，$\gamma = \gamma(\alpha, \delta(\alpha)) = \gamma(\alpha)$ と書くことができて，減少関数となる．ただし，十分小さな持株比率であれば，オーナーのモニタリング動機が低すぎて，どのような金利水準にたいしても貸し出し条件を満足できなくなる．図 8-3 に示されるように，貸し出しが可能な最小の持株比率が，モニタリング−金利直線と貸し出し制約曲線の接点に対応する比率できまる．したがって，この最小の持株比率においてモニタリング水準は最大となっている．

最後に，1 日目の最適持株比率の決定に進む．オーナーははじめにすべての所有権をもっている．その所有権を株式公開によって，何パーセントかを一般株主に販売するのである．その一般株主の持株比率が $1 - \alpha$ である．このとき重要なことはオーナーにとっての企業価値となり，これは

$$(\gamma p_H(R - (1+\delta)(I - A)) + (1-\gamma)p_L(R - (1+\delta)(I - A))) - C(\gamma) \quad (8.13)$$

となる．ここで，$\delta = \delta(\alpha)$ であり，$\gamma = \gamma(\alpha)$ である．この持株比率の決定時点

8.3. 株主によるモニタリング

においてオーナーのモニタリングはコミットできないということである．もし，持株比率の決定の時点でモニタリング比率もコミットできるのであれば，資本市場での貸し出し制約を考慮すると，上の期待値は

$$(\gamma p_H + (1-\gamma)p_L)R - (I-A) - C(\gamma) \tag{8.14}$$

であらわされるので，最適モニタリング比率は

$$(p_H - p_L)R = C'(\gamma) \tag{8.15}$$

となる．このモニタリング比率を γ_c であらわす．

これに対してわれわれが想定しているコミットできない場合にはオーナーの企業価値 V は

$$V = (\gamma(\alpha)p_H + (1-\gamma(\alpha))p_L)R - (I-A) - C(\gamma(\alpha)) \tag{8.16}$$

であらわされる．したがって，企業価値と持株比率の関係は

$$\frac{dV}{d\alpha} = ((p_H - p_L)R - C'(\gamma))\frac{d\gamma}{d\alpha} \tag{8.17}$$

であらわされる．ここで，コミットメントなしの最適モニタリング比率では

$$\alpha(p_H - p_L)(R - (1+\delta)(I-A)) = C'(\gamma)$$

が成り立つので，(8.17) の $(p_H - p_L)R - C'(\gamma)$ はこのときつねに正の符号をもつ．したがって，企業価値を最大にするためにはモニタリング比率を高めればよいことになる．すなわち，最適持株比率は α^* となる．こうして，コミットメントがない場合の最適モニタリング比率はコミットメントがあるときの最適モニタリング比率より小さいことがわかる．

以上のことから，経営者の裁量が効率的投資をもたらさない場合には，株主によるモニタリングをおこなうことによってある程度の効率的投資を実現することがわかったが，その場合の最適所有構造は一意に決定され，完全集中や完全な経営者による裁量ではなく，部分的な集中が最適な所有構造となることが示された．また，オーナーによるモニタリングはコミットできないので，所有構造をコミットメントの一つとすることによって効率的な投資を実現しようと

するのである．もしモニタリングがコミットできるのであれば，あきらかに所有構造は効率的投資に対して無関係になるが，モニタリングがコミットできないので，所有構造をコミットメント装置とすることが意味をもつことになる．

8.4 金銭的インセンティブと効率的投資

　これまでは経営者に対するモニタリング装置としての金銭的インセンティブを考慮してこなかった．これは経営者にとっての金銭的収入は私的消費としてプロジェクトの選択に依存して決まると想定していたからである．一般に，経営者の報酬は株主総会の承認を得なければならない．ただ，日本の場合には，使用人兼務取締役の報酬には取締役としての報酬と使用人としての給料が含まれているので，実質的に経営者の報酬を株主がコントロールしているとは言い切れない．前節で考察した経営者の私的消費の部分も株主のコントロールの外にあるわけであるが，この経営者の報酬システムが経営者の経営努力を促進させるインセンティブとなりうる．これは金銭的インセンティブと呼ばれるものである．そこで，この節では経営者に対する金銭的インセンティブを導入することによってオーナーの所有構造，モニタリング比率がどのように変化するか検討してみよう．

　このため，オーナーによるモニタリング比率γの決定をする．まず，モニタリングに成功すれば，オーナーのイニシアティブによってプロジェクトが選択できるので，特別に金銭的インセンティブを考えなくてよい．ここでは経営者の固定報酬をゼロとしておく．これに対して，モニタリングに失敗すれば，経営者の選択に任す以外にないので，その場合には，金銭的インセンティブが必要になる．このとき，経営者によいプロジェクトを選択させるためには，よい成果Rが得られたときの報酬をW，悪い成果が実現したときには報酬ゼロとしたとき

$$p_H w > p_L w + B \tag{8.18}$$

が成立すればよい．これから，wについては

$$w = \frac{B}{p_H - p_L} \tag{8.19}$$

8.5. モニタリング機構

が成立すればよい.いま,α の持株比率をもったオーナーにとっての期待利潤は

$$\alpha(\gamma p_H(R-(1+\delta)(I-A))+(1-\gamma)p_H(R-\frac{B}{p_H-p_L}-(1+\delta)(I-A)))-C(\gamma) \tag{8.20}$$

で表されるから,最適モニタリング比率は

$$\alpha\frac{B}{p_H-p_L}=C'(\gamma) \tag{8.21}$$

より

$$\gamma_M=\frac{B\alpha}{a(p_H-p_L)} \tag{8.22}$$

となる.こうして,最適モニタリング比率は返済金額に無関係に定まる.このとき,経営者はあきらかにこのモニタリング比率のもとで,貸し出し利率を貸し出し制約を満たすように決めればよいが,この場合つねによいプロジェクトが採用されるから債権者の期待利益はモニタリング比率と無関係になる.したがって,借り入れ利率は

$$\delta_M=\frac{1-p_H}{p_H} \tag{8.23}$$

となる.

最後に,このとき,企業価値は

$$\gamma p_H(R-(1+\delta)(I-A))+(1-\gamma)p_H(R-\frac{B}{p_H-p_L}-(1+\delta)(I-A))-C(\gamma) \tag{8.24}$$

で表されるから,最適所有構造は

$$\alpha=p_H \tag{8.25}$$

となる.すなわち,最適所有構造はよいプロジェクトの成功確率と一致させることになる.これからわかることは,金銭的インセンティブを導入してもモニタリングは不必要になるわけではなく,モニタリングによる金銭的支出の節約が,金銭的インセンティブを補完する必要があるということである.

8.5 モニタリング機構

これまで議論してきた経営者に対するモニタリング機構としては①監査制度の導入,②支配的株主によるモニタリング,③金銭的インセンティブによるモニ

タリングを挙げたが，このほかに，敵対的企業買収の可能性がある．これは経営者の努力不足によって企業収益が低下すれば，資本多数決の原理で，現在の経営陣の同意なしに支配権を取得するもので，この敵対的買収の可能性があれば，経営者はたえず最善の努力をしなければならないことになる．この敵対的買収は米国において多く見られるが，日本においてはほとんど見られない．これは日本の場合，これまで，株式持ち合いによって資本市場と経営者市場が分離しており，したがって，株主の意見が十分に反映してこなかったことによる点がある．さらに，日本の場合には経営者はほとんど従業員の中から昇進しており，したがって，経営者と従業員の間には一種の共同意識があると言われている．この場合には企業買収は従業員の勤労意欲をそぐ可能性をもつので，事実上買収が困難になるといわれている．

　米国においては80年代において盛んになった敵対的買収に対抗して経営者も積極的に対抗策を講じてきた．とくに，ゴールデン・パラシュート（敵対的買収によって追われた場合に多額の退職金を支払う契約をあらかじめ結んでおくこと）やポイズン・ピル（敵対的買収目的の株式公開買い付けにその株式を安く買い付けるオプションを既存の株主に与える約束のこと）などによって経営者の防衛を図った．また，企業買収にたいする対抗策として州会社法の修正を働きかけることもしばしば見られるようになった．

　このように，経営者をモニターするための機構として監査－取締役会をとおしての内部組織的チャネル，金銭的インセンティブシステム，大株主モニタリング，さらに，機関株主によるモニタリング，株式市場をとおした敵対的買収の可能性などが考えられた．また，経営者の選抜システムのありかたも重要である．これは米国でみられるような経営者市場をつうじてか，日本においてよく見られるような内部昇進システムをとおしてかという点で経営者のインセンティブが大きく異なる．これらの全体的な関連がコーポレート・ガバナンスとして企業組織を形作っている．どのようなモニタリングシステムの組が望ましいかという問題はそれぞれの国の実情を把握することとともに重要な課題である．これらの総括的な課題については小佐野(2001)を参照されたい．

8.6 不完備契約とコーポレート・ガバナンス

企業価値と社会厚生　さて，企業組織をどのように把握すればよいであろうか．これまでは企業をエージェンシー関係と見なし，株主の利益を最大化の目標にしていかにエージェントとしての経営者の規律付けをすればよいかという形で議論をしてきた．組織の経済学の観点から見ると株主の利益最大化の概念そのものはあらためて検討しなければならない重要な課題である．というのは，市場と異なり，なぜ企業があるのかという視点でみれば，市場の失敗を克服する装置として企業があると考えるべきであろう．このとき，企業活動がどのような役割を経済システムとして演じているかをあらためて考えなければならないからである．

そうした企業活動の社会的評価としてはわれわれは社会厚生の基準を持っている．すなわち，企業活動をとおして実現する様々な社会厚生がより大きくなっていくことが社会的に見て望ましいことになる．通常，市場システムがその他の経済システムより望ましいというときそれはより高い社会厚生を実現しているという判断，あるいは理論があるからである．したがって，望ましい企業活動，すなわち，企業活動の目標は何かといった場合それはより高い社会厚生を実現させることであるということができるであろう．こう考えると，株主利益あるいは株価最大化を目標とすることが経済学的に望ましい目標であるとすることは正しいことであろうか．すなわち，株主利益最大化は社会厚生最大化と一致するのであろうか．もちろん，一般均衡理論の成果である厚生経済学の第1命題はそのことを保証しているということができるが，その場合の企業の捉え方はこの章で議論してきた性質とはかなり異なる．すなわち，企業は完全競争市場にあり，市場からインプット要素を購入し，最適な技術選択のもとで生産をおこなうものとして描かれている．

契約の束と不完備契約　しかしこのような捉え方が現実の企業の活動を描写しているということはできない．実際，経済学はすでに述べたように企業活動を様々な非対称情報による市場の失敗を克服する装置としてとらえている．そして企業を雇用契約，経営者との報酬契約，外部の取引業者との取引契約などによって構成された「契約の束」として把握するという見方もある (Alchian=Demsetz(1972)

やJensen=Meckling(1976)など).この見方のもとでは非対称情報の克服のために契約が工夫され,その契約をうまく設定することによってセカンド・ベストの経済厚生が実現すると考える.

　しかしこのような契約主義的な見方は問題がないであろうか.まず,契約を設計するには様々な不確実性について取引当事者間で共同の理解や認識をしなければならない.様々な状況がおこることについて逐一事前に確認しあうために多くの費用をかけることになるであろう.そもそも将来の不確実性を完全にカウントできるであろうか.もっと重要な点がある.たとえば工場の物的な投資についての契約をする場合でも,具体的な投資内容を事前に完全に契約の中に取り込むことができない.完全にマニュアル化したものでない限り困難であろう.通常,投資は多かれ少なかれ取引相手に応じた内容をもっており,また,そのことから詳細な内容は契約によってではなく相互の緊密なコミュニケーションを通して実現されたり,またその内容を権限のある当事者によって一方的に判定されることになる.こうした項目は仮に当事者間でお互いに観察可能としても客観的に記述できず,第三者(裁判所)によって立証できない場合が多いので契約条項としては不適切である.このような活動があれば取引を契約によって完全にコントロールすることはなかなか難しいことになる.こうした契約を不完備契約というが,契約の不完備性がある取引はかなり多くの範囲で見られる.とくに,取引特殊的な投資はそれが物的なものであろうと人的なものであろうと契約上の不完備さをもっている(Zingales(1997),伊藤(1999)参照).

取引特殊的投資の束　実はこの取引特殊的投資(ここでは企業特殊的投資)がいかに配分されているかによって各企業の特性は決まるといってよいではないだろうか.どのような取引特殊的投資をデザインし,それをどのようにコントロールするかによって企業の価値が決まってくるといってもよい.どこにでもあるような汎用の投資をしただけでは企業の価値は生み出されない.企業が様々な取引者と結ぶ契約が完備であれば,その契約内容に関する限りの費用や利益は計算できるが,取引特殊的投資がもたらす費用や利益は事前にあてにすることはできても計算することはできない.したがって,このように取引特殊的投資

8.6. 不完備契約とコーポレート・ガバナンス

の配分をいかに実効性のある形でデザインするかが重要な視点であるといえる.

このように考えると企業とは契約の束ではなく取引特殊的投資の束ということができる.したがって,従業員による人的資本への投資や地域の取引特殊的投資なども考慮の対象となりうる.すなわち,企業の評価にはステークホルダーを考慮する必要がある.事前の契約によって期待される企業の利益・費用をこえた残余の利益については残余請求権者としての株主が基本的に獲得する.すでに述べたように法的にはこの残余利益は株主が得るといってよい.問題は企業活動の社会厚生を最大にするためにこの契約にのらない取引活動をいかに効率的にコントロールすべきかということであり,これを効率的にコントロールすることが広い意味でのコーポレート・ガバナンスの問題であるといえる.この場合に重要なコントロールの原理が権限の配分ということができ,権限をいかに効率的に配分するかが企業における最も重要な経営上の課題となる.このとき,株主利益最大化が必ずしも社会厚生最大化,すなわち,取引特殊的投資の最適配分を実現しているとは限らない.この問題は比較コーポレート・ガバナンス論として大変重要な問題である.

参考文献

[1] Admati, A. R., Pfleiderer, P. and J. Zechner(1996), "Large Shareholder Activism, Risk Sharing, and Financial Market Equilibrium," *Journal of Political Economy*, vol.102(6).

[2] Aghion, P. and J. Tirole(1997), "Formal and Real Authority in Organizations," *Journal of Political Economy*, vol.105.

[3] Alchian, A. A. and H. Demsetz(1972), "Production, Information Costs, and Economic Organization," *American Economic Review*, vol.62.

[4] Baiman, S. and N. Nagarajan(1991), "Collusion in Auditing," *Journal of Accounting Research*, vol.29.

[5] Blair, M. M.(1995), *Ownership and Control*, Brookings Institution.

[6] Burkart, M., Gromb, D. and F. Panunzi(1997), "Large Shareholders, Monitoring, and the Value of Firm," *Quarterly Journal of Economics*, vol.112.

[7] Easterbrook, F. H. and D. R. Fischel(1991), *The Economic Structure of Corporate Law*, Harvard University Press.

[8] Inderst, R. and M. N. Muller(1999), "Delegation of Control Rights, Ownership Concentration, and the Decline of External Finance" (mimeo).

[9] Jensen, M. C. and W. H. Meckling(1976), "The Theory of The Firm : Managerial Behavior, Agency Costs and Ownership Structure," *Journal of Financial Economics*, vol.3.

[10] Kofman, F. and J. Lawarrèe(1993), "Collusion in Hierarchical Agency," *Econometrica*, vol.61.

[11] Khalil, F. and J. Lawarrèe(1995), "Collusive auditors," *American Economic Review*, vol.85.

[12] Gertner, H. R., Scharfstein, D. S. and C. J. Stein(1994), "Internal versus External Capital Markets," *Quarterly Journal of Economics*, vol.20.

[13] Rajan, R. G. and L. Zingales(1998), "Power in a Theory of the Firm," *Quarterly Journal of Economics*, vol.113.

[14] Romano, R.(1993), *Foundations of Corporate Law*, Oxford University Press.

[15] Tirole, J.(1992), "Collusion and the theory of organization", In J.J. Laffont(ed.), *Advances in Economic Theory*, Cambridge University Press.

[16] Tirole, J.(1999), "Corporate Governance," CEPR working paper, no.2086.

[17] Zingales, L.(1997), "Corporate Governance," NBER working paper, no.6309.

[18] 伊藤元重・加護野忠男・伊丹敬之(1998),『日本の企業システム 第1巻 企業とはなにか』有斐閣.

8.6. 不完備契約とコーポレート・ガバナンス

[19] 伊藤秀史 (1999),「現代の経済学における株主利益最大化の原則－契約の不完備性と人的資本の見地から－」,『商事法務』no.1535.

[20] 小佐野広 (2001),『コーポレート・ガバナンスの経済学：金融契約理論から見た企業論』日本経済新聞社.

[21] 片木晴彦 (1999),「監査役制度の行方 (1),(2)」,『民商』120 巻 2-3 号.

[22] 深尾光洋・森田優子 (1999),『企業ガバナンス構造の国際比較』日本経済新聞社.

[23] 細江守紀 (2001),「コーポレート・ガバナンスと企業法」,『法の経済分析』(細江守紀・太田勝造 編) 第 7 章, 勁草書房.

[24] 三輪芳朗・神田秀樹・柳川範之 (2000),『会社法の経済学』東京大学出版会.

第9章 カルテル抑止と
エンフォースメント政策

9.1 はじめに

　現在の我が国の独占禁止法はカルテルに対していくつかの措置をとることが認められている．まず，違反行為者に対しては，違反行為の排除を命じることができ，また，刑事処罰の規定を置いている．さらに1977年から課徴金制度を導入し，カルテルに対して課徴金を課すことができるようになっている．この課徴金制度はカルテル禁止規定の実効性確保手段としてその有効性が期待されたが，必ずしも期待どおりではなかった．そこで，問題となるのは課徴金の水準である．

　一般に，カルテルによる経済的利得とはカルテルがなかった場合の収益に対するカルテルによる収益の増分ということができる．1991年，課徴金の水準が引き上げられ，売上高営業利益率に対して従来の1.5％から6％（大企業の場合）に設定された．我が国のカルテル抑止措置は主としてこの課徴金制度によるところが多く，刑事処罰が使われるのはまれである．しかし，1990年「独占禁止法違反行為に対する刑事告発に関する公正取引委員会の方針」が発表され，積極的に刑事処罰への告発を行う意向を示し，いくつかの事件が告発されてきた．昨今では，競争政策をただ公正取引委員会という行政にだけ依存するのではなく，もっと当事者間の紛争解決として民事的救済制度の充実の必要があるという議論がなされるようになってきた．

　これに対して，米国では刑事罰と民事救済が中心であり，刑事罰については法人についての罰金の上限は，1,000万ドルまたは違反により得た利益もしくは与えた損害の2倍の，いずれか大きい額となっている．また，民事救済では，

---

*本章は細江 (2000) を加筆・修正したものである．

差止請求訴訟と損害賠償がある。とくに私人による損害賠償請求ではクレイトン法4条に基づいて、受けた損害の3倍額と弁護士費用を含む訴訟費用を受け取ることができ、積極的に行使されている。

リニエンシー制度 このようなカルテルに対する抑止政策を実行させることは競争政策の成果を上げる点で極めて重要な問題である。各国は様々な法的チャネルをとおしてカルテル抑止政策を試みている。最近、こうした試みのひとつとしてEUの反トラスト当局はカルテルに対するあらたなペナルティ政策を始めた。かれらはまずカルテルに対する罰金を80年代に大幅に上げたが、カルテルの発見率と立証能力を高めなければあまり意味はない。このカルテルの発見率と立証能力を高めるためには反トラスト当局の予算・人員を大幅に増やさなければならないが、これには限界がある。このために、考案されたのがこのペナルティ政策であった。

Motta=Polo(1999)によれば、これはカルテルに関わった企業がカルテル提携の証拠を反トラスト当局に提出したら罰金を軽減するというものである。実際、もし審査が始まる前に情報を提供したら罰金は75－100％軽減される。また、調査が始まって、かつ十分な証拠が当局に得られていないときに情報を提供したら50－70％の罰金の軽減を行うというものである。このようなカルテルのペナルティに関する情報誘導インセンティブを設定することによってカルテルを抑止しようとするものである。こうしたインセンティブ政策の利用は米国で盛んに用いられている。米国ではこれは刑事事件においても訴追免責として適用されている。また、最近ではイタリアで脱税を取り締まる方法としてこの政策が取られていると報じられている。

我が国においても談合企業などへの制裁金である課徴金を大幅に引き上げる一方で違反行為をやめ、最初に公取委に自首した企業には課徴金を全額免除し、2番目以降でも5－6割は減額するという減免制度が導入されようとしている。

Motta=Polo(1999)はこのペナルティ・インセンティブ政策がカルテルを抑止する効果をもつかどうか、また、最適インセンティブ政策はどのようなものであるかということを理論モデルをつかって興味深い検討をしている。かれらの分析は企業のカルテル利潤が所与のものとしてあつかわれているが、現実には

9.1. はじめに

ペナルティ政策の内容によって企業のカルテル形成のレベルが変化する点に着目し，具体的な複占市場のカルテル形成問題のなかでこの最適ペナルティ政策を考えていく．ここで考える反トラスト当局の政策はカルテルに対する疑いが生じた場合2段階の手続きで進む．この問題を見るために現実の事件処理過程について目をとおすことは有用である．

公正取引委員会の事件処理手続き　日本の事件処理手続きの概要は以下のようになっている．まず，事件の端緒として一般人からの報告，職権などによって始まり，これを受けて予備調査をし，違反事実の疑いがある場合には審査官に審査を行わせる．この審査は出頭による審訊，立ち入り調査などの調査である．この結果，違反行為があり，措置をとることが相当であると判断すると，略式審判による勧告審決，同意審決，あるいは正式審判である審判審決によって排除措置が取られる．

審査の結果，違反行為があると判断した場合，違反行為を排除するため，違反事実と排除措置命令を記載した勧告書を交付して勧告をおこなう．その勧告に応諾すれば勧告審決となり，勧告を拒絶する場合には審判手続きを開始する．

審判開始後，被審人が違反事実を認めれば，審判手続きは打ち切られ，同意審決となる．審判手続きは審査官が原告，被審人が被告に対応し，公正取引委員会の審判官が裁判官の形式で進められる．審判官は証拠調べ，意見徴収ののち，審決をおこなう．

こうした事件処理手続きは概ね他の国においても共通である．この点は村上(1997)を参考にできる．われわれはこの手続きを調査段階と審査段階の2段階で考えることにする．

第2節でまず複占市場におけるカルテルと逸脱の関係を簡単に示し，第3節において当局のエンフォースメント政策と企業行動に関する定式化をおこない，ゲームの構造を明らかにする．第4節において調査に対して情報提供をおこなう場合の最適モニタリング政策を検討し，第5節において調査に対して情報を提供しない場合の最適モニタリング政策を検討する．第6節において前の2節を総合し，最適エンフォースメント政策を導出し，その特徴を明らかにする．

9.2 カルテルと逸脱

いま,ある市場において同質の2つの企業が存在し,需要曲線 $P = a - Q$ (Q は総供給量) のもとで数量競争しているとする.このとき,非協力ナッシュ均衡で均衡生産量はそれぞれ $q_N = (a-c)/3$ であり,各企業の利潤は $\pi_N = (a-c)^2/9$ である.いま,2企業間でカルテルを結び,それぞれある生産量 q_C を生産するとする.このとき,このカルテルを守ると,各企業は $\pi_C(q_C) = (a - 2q_C - c)q_C$ の利潤を得るが,一方がそのカルテルどおりの生産をしたとき,他方がそのカルテルを逸脱するかもしれない.このとき逸脱した企業は最大利得を得るように逸脱するであろう.したがって,逸脱企業の生産量は

$$\max_q (a - c - (q_C + q))q$$

より $q_D = (a - c - q_C)/2$ となるので,最大利潤は

$$\pi_D = (a - c - (q_C + q_D))q_D = \frac{(a - c - q_C)^2}{4}$$

となる.

いま,カルテルにおける利潤とこの逸脱利潤の関係を求める.まず,上の式より $q_C = -2\sqrt{\pi_D} + a - c$ となるから,これをカルテル利潤に代入すると

$$\pi_C = -8\pi_D + 6\sqrt{\pi_D}(a - c) - (a - c)^2 \tag{9.1}$$

の関係が成り立つ.この曲線をカルテル・逸脱曲線という.この関係は図 9-1 に示されたように,あるカルテル利潤 π_C を得ることを提携したら,2つの可能な逸脱がありうる.これは,最大のカルテル利潤 $(a-c)^2/8$ のときを除いて,同じカルテル利潤が2通りの生産量によって得られるからである.このうち,生産量が少ないカルテルに対する逸脱のときの利潤 π_D のほうが生産の多い同じ利潤のカルテルに対する逸脱より大きくなる.したがって,最初のカルテル提携においていくらの生産量を取り決めているかによって逸脱の誘因は異なる.また,非協力ナッシュ均衡での利潤より小さいカルテル利潤は無意味であるから,カルテル可能曲線はこの実線の部分になる.また,非協力ナッシュ均衡での利潤では逸脱利潤と一致することはいうまでもない.また,45度線とこの点で接していることも分かる.

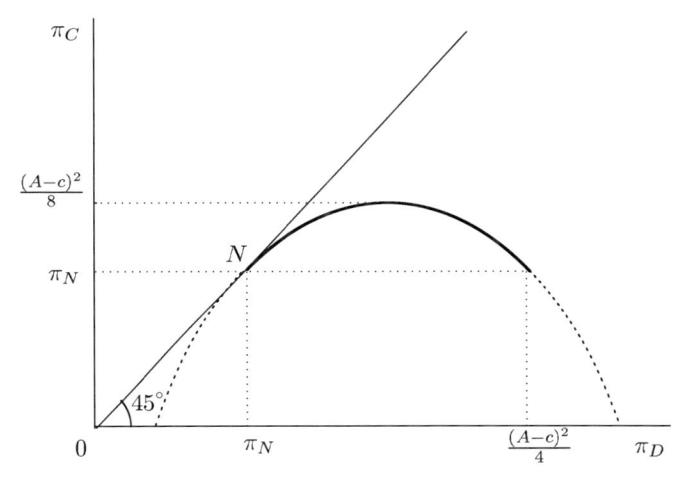

図9-1：カルテル・逸脱曲線

これまでカルテルの利潤そのものを決定していないが，これは公正取引委員会の定めるモニタリング・ペナルティ政策によって内生的にきまる．ここではカルテル利潤と逸脱利潤が関係していることを確認すればよい．これを $\pi_C = \pi_C(\pi_D)$ で表す．

9.3 エンフォースメント政策と企業行動

ここで，公正取引委員会の問題はあるペナルティ政策 $(F, R)(F > R)$ とモニタリング政策 (f, p) を選択することである．これらの2つの政策をエンフォースメント政策と呼ぶことにする．まず，ペナルティ政策 (F, R) において，カルテルが発覚したときの企業に課すペナルティが F であり，R は企業が自発的にカルテルの事実を告白したときのペナルティで，$R < F$ から，これは緩和されたペナルティを意味する．ここで，このペナルティの内容であるが，いま，カルテルによる超過利潤 $\pi_C - \pi_N$ に対してペナルティは $F = a(\pi_C - \pi_N)$ で表される．a はペナルティ率で $a \geq 1$ である．これに対して，ペナルティ R は $R = b(\pi_C - \pi_N)$ で表され，$b(< a)$ は軽減されたペナルティ率である．以下で

は (a, b) をペナルティ政策と呼ぶことにする．

つぎにモニタリング政策 (f, p) はつぎのようになっている．まず，第1期に2企業がカルテルを結んだとする．第2期に公取委は確率 f で調査をする．調査されなければそのままであるが，調査されれば企業はこの調査に協力するか非協力かを決めなければならない．もし協力してカルテルを結んだ証拠を自発的に示せば，その企業に軽減されたペナルティ R を課す．もし協力しなければ，公取委はあらためて証拠をさがし，確率 p でカルテルの証拠を見つけだすとする．この行動を審査と呼ぶことにする．この審査によって発覚すれば非協力な企業であったのでペナルティは F となる．また，発覚しなければ，証拠なしなのでペナルティなしとなる．その確率は $1 - p$ である．このようなモニタリング政策を選択することになる．したがって，企業の選択は第1期にカルテルを結ぶかどうか，結ぶとすれば生産量をいくらにするかを決める．また，カルテルを結んだときに，第2期に調査された場合，公取委の調査に協力するか，すなわち，証拠情報をわたすかどうかを決めることになる．簡単化のため公取委は企業のカルテル形成行為を観察できるとする．しかし，それを立証できないので，調査－審査を通じて立証していくか，当事者による情報提供によって立証していくかという問題となる．具体的にこのゲームのタイミングを示す．

ゲームのタイミング

第1期：公取委はエンフォースメント政策 $(F, R), (f, p)$ をアナウンスする．企業はカルテルを結ぶか結ばないかを決定する．カルテルを結ぶ場合にはカルテル生産量を取り決める．その期の利潤が実現する．

第2期：公取委は確率 f で調査をおこなう．企業がカルテルをおこなっている場合，調査をおこなわれたら，企業は調査に協力するかどうかを，すなわち，証拠情報を提供するかどうかを決定する．少なくともどちらかの企業が協力したら，証拠が押さえられるので，カルテルが判明し，協力した企業には R のペナルティ，協力しなかった企業には F のペナルティが課せられる．調査をおこなって，企業から協力が得られなければ，公取委みずから審査をおこなって確率 p でカルテルの事実が発覚する．カルテルが発覚すればすべての企業に F のペナルティが課せられる．

第3期以降：いったんカルテルが発覚した企業は二度とカルテルをおこなわ

9.3. エンフォースメント政策と企業行動

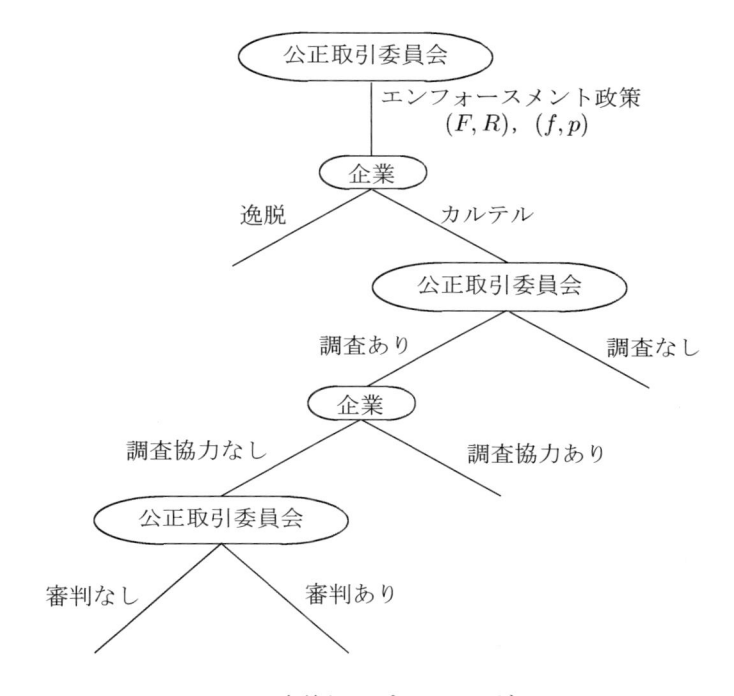

図9-2：事件処理プロセスのゲーム

ない．またこれまでカルテルをおこなわなければ，これからもおこなわない．

　分析は第2期からスタートする．カルテルを行っている場合に調査がおこなわれたとする．そのとき，企業は調査に協力するか協力しないかを決定するゲームをおこなう．まず，相手企業が協力すると思えば，ペナルティの軽減を考慮して自分も協力するほうを選ぶ．したがって，調査協力は均衡解である．このときの利潤は，以降はカルテルを結べないので，$\pi_N/(1-\delta) - R$ となる．ここで，δ は割引因子である．つぎに，相手企業が調査に協力しないときに，自分が調査に協力すれば，第2期目の利益は $\pi_N - R$，そして第2期以降は π_N の利益となるので，全体としての調査協力による利益は $\pi_N/(1-\delta) - R$ となる．これに対して，相手が調査に協力しないときに，自分も調査に協力しなければ，

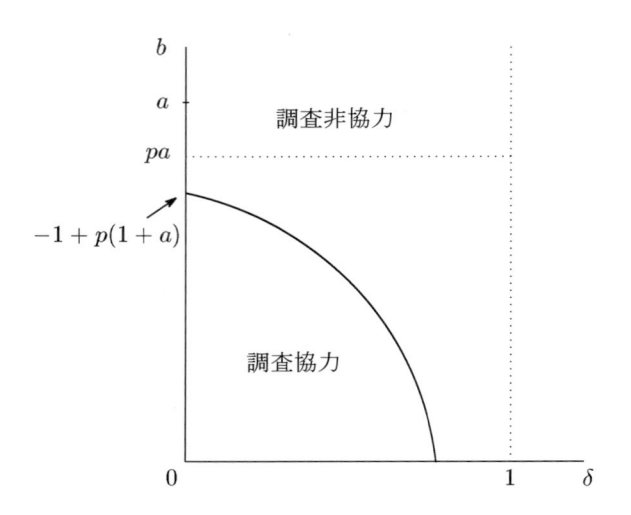

図 9-3：調査協力ゲームの解

公取委は p で審査をおこない，カルテルが発覚すれば，ペナルティ F を取られ，第 2 期以降 $\pi_N/(1-\delta)$ の利益を得るが，カルテルが発覚しなければ，カルテル利益が以後つねに得られる．これは，一度審査して発覚しなかったなら二度と調査しないと考えられるからである．以上から，相手は調査に協力しないとき，自分も調査に協力しないための条件，すなわち，協力しないことが均衡解となる条件は

$$p(\frac{\pi_N}{1-\delta} - F) + (1-p)\frac{\pi_C}{1-\delta} > \frac{\pi_N}{1-\delta} - R$$

となる．ここで，$F = a(\pi_C - \pi_N)$, $R = b(\pi_C - \pi_N)$ であるから，この条件は

$$\delta > 1 - \frac{1-p}{pa-b} = \delta^* \tag{9.2}$$

となる．したがって，このとき調査協力と調査非協力の 2 つの均衡がある．しかし，調査非協力の場合の長期利潤が明らかに高いのでその場合には調査協力が選択されるとする．(b, δ) 平面でこの調査協力ゲームの均衡を示すと図 9-3 のようになる．

したがって，$pa - b < 0$ ならばつねに調査非協力をおこなうことになるが，

9.3. エンフォースメント政策と企業行動 147

$b < 1 - p(1+a)$ であれば割引因子が低い範囲では，将来利潤をあまり考慮しないときには調査協力をすることになる．

以上は第2期の始めに調査が開始されたときの企業の意志決定であったが，これに対して，第1期の期末において，すなわち，公取委による調査が開始されるまえで評価された期待長期利潤を求めることによって，第1期のカルテルの決定問題を考えることができる．

そこで，まず，第2期において調査協力する場合には，第1期末での期待長期利潤 π_R は

$$\pi_R = f(\frac{\pi_N}{1-\delta} - R) + (1-f)(\pi_C + \delta\pi_R)$$

となる．したがって，

$$\pi_R = \frac{(1-f)\pi_C + f(\frac{\pi_N}{1-\delta} - R)}{1 - \delta(1-f)} \tag{9.3}$$

となる．したがって，第1期の期首において評価したカルテル形成の場合の長期期待利潤は

$$V_{CR} = \pi_C + \delta\pi_R = \frac{\pi_C(1 - \delta fb) + \delta f(\frac{1}{1-\delta} + b)\pi_N}{1 - \delta(1-f)} \tag{9.4}$$

となる．これに対して，カルテルから逸脱する場合の長期期待利潤は

$$V_D = \pi_D + \frac{\delta\pi_N}{1-\delta} \tag{9.5}$$

となる．

つぎに，第2期において調査協力をしない場合の第1期末の期待長期利潤 π_{NR} については，

$$\pi_{NR} = (1-f)(\pi_C + \delta\pi_N R) + f(\frac{(1-p)\pi_C}{1-\delta} + p(\frac{\pi_N}{1-\delta} - F))$$

が成り立つ．第1項は確率 $1-f$ で調査されず，第2期目に π_C が得られるが，第3期以降第1期末と同様の状況に立つことを意味する．また，第2項は確率 f で調査され，先に見たように調査協力しないのでそのときの第2期以降の利潤を示している．これから，π_{NR} は

$$\pi_{NR} = \frac{((1-f) + f(\delta(1-p)(1-\delta)fpa)\pi_C) + \frac{fp}{1-\delta} + fpa\pi_N}{1 - (1-f)\delta} \tag{9.6}$$

となる．したがって，第1期の期首において企業がカルテルを結ぶことによる長期期待利潤は

$$V_{C,NR} = \pi_C + \delta \pi_{NR}$$

で表される．これから，

$$V_{C,NR} = \frac{\pi_C(1 + \frac{\delta f(1-p)}{1-\delta} - a\delta fp) + \delta fp(\frac{1}{1-\delta} + a)\pi_N}{1 - \delta(1-f)} \quad (9.7)$$

となる．

これに対して，このカルテルを逸脱するならば，第1期で評価した期待長期利潤は

$$V_D = \pi_D + \frac{\delta \pi_N}{1-\delta} \quad (9.8)$$

となる．これはいったんカルテルを逸脱すれば以降は常に非協力ナッシュ均衡が得られると考えているからである．

9.4　調査協力の場合のモニタリング政策

これまでは第2期での調査協力に関する企業の均衡戦略を前提に第1期目でのカルテルを結ぶ場合の長期利潤とカルテルを逸脱する場合の長期利潤をもとめたので，カルテルを結ぶかどうかの決定問題にはいる．

まず，第2期目に調査が入ったら調査協力する場合のカルテルの可能性は (9.4) と (9.5) より，つぎの不等式が成り立てば，カルテルが形成される．

$$\pi_C \geq \pi_D \frac{1 - \delta(1-f)}{1 - \delta fb} - \frac{\delta(f + fb - 1)}{1 - \delta fb} \pi_N \quad (9.9)$$

となる．この条件とカルテル・逸脱曲線から，第2期目に調査協力をする場合に，どのようなカルテルを締結すればカルテルが持続するかを知ることができる．ここで，(9.9) が等号で成り立つ (π_C, π_D) の組をカルテル無差別曲線と呼ぶ．図9-4の場合には太線上でカルテルが可能である．このとき，カルテルが可能なときには，可能な範囲で最大利潤をもたらすカルテルを形成するであろう．したがって図9-4の場合には点 A に対応するカルテルを形成する．

9.4. 調査協力の場合のモニタリング政策

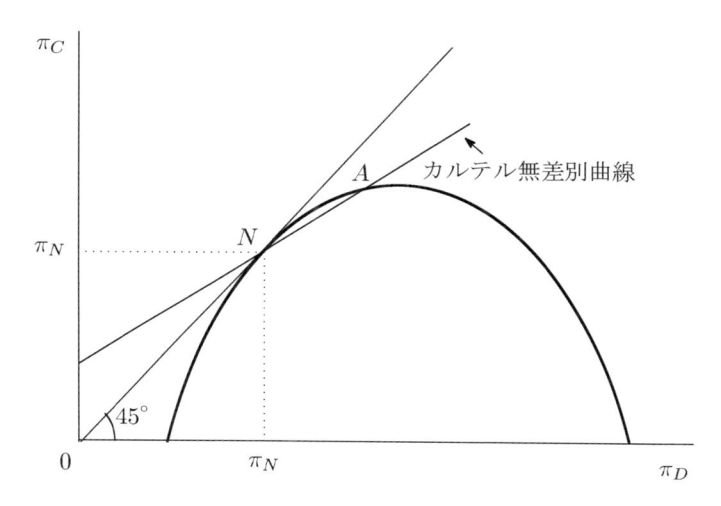

図 9-4：カルテル無差別曲線

さて，調査に協力する場合にはカルテル・逸脱曲線とカルテル無差別曲線は必ず $\pi_D = \pi_N$ で交点を持つことが示される．これは $\pi_D = \pi_N$ を (9.9) に代入することによって確かめられる．このことから，カルテル・逸脱曲線とカルテル無差別曲線が交わる場合には必ずもう一つの点と交わるから，企業はその点に対応するカルテルを形成することができる．

こうした企業の意思決定を考慮して政府はどのようなモニタリング政策をとるべきであろうか．カルテルを防止することを目的とすることはよいが，そのための実行費用を考慮しなければならない．実行費用としては，1 回の調査のためのコストを W_f とし 1 回の審査のコストを W_p とするとモニタリング政策 (f, p) のときの実行費用は

$$fW_f + pW_p$$

で表される．したがって，ある予算 $\bar{W}$ が外生的に決まっているとすれば，費用節約的，すなわち，効率的なモニタリング政策によってカルテルを防止しなければならない．そこで，第 2 期目に調査協力をおこなう場合，効率的なモニタリングであるためには f をできるだけ小さくする必要がある．(9.9) からこの直線は f が増えるにつれて切片は下がり，傾きは大きくなっていくことがわかる．

そこで，この直線とカルテル可能曲線とが接する点を求めればその点での f のときがカルテルを防止する最小な f であることがわかる．

しかし，45度線がナッシュ均衡点でカルテル・逸脱曲線と接することを考慮すれば，接点はカルテル無差別曲線が原点を通るときしかないことがわかる．この条件は

$$f = \frac{1}{1+b} \tag{9.10}$$

である．したがって，この調査確率を設定することによってカルテルを阻止できる．この調査確率は割引因子に依存しないことに注意しよう．また，この調査確率は軽減されたペナルティ率の減少関数となっている．したがって，調査に協力する場合でもできるだけこのペナルティ率を上げることによって，すなわち，協力するインセンティブをあまり余分に上げないようにする必要がある．この最適調査確率を $f^* = f^*(b)$ で表す．ところで，このペナルティ率は調査への協力を誘発するために工夫されたインセンティブであるので社会的にはあまり低いと問題を引き起こすであろう．したがって，できればあまり低くないほうがよいであろうが，これはこの調査確率が減少関数であることによってある程度納得されるものとなる．また，調査に協力する領域では軽減されたペナルティ率は調査協力曲線にそって示されたが，この曲線は

$$b = pa - \frac{1-p}{1-\delta}$$

で表されるので $b = b(p, \delta)$ とする．このとき $\partial b/\partial p > 0$ となる．すなわち，審査確率が上がると，カルテルの利益が減少し，カルテルのインセンティブが軽減するので，調査協力のうまみを高める必要はなくなる．これから，$f^* = f^*(b(p))$ より，審査確率は調査確率の減少関数となる．以上から軽減されるペナルティ率は先の調査協力曲線にそって決定すべきであることがわかる．したがって，

$$f^* = \frac{1}{1 + pa - \frac{1-p}{1-\delta}} = \frac{1-\delta}{p(1 + a(1-\delta)) - \delta} \tag{9.11}$$

となる．これから，調査確率は審査確率の減少関数であり，割引因子の増加関数となる．これらの確率の組をカルテル防止モニタリング曲線と呼ぶ．これから，モニタリングコストを最小にする最適政策を求めればよいことになる．図9-5に示されているように最適政策は単位モニタリング比がカルテル防止の限界代替率に等しくなるところである．これからつぎの定理が成り立つ．

9.4. 調査協力の場合のモニタリング政策

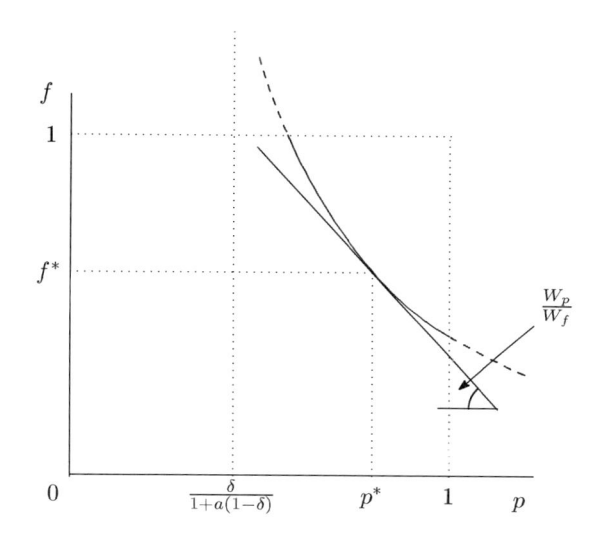

図 9-5：調査協力下での最適モニタリング政策

定理 1 調査に協力する領域での最適モニタリング政策は

$$p^* = \frac{\sqrt{((1-\delta)(1+a(1-\delta))W_f/W_p)} + \delta}{1+a(1-\delta)}$$

$$f^* = \frac{1-\delta}{\sqrt{(1-\delta)(1+a(1-\delta))W_f/W_p}}$$

で表される．また，軽減されたペナルティ率 $b = (1-f^*)/f^*$ で表される．

したがって，p^* は割引因子の増加関数であり，a の減少関数となる．また，調査確率 f^* は割引因子の減少関数であり，a の減少関数となる．さらに，この領域ではペナルティ率 a と軽減されるペナルティ率との間の関係が明らかになる．これは $b = (1-f^*)/f^*$ を使って求めることができる．図 9-6 に示されるように，a の値が決まれば，調査協力をする領域での最適な軽減ペナルティ率は増加関数として求められる．

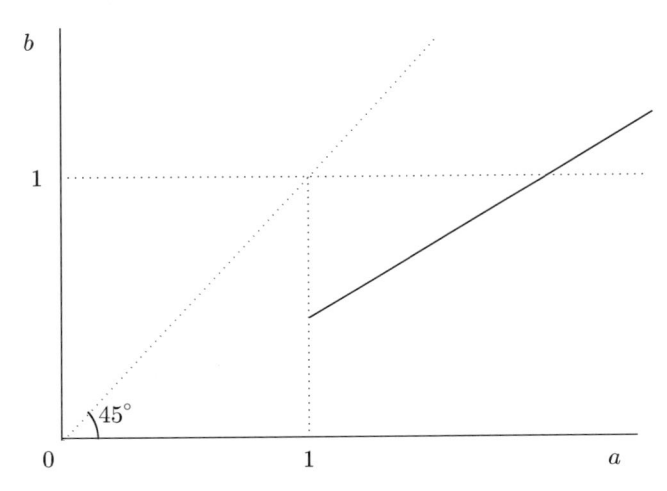

図 9-6：制限されたペナルティ率

9.5　調査協力をしない場合の最適政策

つぎに調査協力をしない場合には，対応するカルテル無差別直線は (9.7) と (9.8) より

$$\pi_C = \frac{(1-\delta(1-f))\pi_D}{1+\frac{\delta f(1-p)}{1-\delta}-a\delta fp} + \frac{(\frac{\delta}{1-\delta}(1-\delta(1-f))-\delta fp(\frac{1}{1-\delta}+a))\pi_N}{1+\frac{\delta f(1-p)}{1-\delta}-a\delta fp} \quad (9.12)$$

で表される．したがって，カルテル・逸脱曲線との関係を見ることによって最適な抑止政策を導くことができる．

まず，このカルテル無差別直線も任意のパラメータのもとで $\pi_D = \pi_N$ において π_N を通ることが容易にわかる．したがって，この無差別曲線が原点を取るときのみ，この直線はカルテル・逸脱曲線と接することになる．したがって，(9.12) において右辺の第 2 項がゼロとなる条件を求めると，調査確率 f と審査確率 p との間に

$$f = \frac{1}{p(a+\frac{1}{1-\delta})-\frac{\delta}{1-\delta}}$$

が成り立たなければならない．

9.5. 調査協力をしない場合の最適政策

　これは結局，調査協力がある場合のカルテル防止モニタリング曲線と同じになる．ただし，調査協力がある場合にはカルテル防止調査確率は直接，軽減されたペナルティ率に依存してきまり，この調査確率を下げるために審査確率を上げる必要があることから，カルテル防止モニタリング曲線が出てくるのである．したがって，この曲線は調査協力がある場合において，カルテル防止を保証する最小調査確率曲線が審査費用の関数として求められるのである．これに対して，調査協力がない場合にはカルテル防止条件として直接，このモニタリング曲線が生じるのである．

　また，この f^{**} より大きな調査確率ではカルテル無差別直線は切片が負となる．このとき，カルテル無差別直線よりカルテル・逸脱曲線が大きくなる範囲があるので企業の最適戦略はカルテル形成となるが，明らかにこの場合には最高のカルテル利潤はナッシュ均衡利潤である．したがって，政府は f^{**} より大きな調査確率を課する必要がない．つぎに，f^{**} より小さな調査確率のもとでは，カルテル無差別直線とカルテル・逸脱曲線との間にナッシュ均衡利潤の点以外にそれより高い利潤をもたらす交点が必ず存在する．したがって，このようなペナルティ率のもとでは企業はカルテルを結ぶことになる．こうしてつぎのことがわかる．

定理2　調査協力をしない領域では，カルテル防止の最適モニタリング政策について
$$f^* = \frac{1}{p^*(a - \frac{\delta}{1-\delta})}$$
が成り立つ．また，この最適政策が存在するためには $a > 1$，すなわち，ペナルティ率は1を超えなければならない．

　こうして，カルテルに対する罰金は懲罰の意味をもったものにしなければならないことがわかった．われわれの政策環境がインセンティブ・ペナルティ政策を採用する場合においてもそれが成り立たなければならないことが示されたことは極めて興味深い．

　さて，カルテルを防止するための調査確率と審査確率の関係を示すことができたので，つぎの最適点を求めることができる．これは公取委の費用最小化問

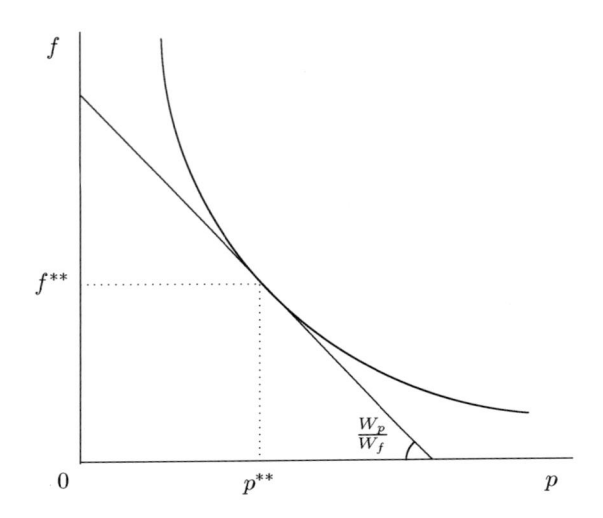

図 9-7：調査非協力のもとでの最適モニタリング政策

題を解くことによって得られる．公取委の費用はすでに示したように $fw_f + pw_p$ によって表される．したがって，図 9-7 に示されるように，最適政策の組 f^{**}, p^{**} はこのカルテル防止モニタリング曲線と等費用直線の接点となる．

こうして，調査協力しない領域ではつぎの定理が成り立つ．

定理 3 調査に協力しない領域では，最適モニタリング政策は

$$p^{**} = \sqrt{\frac{w_f}{w_p(a - \frac{\delta}{1-\delta})}}, w^{**} = \sqrt{\frac{w_p}{w_f(a - \frac{\delta}{1-\delta})}}$$

で表される．

こうして，割引因子が大きいほどモニタリング確率は高くすべきであること，したがって，カルテル防止費用は高くなること，また，ペナルティ率 a が大きいほどモニタリング確率は低くすべきであること，したがって，カルテル防止費用は低くなることが言える．

9.6　最適モニタリング政策

これまで，われわれは第2期に調査が始まったら審査に協力する場合と協力しない場合とに分けてそれぞれの最適モニタリング政策を考察したので，これらのモニタリング費用を比較することによって最適な政策を求めることができる．

これは (9.11) と (9.14) を同じ (p,f) 平面であらわすことによって得られる．f^* と f^{**} を p の関数として比較すれば，$p \geq \delta/(1+\delta)$ のとき $f^{**} \geq f^*$ が成り立つことがわかる．等号が成り立つときの f の値 f^0 は

$$f^0 = \frac{1}{\frac{\delta}{1+\delta}(a - \frac{\delta}{1-\delta})} \tag{9.13}$$

となるので，これが1以下である条件は

$$a \geq \frac{1}{\delta(1-\delta)}$$

である．この条件が成り立てば調査に協力する領域が存在することが容易に示される．以上の議論を公取委の費用関数に適用すればつぎのことがわかる．

定理 4

$$a \geq \frac{1}{\delta(1-\delta)} \tag{9.14}$$

が成り立てば，最適なエンフォースメント政策は w_p が相対的に高くなると調査に協力しない領域を選択するようにすることであり，w_f が相対的に高くなると調査に協力しない領域を選択するようにすることである．また，(9.14) が成り立たなければ，つねに調査に協力する領域を選択することが最適なエンフォースメント政策となる．

しかし，(9.14) は例えば $\delta = 1/2$ のとき a は4以上であることを意味する．現実問題として，カルテル違反に対する課徴金がカルテル利益の4倍以上という例は見られない．米国の場合，3倍罰則があるにすぎない．したがって，カルテルのペナルティ率 a が本章の枠のなかで決定されず，他の要因，たとえば比較法上の考量によって決まるものであると考えることができる．

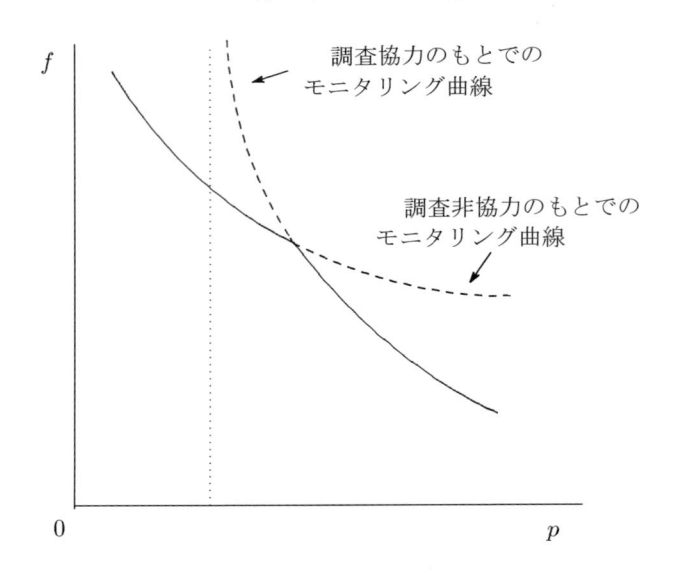

図 9-8：最適モニタリング政策

9.7 おわりに

　本章ではペナルティ政策と独禁法の執行構造とを連携させ，カルテル抑止の構造を明らかにした．とくに，ペナルティ構造とモニタリング政策を明示的に導き出すことができた点で興味ある分析をすることができた．しかしこのエンフォースメント政策はまだ部分的な分析にすぎない．たとえば，最初に述べたように調査の前に情報を提供させるインセンティブがあるとすればそのときの最適エンフォースメント政策とはどのようなものか．これが明らかになれば，2つの独禁政策を比較することができる．この反トラスト当局の司法過程は裁判過程の経済分析と極めて類似している．通常の裁判と訴訟の経済分析では訴訟費用の分布が重要な課題となるが，本章の分析ではその点は問題になっていない．したがって，調査の段階で証拠を提供するかどうかという問題とともに和解の可能性を調査段階と審査段階とに組み込むことは重要である．本章でおこなった情報提供はある意味で和解であるが，そうであれば和解特有の特徴を考慮すべきであろう．

9.7. おわりに

また，ここではカルテル抑止を至上命題としてエンフォースメントコストを最小化しようとしたが，カルテルの可能性を内生的に決定するモデルに拡張することは興味深いことであろう．最後に，カルテル防止のための多元的な法的チャネルの構築の必要性が増している現在，チャネル間競争の問題をチャネル間の代替と補完の観点から検討することも重要な課題である．

参考文献

[1] Bebchuk, L.(1984), "Litigation and Settlement under Imperfect Information," *Rand Journal of Economics*, vol.15.

[2] Grossman, G. and M. Katz(1983), "Plea-Bargaining and Social Welfare," *American Economics Review*, vol.7.

[3] Marshall, R., Muerer, M., and J. Richard(1994), "Litigation, Settlement and Collusion," *Quarterly Journal of Economics*, vol.1.

[4] Motta, M. and M. Polo(1999), "Leniency Programs and Cartel Prosecution," working paper, European University Institute.

[5] Shavell, S.(1989), "Sharing Information Prior to Settlement or Litigation," *Rand Journal of Economics*, vol.20.

[6] 岩波講座 (1997),『現代の法 8 政府と企業』岩波書店.

[7] 公正取引委員会事務局 (1992),『独占禁止法の抑止力強化と透明性の確保』大蔵省印刷局.

[8] 公正取引委員会 (1999),『平成 10 年度年次報告』.

[9] 細江守紀 編 (1997),『公共政策の経済学』有斐閣.

[10] 細江守紀 (2000),「裁量型課徴金制度とカルテル抑止」,『現代経済学研究』第 8 号, 勁草書房.

[11] 村上政博 (1997),『独占禁止法研究』弘文堂.

[12] 村上政博 (1998),『独占禁止法研究 II』弘文堂.

第10章　行政とモニタリング活動

10.1　行政活動

　本章においては行政システムの基本的活動形態とその主要行政手法であるモニタリング活動について考えていく．行政の問題はもちろん行政学あるいは行政法学で主として取り扱うものであるが，公共政策の実効に関わる問題を考えるとき，この行政活動の基本について認識しておくことが重要である．すなわち，行政目標を設定し，これをどのようにして実行していくかという問題は経済学的観点から考えてみる必要がある．この節ではまず行政活動の基本的な仕組みと我が国の行政システムを概観してみよう．

10.1.1　行政立法と行政計画

　現在の先進諸国に共通な国家統治の形態は三権分立である．すなわち，立法，司法，行政の分立である．我が国の現行憲法では，国会が「国権の最高機関」であり，唯一の立法機関であるとされている．したがって，国民の権利義務に関する法規の制定はできる限り議会の手におくことが原則となる．しかし，現代においては複雑な社会行為に対して，法律であらかじめ決めておくことは大変困難である．法律で細かな事項まで定めていたら，条文が長くなり，どの範囲まで事項を考慮すべきか判断しかねることになる．また，おこりうる事柄に関する事項をすべて考えることは不可能であろう．そこで，法律では全体の骨組みを定め，より詳細な肉付けは行政当局により行政立法に委ねることにしている．たとえば，道路交通法に対する道路交通法施行令，学校教育法に対する学校教育法施行令 (政令) と学校教育法施行規則 (文部科学省令)，さらには小中高

---

*本章は細江 (1997) を加筆・修正したものである．

等学校学習指導要領(文部科学省告示),また,それを受けて各種の通達がある.

この行政立法には法規命令と行政規則がある.前者は国民の権利・義務に関する事項を含む立法であり,後者はそれを含まない立法である.この法規を含まない事項とは行政組織内部の事項のことである.

また,こうした国民の行動ルールの制定行為のほかに,行政主体が達成すべき目標を設定し,そのために必要な手段を調整する行為を行政立法という.たとえば,都市計画,国土利用計画,全国総合開発計画などがあげられる.この行政計画について取消訴訟が認められるかということについて,それが行政の内部効果をもつものにすぎないときには,その対象にはならない.しかし,土地改良事業計画や都市再開発事業計画の決定などについて外部への法的効果が発生することになり,取消訴訟の対象となりうる.したがって,行政計画の公正化のためには計画に関する内容について専門家による適切な判断のために審議会への諮問,また,公聴会の開催,原案に対して広く意見提出を求めるなどの手続が必要となろう.

10.1.2　行政行為と執行

以上の行政立法や行政計画が行政案件に対する一般的ルール・方針を明らかにしたものであるのに対して,それぞれの案件に対しては具体的に行政機関が対応していかなければならない.これは行政行為とよばれ,「行政機関が,法に基づき,優越的な意思の発動または公権力の行使として,国民に対して,具体的事実に関し法的規制をする行為である」と定義されている.たとえば,租税行政において,税法上の規定にのっとり,課税処分(賦課決定・更正処分)という行政行為がおこなわれる.

行政行為では命令的行為と形成的行為とがある.命令的行為とは行政機関が国民に対して義務を命じたり,また逆に,義務を除去する行為をいう.したがって,この命令に従わなかった場合に,強制的に履行させる手段を必要とする.

この命令的行為には禁止,許可,下命,および,免除がある.まず,禁止は国民に対して不作為義務を負わせる命令で,国民の自由を制限するものである.また,許可は禁止を解除する命令であり,国民の自由を回復させる行為である.

10.1. 行政活動

この許可に近いものとして届け出制と登録制がある．届け出制は当該行為は一般的に許されているが，行政機関に事前に一定の事項について情報提供を義務づけているものである．また，登録制は行政機関が所掌する公簿に所定の事項を登録しなければ，一定の行為をしてはならないとするものであり，法律の要件や基準に合わない場合には登録が拒否されることがある．旅行業，毒物・劇薬などの製造などの営業について設けられている．さらに，下命は国民に対して作為義務，給付義務，受忍義務を負わせる命令であり，免除はこの下命を解除する命令であり，それによって国民の自由を回復させる行為である．

以上が命令的行為であるが，行政行為には，さらに形成的行為がある．これは権利を発生させたり，消滅させる行為をいう．これには3つの形式（特許，認可，代理）がある．まず，特許は国民に新たな法律上の権利を与える行為をいい，鉱業権設定の許可，道路占有許可などがある．また，認可は国民の法的行為を補充し，その法律上の効力を完成させる行為である．たとえば，農地法では農地または採草放牧地の所有権を移転する場合，農地委員会や知事の許可を受けなければならないが，その許可を受けないでした行為は無効とされる．公益事業の料金値上げの許可などもこれである．また，公益法人の設立許可，合併，土地区画整理組合，都市再開発組合の設立許可などもこれに該当する．また，代理は当事者に代わって行政主体がなし，そのことによって本人が行ったのと同一の法律的効果を生じさせる行為である．

行政上の強制執行と行政罰 　国や地方自治体がその様々な行政目的の達成のために行政活動を行うが，そのために国民の協力が得られなければ，その目的は達成されない．これを防止するために，ルール違反者に対して強制措置がとられ，その違反者を処罰することになる．

例えば，建築基準法に違反する建物があるとき，行政機関は建築主に対して建物の除去命令を発することができる(建築基準法9条1項)．建築主がこの命令に従わない場合には行政機関が建築主に代わって建物を強制的に撤去することができる．そして，義務違反者は懲役または罰金に処せられる．

この強制執行と行政罰という装置によって行政行為の実効性が確保されることになる．ここでは行政罰について見てみることにする．行政罰は行政刑罰と

行政上の秩序罰に分けられる．行政刑罰は行政上の重大な義務違反者に対して，刑法に刑の名前の定めのある刑罰，すなわち，懲役，禁固，罰金，拘留，科料が科せられる．これに対して，軽微な義務違反者に対しては金銭罰（これを過料という）を科すことがある．これはいかに軽微な違反であろうとこれを放置していては行政秩序が保たれないので，このような場合には金銭罰を科すことになる．これを行政上の秩序罰という．これに対して，行政上の強制執行は，違法状態が存在する場合，当事者の一方である行政自身の手で自力で命じられて義務内容を強制的に実現することをいう．この行政執行は強制しようとする義務の性質に応じて，①代執行，②執行罰，③直接強制，の3つに分けられる．このなかで広範に活用されているのは代執行である．代執行は行政上の義務の履行確保のために，法律または行政命令によって命ぜられた行為をその義務者が履行しない場合に，自分または第三者が代わってなすことをいう．

10.1.3　行政指導

これまでは行政活動のうち行政立法，行政計画，そして，行政行為について説明し，行政行為の実効性の確保措置について触れた．これらの行政活動は国民に命令したり強制したりする行為であったが，その意味で権力的行政活動ということができる．しかし，行政活動には，国民と対等の立場に立ちながら，国民に様々な働きかけをおこなうことが必要な場合がある．この場合，権力的活動とは違って，国民が服従を拒否した場合には，行政は国民の意に反してまでその働きかけを強行することはできない．このような行政活動の例として行政指導をあげることができる．

行政指導とは，行政当局はその行政目的を達成するために，個人や企業などに対して，任意の協力を期待しておこなう，指導，勧告，要望などの活動である．我が国の行政活動の特徴はこの行政指導に特徴があるといわれている．行政指導の曖昧さ＝不透明性が外国の政府や企業にとって市場の閉鎖性の隠れた原因であるとよく指摘されている(1989年日米構造協議報告)．一般に，行政指導が行われる根拠は次の2点があげられる．①法令の補完機能，②法令執行の円滑化，である．①の法令の補完機能とは，法令の内容と現実の問題との間に

10.1. 行政活動

あるギャップを埋めるものである．すなわち，法令は一般的規則を記述したものにならざるを得ず，特定の出来事が生じたとき，直ちに，法令に基づいて行政判断することはできない．そこで，行政当局の判断で指導や勧告を行わざるを得ない．また，これまでの法令では考えられていなかった事態が発生したとき，法の整備をおこなうための時間的余裕がなければ，行政当局の独自の判断で対応していかざるを得ない（行政の迅速性）．このような場合，しばしば法的根拠を欠いていることになる．②の法令執行の円滑化は法令執行に際してそれをより円滑におこなうため中間項として行政指導を行い，できるだけ強制措置をおこなわないようにすることなどである．たとえば，建築基準法に基づく建築確認とは違った住宅を建築しても，ただちに，取り壊し処分となることはまれである．多くの場合，是正勧告をおこなわれる．また，さまざまなトラブルが発生したとき，直接，裁判＝訴訟で決着するのではなく，行政的な仲介機能としての行政指導がある．また，行政指導を通じてつねに対象集団を把握し，行政の効率的運営を図ることが可能になる．

このような2つの根拠はしばしば一緒になっている場合がある．たとえば，経済界を対象とした行政指導においては法令を補完するためのさまざまの許認可ルールの設定とそれをとおしての業界のとりまとめを行っている．しかし，今日，そうした行政指導のあり方が問題として取り上げられるようになった．

行政指導の遂行可能性　行政指導には法的な根拠が必要かどうかについては，学説上いくつかの見解がある．これまでの通説では組織法に定められた所掌事務の範囲を越えないこと，また，関連法規に違反したり，その他の比例原則，平等原則，信義則などに違反しないことが必要であるが，その限りにおいて法的根拠を必要としないという侵害留保説がとられている．実際上は法律上の根拠に関してはいろいろなケースがある．行政指導の根拠が行政作用法（行政の目的，権限，その権限の所在と行使手続きなどを定めたもの）がある場合や，単に行政組織法の規定のなかに，指導や勧告が規定されている場合もある．たとえば，私的独占の禁止および公正取引の確保に関する法律（独占禁止法）第48条1項では公正取引委員会は私的独占禁止違反行為にたいして，適当な措置をとるべきことを勧告することができると定めている．組織法にさえ特別指導の

規定はないが，組織法の一般事務規定の根拠とする場合もある．

　こうして，行政指導は法的根拠が十分ではない形での措置であるので，相手方は自分に不利であればそれに従わないという行動をとることができうる．行政指導が実効性を持つためには，すなわち，行政指導の実効性を担保するためには，どのような方法がとられるであろうか．①勧告や助言の法的規定がない場合，それに関連する許可，認可，免許，承認，届出などの許認可権限を定めた法律をとおして事実上行政指導をおこなうことができる．すなわち，許認可権を背景に監督・保護の行政指導を行うことができる．②こうした短期的な拘束のために行政指導に従うという側面だけでなく，長期的にみて行政指導に従うほうが有利となるという面がある．すなわち，行政当局と対象業者の間に繰り返しゲームの状況が存在している．もし，業者側が行政指導に従わなければ将来，当局からの不利益な事態に追い込まれる可能性があるので，その報復をおそれて結局，業者側も行政指導に応じることになるのである．この報復は当局の裁量権の中に入っていれば，その報復に対して損害賠償請求という形で訴えることができない．

　このような行政指導という行政システムは法の透明性の観点できわめて曖昧であり，内部業界の参加者にとっては居心地のよい状態となるとしても，外部者にとってきわめて不利なシステムということができる．この曖昧さは規制当局と対象業界との構造的癒着を生み出す原因となっていると指摘されている．現代の国際社会はより透明な，外部者に開かれた行政システムを要求しており，その点での改善が望まれる．また，我が国の各省庁の行政指導の目的がともすれば対象業界の秩序維持を目的としており，その点でも，市場への過剰な介入が行われてきたといえる．

10.2　行政のモニタリング活動

　すべての人々がルールどおりに行動するのであれば，特別の行政活動はいらない．しかし，現実はさまざまな動機から，人々はルールを破る．このとき重要なことはどのようなルールが設定されているかということと，どのようなルールを実行させる手段がおかれているかということである．仮にあるルールのも

10.2. 行政のモニタリング活動

とで人々が行動しているとして，ルールを破ることがおこったらどうすればよいであろうか．ルールが破られたことによって不利益をもたらされた人とそのルールを破った人との間に紛争が生じるであろう．裁判所はこのような紛争に対して民事・刑事訴訟をとおして対処している．行政システムはこうした事後的な紛争処理をおこなう制度のほかに，直接，人々の行動を規制することにより，人々の望ましい行動を導こうとする．この行政の手法の基本は監督である．行政当局はその監督業界の行動についてさまざまな監督をおこなう．以下では，簡単なモデルを使って行政当局の監督の実効性と監督行政の社会的厚生上の評価について議論しよう．

モニタリングとペナルティ　いま，規制当局がある業界の活動についての監督をおこなうものとする．業者の行為の如何によってマイナスの外部効果が発生する可能性がある．規制当局はどのような手法によって社会的に望ましい行為を選択するように誘導することができるであろうか．この節では事前の監督に関する問題を取り上げる．これは望ましくない行為が発覚したときのサンクションを設定することによって，その行為を抑止しようとするもので，どのようなペナルティの体系を構築することが社会的に望ましいかという問題を検討することになる．そこで，この問題を環境問題のコンテクストで考えてみよう．

まず，企業がある活動をすることによって，環境へのダメージを起こすものとする．すなわち，企業のこの行動をbであらわして，簡単のために2つのレベル(b_1, b_2)のうちでどちらかの選択となるものとする．この行為による，環境へのダメージを$\phi(b_i)(i=1,2)$として，$\phi(b_1) \geq \phi(b_2)$としよう．したがって，b_2がより環境に配慮した行為ということができる．これに対応してこの行為にともなう私的費用を$c(b_i)$であらわし，$c(b_1) \leq c(b_2)$となるものとしよう．したがって，環境に配慮した行為はよりコストがかかるものとする．こうした状況において，環境規制当局はどのような規制メカニズムを考えればよいであろうか．まず，この企業の行為は簡単にはわからないであろう．簡単にわかれば，社会的に望ましい行為を実行させることは比較的容易であろう．

われわれはこの企業の行為を当局によるモニタリングによって観察できるものとする．このモニタリングは確率的に企業の行為を見て回るもので，つぎの

	d_1	d_2
d_1	p	$1-p$
d_2	0	1

図 10-1：発見確率

ような発見確率をもつものとする．

　この図 10-1 から，企業が環境に配慮した行動をしたときには確実にそのことが発見され，環境に配慮しない行為をしたときは必ずしも正確には事実をつかまないというようなものとする．すなわち，環境を悪化させる行為をしたときには確率 p でそのことを発見し，$(1-p)$ の確率で環境に配慮した行為だと判断するわけである．当局はこのモニタリングの結果をうけてそれぞれの結果にたいして，ペナルティをかけるものとする．すなわち，環境当局のとる規制メカニズムはモニタリングとペナルティということができる．また，このモニタリングにはコストがともなうであろう．とくに，モニタリングの精度をあげるとそのためのコストも上昇するであろう．また，そのコストの上昇は精度の上昇とともに増加していくであろう．いま，このモニタリングコストを $V(p)$ とすれば，$dV/dp \geq 0, d^2V/dp^2 \geq 0, V(0) = 0$ が成り立つものとする．当局はこのモニタリングのレベルをきめると，それによって，d_i と判断されたときはペナルティ $(f_i)(i = 1, 2)$ を企業に課すというものである．

　このペナルティの組とモニタリング確率が与えられると企業の直面する問題はどのような行為をとるべきかということになる．これはそれぞれの行為によって生じる費用の比較によってきめられる．d_1 がとられれば，直接のコストは少ないがモニタリングによってペナルティを課せられる可能性がある．すなわち，このときには，期待費用として，

$$c(b_1) + pf_1 + (1-p)f_2 \tag{10.1}$$

10.2. 行政のモニタリング活動

がとられ，d_2 がとられれば，その費用は

$$c(b_2) + f_2 \tag{10.2}$$

となる．したがって，当局の規制メカニズムが与えられれば，企業はこの費用の少ないほうの行為を選択するであろう．まず，完全情報のもとでの最適行為は環境により配慮するものであるとしよう．これは2つの企業の行為の社会的費用について

$$c(d_1) + \phi(d_1) \geq c(d_2) + \phi(d_2) \tag{10.3}$$

が成り立っているものとする．したがって，本来なら環境により配慮した行為をもたらすような政策的誘導が望ましいことになる．しかし，われわれが不完全情報の世界に住んでいるとすれば，そのための道具立てが必要になろう．

まず，われわれの規制メカニズムが与えられたとき，企業が行為 d_2 を選択するためには

$$c(d_1) + \alpha f_1 + (1-\alpha)f_2 \geq c(d_2) + f_2 \tag{10.4}$$

すなわち，

$$\alpha(f_1 - f_2) \geq c(d_2) - c(d_1) \tag{10.5}$$

ここで，行為の外部不経済についての仮定から，$\phi(d_1) \geq \phi(d_2)$ が成り立つから，上の式より，

(a) 行為 d_2 が選択されるためには，

$$f_1 \geq f_2 \tag{10.6}$$

が成り立たなければならない．この (10.6) が成り立つなかで，社会的費用をできるだけ少なくするような規制メカニズムは，社会的費用が $c(d_2) + \phi(d_2) + v(\alpha)$ であるから，α をできるだけ少なくするものでなければならない．ここで，われわれが取り扱うペナルティ体系 (f_1, f_2) は，ある $M(\geq 0)$ に対して，

$$0 \leq f_i \leq M \tag{10.7}$$

が成り立つものとする．すなわち，ペナルティには上限があり，かつ，非負であるとする．したがって，報償金は考えないものとする．これは一般化を損な

うものではない．このとき，条件 (10.5) のもとで α をできるだけ小さくする規制メカニズムは

$$f_1 = M, \quad f_2 = 0, \quad \alpha = \frac{c(d_2) - c(d_1)}{M} \tag{10.8}$$

で特徴づけられる．

これに対して，

(b) 行為 d_1 が選択されるためには，

$$\alpha(f_1 - f_2) \leq c(d_2) - c(d_1) \tag{10.9}$$

が成り立つことが必要であるが，この行為が選ばれるときにもっとも社会的費用を小さくするような規制メカニズムは，ペナルティ体系に関わりなく，

$$\alpha = 0 \tag{10.10}$$

とすればよい．

以上によって，それぞれの行為 d_1, d_2 が誘導されたときのそれぞれの最低社会的費用は

$$c(d_1) + \phi(d_1) + V(0), \quad c(d_2) + \phi(d_2) + V\left(\frac{c(d-2) - c(d_1)}{M}\right) \tag{10.11}$$

である．したがって，この 2 つの社会的費用のうち小さいほうが社会的にみて選択されるべきであろう．したがって，

$$c(d_1) + \phi(d_1) - (c(d_2) + \phi(d_2)) \geq V\left(\frac{\Delta c}{M}\right) \tag{10.12}$$

で表されるように，完全情報のもとでの環境配慮の社会的純便益が $V(\Delta c/M)$ 以上にそれを実行させるための費用 (implementation cost) が高ければ，不完全情報のもとでは環境配慮の行為を誘導することを断念せざるをえない．この情報不足からくる実行コストはモニタリングコストと企業の環境配慮行為の負担の大きさ $(\Delta(c))$，および，ペナルティの制限によって，その大きさが決まる．

10.3 事後監督と比較監督システム

前節では監督庁があらかじめ企業に対して調査するという意味で事前の監督システムを考えた．このとき，望ましい行為をとらせるためには，ペナルティ 1 単位

10.3. 事後監督と比較監督システム

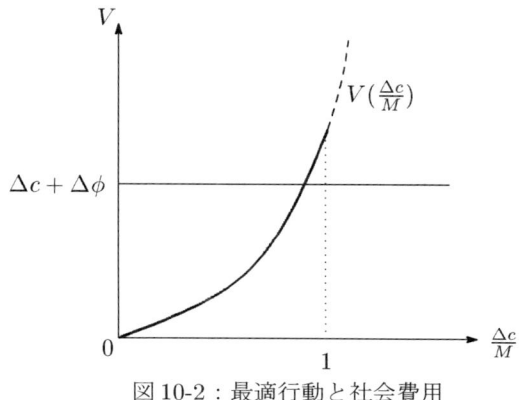

図10-2：最適行動と社会費用

あたりのその行為の私的負担の大きさに等しい確率で調査し，それに対応するモニタリング費用がその行為の社会的負担を下回るならば，この事前監督は有効であることがわかった．この事前監督という行政手段のほかに，事後監督が考えられる．これは企業が非効率的行為をした後に，企業を見て回るもので，たとえば，有害物質が発生しているかどうかを調べるのである．Mookherjee=Png(1992)は不法行為についての情報を受け取る前に，コストをかけて実行する探索活動を監視 (monitoring) といい，不法行為についてのなんらかの情報を受け取ったあとにその行為をコストをかけて探索活動することを調査 (investigation) と呼んでいる．われわれはこれらをそれぞれ事前監督，事後監督と呼ぶことにする．本節では，事後監督を考えるために，前節の枠組みに加えて，投資によってつぎのような結果が生じるものとする．

まず，投資をした結果，2つの成果が生じうるものとする．これを悪い結果とよい結果とよぶことにする．投資 d_i をしたことによって確率 v_i で悪い結果が生じ，確率 $1-v_i$ でよい結果が生じるものとする．投資 d_2 がよい投資であり，投資 d_1 が悪いことから，

$$(a) v_2 \leq 1-v_2, \quad (b) v_1 \geq 1-v_1, \quad (c) v_2 \leq v_1$$

が成り立つものとする．ここで，つぎの仮定をしよう．

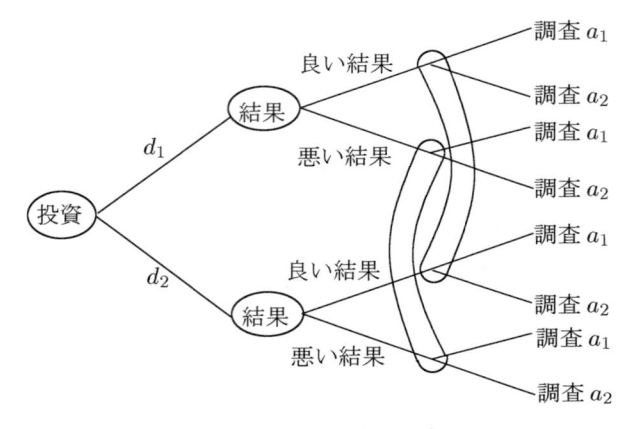

図10-3：事後監督

仮定1 投資については調査しなければわからないが，投資の結果として生じる状態についてはコストレスに監督庁は把握できる．

より一般的には，各状態について監督庁は直接把握できないで，第三者からの告発，報告によって監督庁は知ることができるという仮定を考えることができる．仮定1のもとでは生じた状態に応じて，どの程度の探索をするかを決定するものとする．あまり悪い状態でなければ，探索を減らすなどということをするかもしれない．各状態 i に応じて決める，この探索割合を $a_i (i = 1, 2)$ とする．勿論，調査することによるコストは前節と同じで $V(p)$ で表すことにする．ただし，調査の精度が p である．また，調査の結果，よい投資をしていれば f_2，悪い投資をしていれば f_1 のペナルティを課すことにする．このペナルティの上限は M である．

最適監督システム このような設定のもとで監督庁はどのような事後監督体制を構築すべきであろうか．これは調査割合 (a_1, a_2)，ペナルティ (f_1, f_2) を決定することによって，どのような投資を実行させることが望ましいかという問題である．

いま，よい投資を誘導するための監督システムを考えてみよう．任意の監督

10.3. 事後監督と比較監督システム

システムのもとで d_1 を実行すれば，企業の期待ペナルティはどのようになるであろうか．まず，悪い結果がでれば，a_1 の確率で調査され，調査されれば，確率 p で投資水準が発覚し，そのときはペナルティ f_1 を払い，確率 $(1-p)$ で見過ごされる．また，$(1-a_1)$ の確率で調査をされず，よい投資と判断される．したがって，悪い結果がでれば，

$$a_1(pf_1 + (1-p)f_2) + (1-a_1)f_2$$

の期待ペナルティを払うことになる．また，d_1 をおこなって，よい結果がでれば，同様にして

$$a_2(pf_1 + (1-p)f_2) + (1-a_2)f_2$$

の期待ペナルティを払うことになる．したがって，d_1 の投資をおこなうことによる期待ペナルティは

$$v_1(a_1(pf_1 + (1-p)f_2) + (1-a_1)f_2) + (1-v_1)(a_2(pf_1 + (1-p)f_2) + (1-a_2)f_2) \tag{10.13}$$

となる．これに対して d_2 の投資をすることによる期待ペナルティは f_2 となる．したがって，d_2 の投資を誘導するためには

$$v_1(a_1(pf_1 + (1-p)f_2) + (1-a_1)f_2)$$
$$+ (1-v_1)(a_2(pf_1 + (1-p)f_2) + (1-a_2)f_2) + c_1 \geq f_2 + c_2 \tag{10.14}$$

この条件は

$$\Delta c_2 \leq v_1 a_1 + (1-v_1)a_2 p(f_1 - f_2) \tag{10.15}$$

と書き表される．

以上のことから，d_2 の投資を誘導するという条件のもとで監督庁の最適な監督システムは

問題

$$\min \phi_2 + c_2 + (v_2 a_1 + (1-v_2)a_2)V(p)$$

$$\text{s.t. } (v_1 a_1 + (1-v_1)a_2)p(f_1 - f_2) \geq \Delta c_2$$

を解くことになる.まず,ペナルティに関しては明らかに $f_1 = M, f_2 = 0$ が成り立つ.ここで,モニタリングコストの調査精度に対する弾力性 e_M が 1 以上であれば,$\partial T/\partial a_1$ は任意の a_2 に対して常に負となることがわかる.したがって,悪い状態における最適な調査割合は $a_1 = 1$ となる.また,

仮定 2

$$\frac{1-v_2}{1-v_1} - e_M \geq 0$$

ならば,よい状態における最適な調査割合は $a_2 = 0$ となることがわかる.

以上のことから,d_2 の投資を誘導する場合の最適監督システムは

$$a_1 = 1,\ a_2 = 0,\ f_1 = M,\ f_2 = 0,\ p = \frac{\Delta c}{Mv_1}$$

となる.ただし,$\Delta c \geq Mv_1$ が成り立つ場合である.そして,このときの社会的費用は

$$\phi_2 + c_2 + v_2 V\left(\frac{\Delta c}{Mv_1}\right)$$

となる.

これに対して,d_1 の投資が望ましい場合は,なにもしなければ企業はこの投資をおこなうわけであるから,そのときの社会的費用は $\phi_1 + c_1$ である.

これらのことから,d_1 と d_2 の投資のどちらを誘導すべきかは

$$\phi_2 + c_2 + v_2 V\left(\frac{\Delta c}{Mv_1}\right) \geq \phi_1 + c_1 \tag{10.16}$$

の大きさに依存する.

以上のことから,

$$v_2 V\left(\frac{\Delta c}{Mv_1}\right) \geq \Delta\phi + \Delta c \tag{10.17}$$

ならば,d_2 の投資が社会的に誘導されることになる.努力に関する弾力性一定の費用関数を前提とすると,$v_2^e \geq v_1$ であれば,社会的に望ましい投資 d_2 を実現するためには事後検査のほうがよりコストが多くなるので,事前検査システムが望ましいことになる.従って,事後検査の精度が十分高いならば,事後検査システムを採用することが望ましいことになる.

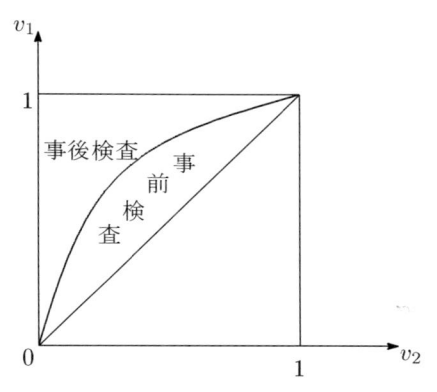

図10-4：最適検査システム

10.4 規制と結託

10.4.1 検査官と業者の結託

さて，これまでは規制当局が検査をおこない，その検査によって悪い行為を抑止する装置を考えた．しかし，検査をおこなう主体それ自身が自己利益を追求するものであるとしたら，この悪い行為を阻止する装置が有効に機能するであろうか．この問題を考えるには規制当局－検査官－企業という3層モデルを取り上げなければならない．この3層モデルはいろいろな場合に適用される．議会－行政－業界という観点から公共政策をみることによって，それぞれの利益の対立と協調をつうじて望ましい公共政策がどのように実現するかという問題を取り上げることが可能になる．さらに，この3層モデルは株主－経営者－従業員という形で企業組織モデルに適用される．こうして，この3層モデルは多くの組織連関の行動を解明するのに有意義なものである．この3層モデルにおける結託問題については Tirole(1992) に要約されている．

以下では，前節での規制当局 (=監督庁) がこの節では検査官に置き換わり，あらたに規制当局が検査官の上位組織とした点以外は前節までの議論を基本的に踏襲することにする．

いま，検査官が企業への立ち入りをつうじてその投資水準 $d_i(i = 1, 2)$ を知

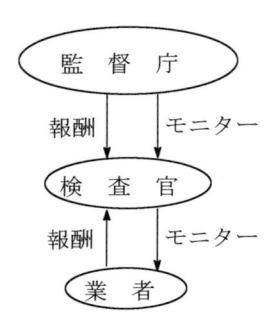

```
        ┌─────────┐
        │ 監 督 庁 │
        └─────────┘
      報酬 ↑   ↓ モニター
        ┌─────────┐
        │ 検 査 官 │
        └─────────┘
      報酬 ↑   ↓ モニター
        ┌─────────┐
        │ 業  者  │
        └─────────┘
```

図 10-5 : 監督の 3 層モデル

り, それを当局に報告すれば a_i の報酬を得るものとする. しかしながら, 検査官が企業の投資水準が d_1 であると知ったとき, 企業との結託を考えるかもしれない. すなわち, 企業からの賄賂と引き替えに, d_1 を知ったのに d_2 と偽りの報告をし, そのことによって, 企業は正直に報告されたときの課税から虚偽報告での課税との差額を得ることができる. もちろん, この虚偽報告はある程度発覚するかもしれない. この虚偽報告が当局によって発覚したとき, 検査官に対してペナルティ $r (\geq 0)$ が課せられるものとする. この虚偽報告の発覚の可能性 (確率) は規制当局自身がどれだけ発見のために努力したか (コストをかけたか) ということに依存すると考えられるが, ここではこの発覚確率は簡単化のために一定値であるとする. この確率は外生的に与えられ, 外部者 (市民, マスコミ関係者など) からの通報と解釈することができる.

一方, 企業への課税は検査官による報告が d_i であるとき f_i であり, もし, 悪い行為 d_1 をおこなって, 結託が発覚したときの企業へのペナルティは追徴金が $f_1 - f_2$ と罰金が $g(f_1 - f_2)$ とする. ここで, g は罰金率 $(0 \leq 1)$ である. 従って, ペナルティの合計は $(1 + g)(f_1 - f_2)$ となる.

次に, 検査官と業者の結託について考える. 業者は悪い行為 d_1 をおこない, そのことが検査官に発見されたところから出発する. 業者は結託を成立させるために検査官に賄賂を金額 b を提供するものとする. これに合意すれば, 検査官は当局に d_2 と報告する. そこで, 当局は業者に対して f_2 を課税し, 検査官には a_2 の報酬を支払う. しかし, この結託が発覚すれば, 業者はペナルティ

10.4. 規制と結託

$(1+g)(f_1 - f_2)$ を支払うことになるので，d_1 を実行した業者が検査官と結託することによる期待支払い費用は

$$(1 - \lambda)f_2 + \lambda(f_2 + (1 + g)(f_1 - f_2)) + b$$

となる．一方，結託が成立しなければ，検査官はそのまま業者の悪い行為を報告するので，業者は f_1 を支払う．従って，悪い行為 d_1 をした業者にとって結託による期待利得は，この f_1 から結託による期待費用を差し引いたものであるから，

$$(1 - \lambda(1 + g))(f_1 - f_2) - b \tag{10.18}$$

となる．この値が正である限り，業者は結託する動機がある．

これに対して，検査官が業者から結託の申し出を受けたとき，それを受け入れる可能性はどのようになるであろうか．検査官は結託によって，賄賂を手に入れ，そのことが発覚しなければ，報酬 a_2 が得られ，合計 $b + a_2$ の収入となる．また，結託が発覚すれば，報酬 a_2 からペナルティが引かれ，賄賂と併せて $a_2 - r$ の収入が得られる．従って，悪い行為を発見したとき，検査官が業者からの結託の申し入れを受け入れる条件は結託による期待利益が正となることである．すなわち，

$$\lambda(a_2 - r) + (1 - \lambda)a_2 + b - a_1 \geq 0 \tag{10.19}$$

である．

ここで，賄賂の金額が確定しなければならないが，その額は結託の交渉の中で決まっていく．簡単化のためにそれはナッシュ交渉解によって決められ，また，そのときの交渉力が両者で同じであるとしよう．このとき，賄賂の金額は，結託によってそれぞれが得る純利益が等しくなるように決まる．すなわち，

$$\lambda(a_2 - r) + (1 - \lambda)a_2 + b - a_1 = (1 - \lambda(1 + g))(f_1 - f_2) - b$$

より，

$$b = \frac{(1 - \lambda(1 + g))(f_1 - f_2) + r\lambda + a_1 - a_2}{2} \tag{10.20}$$

となる．この決定式から，検査官に対するペナルティが大きければ，また，検査官の報酬ギャップ $(a_1 - a_2)$ が大きいほど，賄賂の額も大きくなることがわか

る．この結果，悪い行為をして，結託が生じたときの業者の期待費用は

$$d_1 - \frac{(1-\lambda(1+g))(f_1-f_2)+r\lambda+a_1-a_2}{2} + f_1 \tag{10.21}$$

となる．

これで，業者が悪い行為をして，そのことが検査官にばれたとき，結託が生じる条件が得られたので，つぎに悪い行為をする可能性を探ることにする．このためには，悪い行為をすることとよい行為をすることから生じる期待利益を比較すればよい．まず，悪い行為をすれば，結託が不可能なペナルティ体系の場合を考えよう．

10.4.2 結託が不可能なペナルティ体系

まず，結託が不可能なケースを考える．このとき，悪い行為による業者の期待費用は

$$d_1 + \mu(f_2 + \frac{(1-\lambda(1+g))(f_1-f_2)+r\lambda+a_1-a_2}{2} + f_1) + (1-\mu)f_2$$

であり，一方，よい行為をとることによる費用は

$$d_2 + f_2$$

となる．従って，悪い行為をさせないための条件は

$$\frac{(f_1-f_2)(1+\lambda(1+g))+r\lambda+a_1-a_2}{2} \geq d_2 - d_1 \tag{10.22}$$

となる．また，結託を許さない条件は (10.19) と (10.20) より

$$\lambda(a_2-r)+(1-\lambda)a_2-a_1+\frac{(1-\lambda(1+g))(f_1-f_2)+r\lambda+a_1-a_2}{2} \leq 0 \tag{10.23}$$

これは，

$$(1-\lambda(1+g))(f_1-f_2)-r\lambda+a_2-a_1 \leq 0 \tag{10.24}$$

と書き直すことができる．このとき，

$$d_1 + \mu f_1 + (1-\mu)f_2 \leq 0$$

10.4. 規制と結託

すなわち，
$$\mu \leq \frac{\Delta d}{\Delta f} \quad (10.25)$$
ならば，企業はよい行為を選ぶ．検査官はこのとき，どのような検査努力を行使するか決めなければならない．そこで，業者がおこなう検査努力水準について，最低実現水準 $\underline{\mu}$ が設定されているとする．これは規制当局が検査官に対して要求する最低検査努力水準と考えることができ，これについてはなんらかの理由で観察できるものとする．ただし，
$$\frac{\Delta d}{\Delta f} \geq \underline{\mu} \quad (10.26)$$
とする．

まず，業者が悪い行為を選ぶ場合の検査官の期待利得は
$$\mu a_1 + (1-\mu)a_2 - V(\mu)$$
となる．従って，最適な検査努力は $a_1 \geq a_2$ のとき，$a_1 - a_2 = V'(\mu)$ によって表される．よって，最適な検査努力は $\min\{\mu, \Delta d/\Delta f\}$ で表され，結果的に企業は悪い行為を許容することがわかる．これに対して，$a_1 - a_2 \leq 0$ のときには，最適な検査努力は最低水準 $\underline{\mu}$ となり，この場合も悪い行為が許される．このとき，結託不可能条件は，検査官の適当なインセンティブ報酬のギャップ $(a_2 - a_1 \geq 0)$ に対して，業者のペナルティギャップを十分小さくすれば，たしかに満たされる．

また，よい行為を誘導する条件のもとでは，検査官の利得は明らかに $\Delta d/\Delta f$ となるが，このときの検査官の利得は悪い行為を誘導する場合の期待利得より小さいので，悪い行為をつねに導くことになる．

10.4.3 結託が可能なペナルティ体系

つぎに，結託可能条件をみたす報酬－ペナルティ体系のもとでの企業－検査官の行動をみてみよう．この条件のもとで，企業が悪い行為をしない条件は，
$$\mu \geq \frac{2\Delta d}{\Delta f(1+\lambda(1+g)) + r\lambda + \Delta a} \quad (10.27)$$

となる．この条件のもとで検査官の期待利得は

$$\mu((1-\lambda)a_2 + \lambda(a_2 - r_2)) + (1-\mu)a_2 - V(\mu)$$

である．従って，このときの検査官の最適検査努力は等号のときであり，その値を μ_1 とする．このとき，社会的費用は $d_2 + \phi_2 + V(\mu_1)$ である．

これに対して，

$$\mu \leq \frac{2\Delta d}{\Delta f(1 + \lambda(1+g)) + r\lambda + \Delta a}$$

が成り立てば，企業は悪い行為を実行することになるが，この条件のもとでは検査官は明らかに，$\mu = \underline{\mu}$ となる．従って，この場合も悪い行為が実現することになる．

これまでは，(10.26) の意味でペナルティが十分小さいものとしてきたが，

$$\frac{\Delta d}{\Delta f} \leq \underline{\mu}$$

が成り立つ場合を考えてみよう．この場合にはあきらかによい行為をさせることができることができ，検査努力は $\underline{\mu}$ である．つぎに，結託不可能条件 (10.23) を考える．この結託不可能条件のもとでよい行為を実現させるペナルティ体系の組は条件 (10.23)，(10.27) を満たすことになる．同様に，結託可能条件が成り立つ場合，よい行為を実現させるためには

$$\frac{\underline{\mu}((f_1 - f_2)(1 + \lambda(1+g)) + r\lambda + a_1 - a_2)}{2} \leq d_2 - d_1$$

となる．以上のことから，よい行為を実現させるペナルティ体系の領域は図 10-6 のように表すことができる．

ここで，$r\lambda + a_1 - a_2 = L$ とする．これを検査官にとってのペナルティ指数ということにする．この場合，よい行為を実現させることによって，社会的費用は

$$d_2 + \phi_2 + V(\underline{\mu})$$

となる．従って，悪い行為が実現することが社会的に望ましいことにならないためには

$$\Delta d + \Delta \phi \geq V(\underline{\mu})$$

10.4. 規制と結託

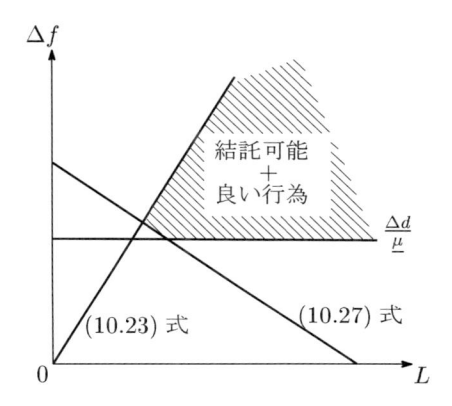

Δf 軸・L 軸のグラフ：斜線部分が「結託可能＋良い行為」領域．(10.23)式と(10.27)式の直線，および $\frac{\Delta d}{\mu}$ の水平線が描かれている．

図 10-6：ペナルティ体系と結託

で成り立つ必要がある．この検査官の最低努力水準は社会厚生の定義の観点からはそれ自身低く抑えることが望ましいが，それは，検査官の留保効用水準の設定に依存する．また，その留保効用の水準は人材の配置に関する市場の機能に左右されることになるであろう．

10.4.4 監査制度

われわれはこの章において，望ましい行動を業者にとらせるために，どのような監督システムを考えればよいか，いくつかの監督システムについて考察した．事前調査システムのもとでは，調査における精度は，望ましい行動をとるための業者にとっての追加費用が大きいほど，高くしなければならないことがわかった．従って，この業者の追加的費用が大きくなると，望ましい行動をとらせるために，調査のための社会的コストが高くなり，場合によっては，望ましい行動をとらせることを断念せざるをえなくなることがあることが示された．また，事後調査システムを導入した場合，それが有効であるためにはその調査精度が高くなければならないことが示された．さらに，監督の現場と被監督業者との間の結託の可能性を考慮した形のペナルティ体系の条件を求め，結託が許容される場合のペナルティ体系と結託を認めないペナルティ体系とを導出し，その比較分析をおこなった．

この章の分析におけるもう一つの問題は，ペナルティは行為者にはコストであるが，規制当局はペナルティ収入などは政策目的の一部にすら入っていないということである．これは財政錯覚を認めるべきであるかどうかということであるとともに，事実上，不法行為をおこなわせないペナルティ体系に限定していることからくる．従って，不法行為によって生じる罰金収入の問題を考えるためには，いくつかのタイプの業者の存在を前提とした分析が必要であろう．業者について異なるタイプの存在を認めるとともに，中間組織である検査官のタイプの違いを考慮することも重要である．これまでの結託とインセンティブ理論では，結託が可能なとき，最適契約は事実上結託をさせないような契約によってあらわすことができる場合に限定されてきた．しかし，現実には多くの結託が存在していることを考えれば，結託させない契約では実現できない，結託を生じる契約が均衡でおこりうるようなモデルを考えるべきであろう．このための一つの方向は，モニターする人に対していくつかのタイプを導入することである．Kofman=Lawarrèe(1996) は正直な監査人と不正直な監査人の2タイプがありうる場合においてプリンシパル・エージェンシー問題での結託の可能性を考えている．このとき，プリンシパルにとって，業者からの賄賂を拒むために十分の報酬を与えなければならないので，結託を防止するには費用がかさむことになる．そのため，結託を許すことが最適となるかもしれない．

　このように，監視する組織を2タイプにわけて考えるとき，内部監査システムと外部監査システムの設計という問題になる．この問題を，行政監視のケースで考えてみよう．日本の行政に対する内部監視機構として会計監査院があるが，現在は会計的なチェックに偏った活動をしている．そのため，行政活動全体に対する監視がなされない．内部組織でありながら，独立的・中立的性格を持とうとするため，かえって政策評価まで踏み込んでいない．行政全体に対する監査活動は行政の効果に関する評価・提言まで含まれる．また，行政に対する外部監視機構が存在していない．広い意味で，世論やマスコミなどがある程度，その役割を担っているが，行政の予算計画，執行，評価を担う監視機構が必要とされる．外部監査の存在によって，行政活動の充実と透明性が図られるであろう．また，地方自治体には内部監査機構として監査委員会がある．自治体の不正経理，および，財政の不正を防止する役割を担っている．しかし，内部組

10.4. 規制と結託

織として，その構成委員は自治体の幹部や議会関係者が多いようである．このため，監査機構として十分な機能を果たしうるのか疑問が生じるところである．この問題を解決するために民間の公認会計士による外部監査をおこなうことも考えられる．

このように，行政・組織における監査と結託の可能性を考えることは，組織の効率的運営のため重要な問題であるといえる．

参考文献

[1] Kofman,F. and J.Lawarrèe(1993), "Collusion in Hierarchical Agency," *Econometrica*, vol.62.

[2] Kofman,F. and J.Lawarrèe(1996), "On the optimality of allowing collusion," *Journal of Public Economics*, vol.61.

[3] Mookherjee,D. and I.P.L.Png(1992), "Monitoring vis-a-vis investigation in enforcement of law," *American Economic Review*, vol.82.

[4] Mookherjee,D. and I.P.L.Png(1995), "Corruptible Law Enforcers : How should they be compensated ?" *The Economic Journal*, vol.105.

[5] Tirole,J.(1992), "Collusion and the theory of organization," In Laffont,J.J.(ed.), *Advances in Economic Theory*, vol.2, Cambridge University Press.

[6] 阿部泰隆 (1992),『行政の法システム』有斐閣.

[7] 中西又三・村上武則・鈴木庸夫・古城誠・藤原淳一郎 (1994),『テキストブック行政法』有斐閣.

[8] 細江守紀 編 (1997),『公共政策の経済学』有斐閣.

第11章 規制，モニタリング，および談合

11.1 はじめに

　市場経済の中で公共政策のあるべき理念・基準はどのようなものであるべきか．市場経済の普遍化・グローバル化のなかでこの課題はもっとも大きな課題の一つである．今日，われわれに必要な認識は市場経済にたいする手放しの礼賛ではなく，普遍的経済体制は市場経済を基礎にもつ体制しかありえないという意味の理解と覚悟であろう．本章では政府による公共財の調達をどのようなシステムによっておこなうことが望ましいかという点について考察する．政府の役割と民間の役割をどのように区分けするか．規制緩和に関する議論はまさに経済システムのデザインの問題である．しかも，経済システムのデザインは実は官僚制度，政治制度，法体系と深くむすびついていることを認識しなければならない．したがって，多重のシステムを考慮した形で望ましい経済システムの構築問題を考えていかなければならない．われわれの視点は比較経済システムという観点であり，その分析にふさわしい分析方法と概念を獲得することである．

　本章は政府による公共財の調達システムを入札契約とモニタリングをとおして考察し，情報の獲得と偏在のなかでモラル・ハザードや逆選抜の発生を克服するメカニズムの追究をおこなおうとするものである．今日，政府，自治体等でおこなわれる入札制度について様々な見直しが取りざたされている．これは談合 (collusion) の可能性をなくすための措置としてどのような入札システムが望ましいかという議論から起こっている．そもそも，政府調達にともなう入札システムで起こりうる談合は発注者と一部業者間，および，業者同士のものがある．これらの可能性を考慮した入札システムの構築が社会厚生の観点から検

討される必要がある．以下では，簡単なモデルを使って，モニタリングを考慮した入札システムのデザインとその厚生評価を考えることにする．文献上，多くの研究は，入札対象に対する評価情報についての非対称性を考慮した形でどのような入札システムが最適なものであるかを検討しているが，入札参加者が協調的な入札行為（＝談合）をおこなう可能性は排除した．また，入札参加者と入札当局間の賄賂の提供・授受による不正な取引の可能性は考えていなかった．入札当局と業者間の入札の理論化は基本的にプリンシパル・エージェント問題の拡張とみることができる．すなわち，入札当局たるプリンシパルが業者の集団に対して，あるメニューを提示し，業者集団という複数エージェントがその契約メニューの中からそれぞれの契約を選択する．このとき，様々なタイプの業者が存在しているので自己選択をタイプごとにおこなうことになる．この結果，入札に勝った業者はその契約に従ってある事業を実施する．

特に重要なのは，入札当局の役割である．入札当局が中立的であれば問題ないが，当局自身が戦略的に行動する可能性をもつ．従って，入札システムとしては当局そのものをもう一つのエージェントとした，プリンシパル(議会)ーエージェント(入札当局)ーエージェント(業者)という3層のエージェンシー問題となる．このような3層のエージェンシー問題は最近ようやく研究の緒についたばかりであり，この分野の研究は今後大きな広がりをもつことが予想される．Tirole(1986)はこのような観点を考慮した最初のモデル分析であった．また，Laffont=Tirole(1993)は階層的エージェンシー問題における談合の問題を取り扱っている．さらに，Kofman=Lawarrèe(1993)は株主ー監査人ー経営者という階層構造の中で談合の問題を検討している．さらに，Graetz=Reinganum=Wilde(1996)などにおいては，議会ー国税局ー企業という階層構造において，談合と脱税の可能性を考察している．

11.2 公共財受注モデル

11.2.1 モデル

われわれが取り扱うモデルは次のようなものである．いま，ある公共財の受注に関心のある業者の費用構造について

11.2. 公共財受注モデル

$$c_i = \beta_i - e_i \, (i = 1, 2) \tag{11.1}$$

の形をした2企業が存在するとしよう．但し，β_i は生産効率パラメータで，当局は契約時点＝入札時点においてこれを観察できないものとする．また，β_i は β_1, β_2 の値についての2点確率分布にしたがうものとし，$\beta^1 < \beta^2$ で $\nu = \text{prob}(\beta_i = \beta^1)$ とする．したがって，β^1 を実現した業者は効率のよい技術をもっているといえる．このとき，当局は契約時点で β_i についての確率分布のみしか知らないものとする．当局は入札メニューを公表した後に各業者が応じることになるが，その後に，モニタリング＝監査をおこなうことができるとする．モニタリングによって，β_i の値が推論される．このモニタリングの技術は $p(\theta_i|\beta^i) = r(> 1/2)$ ($i = 1, 2$) であるとしよう．すなわち，このモニタリングによって，$\theta_i \in \theta_1, \theta_2$ の情報を当局は入手しようとするが，これは β^i の発注についてインフォーマティブになっている．いまこのモニタリングの単位費用を $K(> 0)$ とする．

さて，受注を受けた業者は選択した契約に応じて事業を実行することになるが，業者に提示される契約メニューは $t_i, \beta^i, c_i(e_i)(i = 1, 2)$ で表される．t_i は当局から業者への移転支払いであり，契約を受け入れ，入札に勝ったら，建設の費用として c_i が支払われる．この費用全体は当局にとって確認可能であって，業者はこの契約された費用で公共財を建設しなければならない．したがって，β_i について観察されないときには，β_i タイプの業者は高いコストのメニューを選択して努力水準を低く抑える（モラル・ハザードの可能性）かもしれない．ここで，業者の効用関数を

$$V(t_i, e_i) = t_i - \Phi(e_i) \tag{11.2}$$

とする．$\Phi(e_i)$ は努力の不効用関数で，以下ではとくに，$\Phi(e_i) = (1/2)e_i^2$ とする．また，業者の留保効用は共通にゼロとしておく．以下では，このような入札制度とモニタリングを含んだ公共財調達モデルの厚生分析をおこなう．但し，この問題における社会厚生 W は次のように定義されるものとする．

$$W = S - (1 + \lambda)(C + t + K) + t - \Phi(e) \tag{11.3}$$

ここで，S は実現される公共財の社会的価値で既知で一定とする．また，λ は資金徴集のための追加コストで，これは，政府による公共財調達のためのコス

トについて社会的ロスが存在することを意味する．従って，上の社会的厚生は公共財の消費者便益と業者の利益の和によって表される．(11.3) はもちろん，

$$W = S - (1+\lambda)(c+K) - \lambda t - \Phi(e) \qquad (11.4)$$

と表すことができる．

ここで，参考のために，$\beta_i (i=1,2)$ の値が当局に知られたうえで，公共財の調達を行う完全情報の世界での最適契約を考えておこう．このときは，明らかに，モニタリングは必要なく ($K=0$)，また，β_2，すなわち，よい業者を選択すればよい．そのとき，業者には留保効用 0 となるように報酬 t を払えばよいことになり，$t = \Phi(e)$ である．従って，(11.3) より，

$$W = S - (1+\lambda)(\beta^1 - e) - (1+\lambda)\Phi(e)$$

となるので，これを最大にする最適努力水準 e^* は $1 = \Phi'(e)$ を満たすものであり，$e^* = 1$ となる．このとき，社会厚生 $W_1^* = S - (1+\lambda)(\beta^1 - e^* + \Phi(e^*))$ となる．また，$\beta_1 = \beta_2 = \beta^j (j=1,2)$ であれば，もちろん，どちらの業者を選ぶかは無差別になり，

$$W^* = S - (1+\lambda)(\beta^j - e^*) - (1+\lambda)\Phi(e^*)$$

が最大社会厚生となる．したがって，完全情報のときには，業者の情報レントをすべて当局はとりあげることになる．

11.2.2　入札メカニズム

次に業者の生産効率を当局が知らないものとする．このとき，当局は入札契約を業者に提示しなければならない．顕示原理 (revelation principle) から一般的な入札は次の顕示メカニズムと等価であることが知られている．すなわち，メカニズム $t^i(\beta_1, \beta_2), c^i(\beta_1, \beta_2), x^i(\beta_1, \beta_2) (i=1,2)$ があり，これは，それぞれの業者が β_1, β_2 と申告したときの第 i 業者への報酬支払いが $t^i(\beta_1, \beta_2)$，業者の目標費用が $c^i(\beta_1, \beta_2)$，第 i 業者が選抜される確率が $x^i(\beta_1, \beta_2)$ として記述されたメカニズムを意味するものである．このとき，このメカニズムについての第 1

11.2. 公共財受注モデル

企業に対するインセンティブ・コンパティビリティ条件（以下 IC 条件と呼ぶ）は，$\beta_1 = \beta^1$ のとき，

$$E_{\beta_2}t^1(\beta^1,\beta_2) - E_{\beta_2}x^1(\beta^1,\beta_2)\Phi(\beta^1 - c^1(\beta^1,\beta_2))$$
$$\geq E_{\beta_2}t^1(\beta_1,\beta^2) - E_{\beta^2}x_1(\beta_2,\beta_2)\Phi(\beta^1 - c^1(\beta^1,\beta_2)) \quad (IC_1)$$

同様に，第2業者が β^2 のときの IC 条件は

$$E_{\beta_1}t^2(\beta_1,\beta^2) - E_{\beta_1}t^2(\beta_1,\beta^2) - E_{\beta_1}x^2(\beta_1,\beta^2)\Phi(\beta_2 - c^2(\beta_1,\beta^2))$$
$$\geq E_{\beta_1}t^2(\beta_1,\beta^2) - x^2(\beta_1,\beta^2)\Phi(\beta^1 - c_2(\beta_1,\beta^2)) \quad (IC_2)$$

となる．また，それぞれ自分が β^2 のときの各業者の個人合理性 (individual rationality) 条件（以下では IR 条件と呼ぶ）は

$$E_{\beta_2}t^1(\beta^2,\beta_2) - E_{\beta_1}x^1(\beta^2,\beta_2)\Phi(\beta^2 - c^1(\beta^2,\beta_2)) \geq 0 \quad (IR_1)$$

$$E_{\beta_1}t^2(\beta_1,\beta^2) - E_{\beta_1}x^2(\beta_1,\beta^2)\Phi(\beta^2 - c^2(\beta_1,\beta^2)) \geq 0 \quad (IR_2)$$

となる．各業者が β^2，すなわち，低い生産効率の場合の IC 条件や，β^1，すなわち，高い生産効率の場合の IR 条件は，それらの4条件を含まない制約条件付きの社会厚生最大化問題の解によって満たされることはよく知られているので無視できる．また，上の4つの制約式は，正の徴収コスト（$\lambda > 0$）のため，報酬はできるだけ低くすることによって社会厚生が高くなるので，等式で成り立つことに注意しよう．また，このときの第1業者の期待効用は

$$\begin{aligned}U^1(\beta^1) &= E_{\beta_2}t^1(\beta^1,\beta_2) - E_{\beta_2}x^1(\beta^1,\beta_2)\Phi(\beta^1 - c^1(\beta^1,\beta_2))\\ &= E_{\beta_2}x^1(\beta^2,\beta_2)(\Phi(\beta^2 - c^1(\beta^2,\beta_2))\\ &\quad - \Phi(\beta^1 - c^1(\beta^2,\beta_2))) \qquad (IC_1 \text{と} IC_2 \text{より})\\ &= \nu x^1(\beta^2,\beta^1)\phi(e^1(\beta^2,\beta^1)) + (1-\nu)x^1(\beta^2,\beta^2)\phi(e^1(\beta^2,\beta^2))\end{aligned}$$

となる．ここで，

$$e^1(\beta^2,\beta_1) = \beta^2 - c^1(\beta^2,\beta_1)$$

$$e^1(\beta^2, \beta_2) = \beta^2 - c^1(\beta^2, \beta^2)$$

$$\phi(e) = \Phi(e) - \Phi(e - \Delta\beta)$$

である．同様に第 2 業者の期待効用は

$$U^2(\beta^1) = \nu x^2(\beta^1, \beta^2)\phi(e^2(\beta^1, \beta^2)) + (1-\nu)x^2(\beta^2, \beta^2)\phi(e^2(\beta^2, \beta^2))$$

となる．また，このときの期待社会厚生は

$$\begin{aligned}W &= E_{\beta_1,\beta_2}(S - (1+\lambda)(\beta_1 - e^1(\beta_1,\beta_2) \\ &\quad + \Phi(e^1(\beta_1,\beta_2))))x^1(\beta_1,\beta_2) - \lambda\nu U^1(\beta^1) \\ &\quad + E_{\beta_1,\beta_2}(S - (1+\lambda)(\beta^2 - e^2(\beta_1,\beta_2) \\ &\quad + \Phi(e^2(\beta_1,\beta_2))))(1 - x^1(\beta_1,\beta_2)) - \lambda\nu U^2(\beta^1)\end{aligned} \quad (11.5)$$

となる．従って，この期待社会厚生を最大にするように $(e^i(\cdot), x^i(\cdot))$ を設定すればよい．この問題は容易に解けて，次の定理としてまとめることができる．

定理 1 当局にとって最適な入札メカニズムは次のようになる．

1. $x^1(\beta_1, \beta_2) = 1, x^1(\beta_2, \beta_1) = 0, x^1(\beta_1, \beta^1)$ および $x^1(\beta_2, \beta^2)$ は不定，
2. 選抜された β_1 業者の努力水準は効用努力水準 e^* であり，選抜された β_2 タイプの業者の努力水準は次のように求められる．

$$\hat{e} = \arg\min \ \Phi(e) - e + (\lambda/1+\lambda)(\nu/(1+\nu)\phi(e)) \quad (11.6)$$

この $\hat{e}$ の求め方から，β^2 タイプの業者は過小投資を強いられることがわかる．実際，$\hat{e}$ について具体的に解くと，

$$e = 1 - (\lambda/1+\lambda)(\nu/(1-\nu))\Delta\beta < e^* \quad (11.7)$$

が得られる．したがって，非効率タイプの業者の投資について，次の性質が成り立つ．

11.2. 公共財受注モデル

性質 1

1. 業者の努力水準については

$$\partial e/\partial \lambda < 0, \quad \partial e/\partial \nu < 0, \quad \partial e/\partial \Delta\beta < 0 \tag{11.8}$$

2. 効率タイプの業者は正の情報レントをもち，その期待効用は

$$U^i(\beta^1) = (1-\nu)x^i(\Phi(\hat{e}) - \Phi(\hat{e} - \Delta\beta)) \tag{11.9}$$

となる．但し，x^i は当局によって指定された，(β^2, β^2) のときの第 i 業者に対する選択確率である．

このとき，$U^i(\beta^1)$ について各パラメータの変化による影響を求めることができる．

性質 2

$$\partial U^i(\beta^1)/\partial \lambda = \Delta\beta/(1+\lambda)^2 > 0$$

$$\partial U^i(\beta^1)/\partial \Delta\beta = (2\lambda/1+\lambda)(\nu/1-\nu) + 1 \begin{cases} > 0 \\ = 0 \\ < 0 \end{cases}$$

$$\partial U^i(\beta^1)/\partial \nu = \Delta\beta((1-\lambda)\Delta\beta/2(1+\lambda) - 1) \begin{cases} > 0 \\ = 0 \\ < 0 \end{cases}$$

$\Delta\beta$ と $\nu/1-\nu$ についてこのレントの変化の符号を図示すると図 11-1 のように書き表すことができる．従って，まず，資金の収集コストが大きいと効率的な業者の情報レントは大きくなり，また，効率ギャップがある水準以上では効率タイプのウェイトが増加するとその情報レントも大きくなり，その水準以下では効率タイプのウェイトが増加するとその情報レントは小さくなる．さらに，効率ギャップが極端に大きく，かつ，ν が十分小さい場合，効率ギャップが十分

小さく，かつ，ν が十分大きい場合には効率ギャップの増加は情報レントを増加させる．

次に，この入札システムでの社会厚生の比較静学をおこなってみよう．この最適入札システムのもとでの社会厚生は次のように書ける．

$$\begin{aligned} W &= S - \nu(2-\nu) - (1+\lambda)(\beta^1 - e^* + \Phi(e^*)) \\ &\quad - (1-\nu)^2(1+\lambda)(\beta^2 - e + \Phi(e)) \\ &\quad - \lambda(1-\nu)(\Phi(e) - \Phi(e - \Delta\beta)) \end{aligned} \quad (11.10)$$

(11.6) を考慮して，この式を β^1 一定のもとで $\Delta\beta$ で偏微分すると，

$$\frac{\partial W}{\partial \Delta\beta} = -(1-\nu)^2(1+\lambda) - \lambda\nu(1-\nu) < 0 \quad (11.11)$$

が成り立つ．また，β^2 一定のもとで $\Delta\beta$ で偏微分すると，

$$\frac{\partial W}{\partial \Delta\beta} = \nu^2(1+\lambda)(\Delta\beta - (\lambda/1+\lambda)((1-\nu)/\nu)) \quad (11.12)$$

となり，つぎの性質が得られる．

性質 3

1. 効率ギャップがある水準 $(\lambda/1+\lambda)((1-\nu)/\nu)(<1)$ より大きいとき，そのギャップが大きくなれば，社会厚生が増大し，その水準より小さいとき，そのギャップが大きくなれば，社会厚生が減少する．
2. ν の減少，及び λ の増大は，社会厚生の減少をもたらす．

効率ギャップが小さいとき，効率水準が向上しても社会厚生が減少するようになるという結論は興味深い．これはギャップの増大による業者全体の厚生の減少が β^1 の減少による公共財生産の厚生の増加を上回る場合があることから生じるのである．こうして，効率水準が向上しても社会厚生が減少する理由が明らかになる．

以上によって，入札システムを導入した場合の最適な社会厚生と業者の厚生に関する考察が十分になされたことになった．

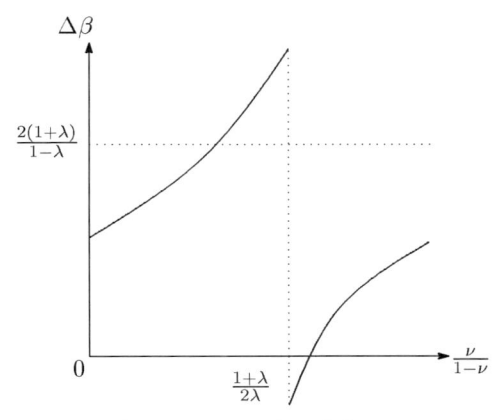

図 11-1: レントの変化

11.3 モニタリングをもつ入札制度

これまでは業者の生産性について当局が直接情報をもたないときの公共財調達メカニズムを入札を使って検討してきた．本節では入札契約のメニューを業者が選択した後に当局によるモニタリングをおこなう場合の最適契約とその社会的厚生を考察する．後で述べるように，入札の以前におこなうモニタリングと区別するため，この制度を事後のモニタリング (ex-post monitoring) と呼ぶことにする．なお，この制度の存在は業者間に周知されているものとする．また，モニタリングの技術は第1節で述べたものを採用する．ただし，$r = 1$ とする．これはモニタリングによってタイプが完全に発覚するというもので，生産をおこなったあとに検査することによりタイプ情報は正確に把握されるものと仮定する．

まず，事後モニタリングをもつ入札制度における契約メニューを考えてみる．いま，ある契約メニュー $(t^i(\beta_1, \beta_2), c^i(\beta_1, \beta_2), x_i(\beta_1, \beta_2))(i = 1, 2)$ を考えたとき，インセンティブ・コンパティブルな契約の性質を保持するものとする．第2節のケースと異なるのはある業者が虚偽申告したときの利益の取り方である．いま，第 i 業者が β^1 のとき，β^2 と報告して得られる期待利益はモニタリングの確率，及び，そのときのペナルティの大きさに依存するであろう．そこで，当

局が提示するモニタリングメニューを (m, P) で表す．ここで，m は事後的モニタリングの確率（$0 \leq m \leq 1$）で，P は虚偽申告したことが発覚したときのペナルティの大きさである．簡単化のため，(m, P) は申告された生産効率パラメータの組に依存しないものとする．第 i 業者が β^1 のタイプであるときに，虚偽報告をしない条件 (インセンティブ・コンパティビリティ条件（IC 条件）) は

$$E_{\beta_2} t^1(\beta_1, \beta_2) - E_{\beta_2} x^1(\beta^1, \beta_2) \Phi(\beta^1 - c^1(\beta^1, \beta_2))$$
$$\geq (1-m)(E_{\beta_2} t^1(\beta^2, \beta_2) - E_{\beta_2} x^1(\beta^2, \beta_2) \Phi(\beta^1 - c^2(\beta_1, \beta^2))) - mP \quad (IC_1)$$

で表される．同様に，第 2 業者が β_1 のタイプであるときの IC 条件は

$$E_{\beta_1} t^2(\beta_1, \beta^1) - E_{\beta_1} x^2(\beta^1, \beta_1) \Phi(\beta^1 - c^2(\beta_1, \beta^1))$$
$$\geq (1-m)(E_{\beta_1} t^2(\beta_1, \beta^1) - E_{\beta_1} x^2(\beta_1, \beta^1) \Phi(\beta^1 - c^2(\beta_1, \beta^2))) - mP \quad (IC_2)$$

となる．また，β^2 タイプの各業者の個人合理性は前節と同じで，

$$E_{\beta_2} t^1(\beta^2, \beta_2) - E_{\beta_2} x^1(\beta^2, \beta_2) \Phi(\beta^2 - c^1(\beta^2, \beta_2)) \geq 0 \quad (IR_1)$$

$$E_{\beta_1} t^2(\beta_1, \beta^2) - E_{\beta_1} x^2(\beta_1, \beta^2) \Phi(\beta^2 - c^2(\beta_1, \beta^2)) \geq 0 \quad (IR_2)$$

である．前節で議論したように，β^2 タイプの IC 条件，及び，β^1 タイプの個人合理性条件は最適社会厚生の観点からは拘束的ではない．従って，この事後的モニタリングをもつ社会厚生最大化問題は上の 4 つの条件のもとで解かれる．この場合の期待社会厚生は，(11.5) からモニタリング費用を引いたもので，

$$\hat{W} = W - mM \tag{11.13}$$

となる．但し，M はモニタリングの単位費用である．このとき，β^1 タイプの業者 1 の期待効用は $(IC_1), (IC_2), (IR_1), (IR_2)$ を考慮すれば

$$\begin{aligned}
U^1(\beta^1) &= E_{\beta_2} t^1(\beta^1, \beta_2) - E_{\beta_2} x^1(\beta^1, \beta_2) \Phi(\beta^1 - c^1(\beta^1, \beta_2)) \\
&= (1-m) E_{\beta_2} x^1(\beta^2, \beta_2)(\Phi(\beta^2 - c^1(\beta^2, \beta_2)) \\
&\quad - \Phi(\beta^1 - c^2(\beta^1, \beta_2))) - mP E_{\beta_2} x^1(\beta^2, \beta_2) \\
&= (1-m)(\nu x^1(\beta^2, \beta^1) \phi(e^1(\beta^2, \beta^1)) \\
&\quad + (1-\nu) x^1(\beta^2, \beta^2) \phi(e^1(\beta^2, \beta_2))) - mP E x^1(\beta^2, \beta_2) \quad (11.14)
\end{aligned}$$

11.3. モニタリングをもつ入札制度

となる．同様にして，β^1 タイプの業者2の期待効用は

$$\begin{aligned}
U^2(\beta^1) = & (1-m)(\nu x^2(\beta^1,\beta^2)\phi(e^2(\beta^1,\beta^2)) \\
& +(1-\nu)x^2(\beta^2,\beta_2)\phi(e^2(\beta^2,\beta^2))) - mPE_{\beta_2}x^1(\beta_1,\beta^2)
\end{aligned} \tag{11.15}$$

となる．これらを使って，期待社会厚生 $\hat{W}$ を求めると

$$\begin{aligned}
\hat{W} = & \nu^2(S-(1+\lambda)(\beta^1-e^1(\beta^1,\beta^1)+\Phi(e^1(\beta^1,\beta^1))))x^1(\beta^1,\beta^1) \\
& +\nu^2(S-(1+\lambda)(\beta^1-e^2(\beta^1,\beta^1) \\
& +\Phi(e^2(\beta^1,\beta^1)))(1-x^1(\beta^1,\beta^1)) \\
& +\nu(1-\nu)(S-(1+\lambda)(\beta^1-e^1(\beta^1,\beta^2) \\
& +\Phi(e^1(\beta^1,\beta^2))))x^1(\beta^1,\beta^2) \\
& +\nu(1-\nu)(S-(1+\lambda)(\beta^2-e^2(\beta^1,\beta^2) \\
& +\Phi(e^2(\beta^1,\beta^2))) + mP\lambda\nu)(1-x^1(\beta^1,\beta^2)) \\
& +\nu(1-\nu)(S-(1+\lambda)(\beta^2-e^1(\beta^2,\beta^1) \\
& +\Phi(e^1(\beta^2,\beta^1)))) - (1-m)(\lambda\nu/(1-\nu))\phi(e^1(\beta^2,\beta^1)) \\
& +mP\lambda\nu)x^1(\beta^2,\beta^1) + \nu(1-\nu)(S-(1+\lambda)(\beta^1-e^2(\beta^2,\beta^1) \\
& +\Phi(e^1(\beta^2,\beta^1))))(1-x^1(\beta^2,\beta^1)) \\
& +(1-\nu)^2(S-(1+\lambda)(\beta^2-e_1(\beta_2,\beta_2) \\
& +\Phi(e^1(\beta^2,\beta^2))) - (1-m)(\lambda\nu/(1-\nu))\phi(e^2(\beta^2,\beta^2)) \\
& +mP\lambda)x^1(\beta^2,\beta^2) + (1-\nu)^2(S-(1+\lambda)(\beta^2-e^2(\beta^2,\beta^2) \\
& +\Phi(e^1(\beta^2,\beta^2))) - (1-m)(\lambda\nu/(1-\nu))\phi(e^2(\beta^2,\beta^2)) \\
& +mP\lambda\nu)(1-x^1(\beta^2,\beta^2)) - mM
\end{aligned} \tag{11.16}$$

となる．したがって，この期待社会厚生を最大にするように入札契約メニューをもとめればよい．この場合の最適メニューについてつぎの性質がわかる．

定理2 モニタリングのある最適入札メニューについて $x^1(\beta^1, \beta^1)$ と，$x^1(\beta^2, \beta^2)$ は不定であるが，$x^1(\beta^1, \beta^2) = 1, x^1(\beta^2, \beta^1) = 0$ が得られる．

また，努力水準については，

$$e^1(\beta^1, \beta^1) = e^1(\beta^1, \beta^2) = e^*(=1)$$

$$e^1(\beta^2, \beta^1) = e^1(\beta^2, \beta^2) = e$$

となる．但し，e は次の式を満たす値である．

$$e = \arg\min \ (\Phi(e) - e + (1-m)(\nu/1-\nu)(\lambda/1+\lambda)\phi(e)) \tag{11.17}$$

したがって，

$$1 = e^* > e = 1 - (1-m)(\lambda/1+\lambda)(\nu/1-\nu)\Delta\beta > e \tag{11.18}$$

が成り立つ．よって，事後的モニタリングが伴う場合，β^2 の努力水準は効率水準以下であるという意味でやはり過小投資であるが，モニタリングがない場合に比べて努力水準は高くなっている．すなわち，

性質4 モニタリングのある入札での業者による努力水準は効率水準より低いがモニタリングのない場合に比べて高い．

このときの効率的タイプの業者の期待効用は，

$$U^i(\beta^i) = (1-m)(1-\nu)x^i(\beta^2, \beta^2)\phi(e) - mPx^i(\beta^2, \beta^2)(1-\nu)^2 \ (i=1,2) \tag{11.19}$$

なので，P について制約をおくことによって，この期待効用を非負にすることにしよう．これは，

$$P \leq \frac{(1-m)\phi(e)}{m(1-\nu)} \tag{11.20}$$

である．従って，ペナルティ料金 P がこの範囲にあれば，効率タイプの業者の IR 条件は拘束的でないものとみなすことができる．

11.3. モニタリングをもつ入札制度

以上より,これらの値を期待社会厚生 W の式 (11.16) に代入して整理すると

$$\begin{aligned}\hat{W} &= S - (2\nu - \nu^2)(1+\lambda)(\beta^1 - e^* + \Phi(e^*)) \\ &\quad - (1-\nu)^2(1+\lambda)(\beta^2 - e + \Phi(e)) - \lambda\nu(1-\nu)\phi(e) + mP\lambda\nu - mM\end{aligned} \tag{11.21}$$

となる.ここで最適モニタリング比率を求めるため,上式 (11.21) を m で偏微分すると,

$$\begin{aligned}\frac{\partial \bar{W}}{\partial m} &= (1-\nu)^2(1+\lambda)((\lambda/1+\lambda)(\nu/1-\nu)\Delta\beta)^2(1-m) \\ &\quad - \lambda\nu(1-\nu)\Delta\beta + p\lambda\nu - M = 0\end{aligned} \tag{11.22}$$

よって,

$$m = 1 - \frac{\lambda\nu(1-\nu)\Delta\beta - p\lambda\nu + M}{(\lambda^2/1+\lambda)\nu^2(\Delta\beta^2)} \tag{11.23}$$

となる. (11.22) より,最適モニタリング比率が決定されるが,その左辺が非正であれば,事実上,モニタリングが不必要であることになる.

そこで,(11.20) の右辺の値が m に関して,減少関数となることに注意して, (P, m) 空間上に (11.22) と (11.20) を表したものが図 11-2(左図) である. (11.22) を満たすモニタリング比率のとき社会的厚生 W は P の増加関数となるので,最適なペナルティ料金は (11.20) の等式と (11.22) を満たす点となる.これはモニタリング費用 M に依存しており,$P = P(K)$,また対応する最適モニタリング比率を $m = m(K)$ で表す.また,(11.22) を考慮すれば,$dP/dK > 0$, $dm/dK < 0$ が成り立つ.よって,(11.19) より,非効率タイプの費用は高く設定されることになる.従って,モニタリング費用が高くなるにつれて,ペナルティ料を高めていくことになるが,実際には,ペナルティ料は上限があることがしばしば見られる.そこで,この上限を $\bar{P}$ とするとこの場合の最適モニタリング比率は (11.22) に $P = \bar{P}$ を代入したものとなる.これは図 11-2(右図) の場合である.以上によって,モニタリング費用が所与の場合の最適契約の内容が明らかになった.

このモニタリングをもつ入札の場合,モニタリング料を操作することによって β^1 タイプの業者の情報レントをもなくすことができることに注意しよう.ま

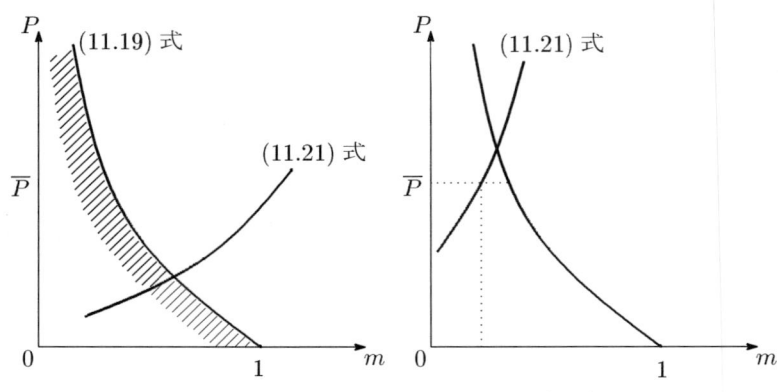

図 11-2：ペナルティとモニタリング比率

た，そのことが社会厚生上望ましいことは言うまでもない．なお，この入札契約では事実上モニタリングは脅し (threat) としてのみ使われていることに注意しなければならない．このメカニズムでは結果として各タイプは正確に自分のタイプを報告しているわけだから，事後のモニタリングは実際上行使される必要がない．従って，モニタリング費用 K は単なる脅しとしてしか機能していないようにみえる．しかし，これが単なる脅しであれば業者は事後のモニタリングの行使を信用しないので平気で虚偽申告することになる．従って，ここで考えているモニタリング費用はこの脅しが信じられるためのコミットメントのための費用と解釈することもできる．以上のことから次の定理が成り立つ．

定理 3 モニタリングをもつ入札制度のもとでは，モニタリング費用が高くなるにつれて，
  (a) モニタリング比率は減少し，
  (b) ペナルティ料は高くなり，
  (c) 非効率タイプの努力水準は大きくなる．
また，このとき，
  (d) 業者の情報レントは消滅する．

11.4 談合の可能性と談合抑止メカニズム

　これまではモニタリングが存在する場合の入札メカニズムの厚生評価をおこなってきたが，本節では，まず，業者と当局間の賄賂の授受の可能性を検討してみよう．事後モニタリングが業者の情報レントを消滅させることを指摘したが，モニタリングによる業者の効率性パラメータについての情報の入手は，その情報が当局によって入手された私的情報である場合，当局と業者の癒着をもたらす可能性をひきおこす．すなわち，虚偽報告によって受注をかち取った業者が，モニタリングによる当局による告発を防ぐため，当局自身に賄賂を送る可能性がありうる．この可能性があるかぎり，前節で構築された入札内容は変更されざるをえない．このとき，生産効率の高い業者の IC 条件は，虚偽申告をして，それが発覚したとき，業者からの金銭の授受によって当局に議会にたいして業者の生産効率情報についてうその報告をさせるより，最初から，正直に自分のタイプを報告するほうが有利であるようにするものである．このため，当局そのものをもうひとつのエージェントとみなし，たとえば，議会をプリンシパルとした，3層のプリンシパル・エージェント問題というフレーム・ワークを導入しなければならない．そこで，このフレーム・ワークについて考察してみよう．

　まず，議会は規制当局の報酬体系を提示しなければならない．これは業者の虚偽報告を告発するように仕向けたものでなければならないので，虚偽申告を告発したら s_1，何もしなかったら s_2 という報酬体系を考えよう ($s_1 > s_2$)．また，モニタリングのコストは当局自身の努力に依存するのでその確率の大きさ m に依存して，$\Phi(m)$ で表すものとする．とくに，$\Phi'(m) > 0, \Phi''(m) < 0$ とする．こうして，モニタリングの頻度そのものは当局自身の決定に委ねるわけである．もし，賄賂の可能性がなければ，その決定は簡単で，

$$m = \arg\max \ s_1(1 - m\nu) + s_2 m\nu - \Phi(m)$$

で表される．とくに，$\Phi(m) = am^2/2$ とする．a は正の定数である．このとき，賄賂の可能性がない場合の当局自身による最適モニタリング確率 m^0 は

$$m^0 = \nu(s_1 - s_2)/a$$

となる.しかし,賄賂がおこる場合には,業者からどれだけの金銭が提供されるかを考えなければならない.まず,虚偽申告するのは β^1 タイプの業者であるから,発覚すれば P のペナルティを支払わなければならない.しかし,発覚しなければ,虚偽申告による利益を全部手に入れることができる.いま,2業者の報告が (β^1, β^i) であったとする.ただし,β^1 は賄賂を考えている第1業者とする.このとき,第1業者の利益は $t^1(\beta^2, \beta^i) - \Phi(1 - e^1(\beta^2, \beta^i))$ である.したがって,賄賂をおくって得られる全体の利益は $t^1(\beta^2, \beta^i) - \Phi(1 - e^1(\beta^2, \beta^i)) + P$ となる.この利益をどのように当局と業者で分配するかは議論の余地があるが,ここでは折半するものとしよう.また,賄賂をおくって受け入れられる場合,賄賂の発覚を防ぐ予防措置のためのコストが必要であろう.その単位コストを $g(0 < g < 1)$ で表すと,当局が手にする利益は

$$\frac{t^1(\beta^2, \beta^1) - \Phi(1 - e^1(\beta^2, \beta^1)) + P}{2(1+g)}$$

であり,賄賂が有効であるためには,虚偽申告を摘発したときに得られる報酬 s_1 より,この値が大きくなければならない.

$$\frac{t^1(\beta^2, \beta^i) - \Phi(1 - e^1(\beta^2, \beta^i)) + P}{2(1+g)} \geq s_1$$

このとき,業者は

$$\frac{t^1(\beta^2, \beta^i) - \Phi(1 - e^1(\beta^2, \beta^i)) + P}{2(1+g)} - P$$
$$= \frac{t^1(\beta^2, \beta^i) - \Phi(1 - e^1(\beta^2, \beta^i)) - P + 2gP}{2(1+g)}$$

だけの金額を手にすることになる.この値は負であるかもしれないが,なにもしないよりはましである.したがって,戦略的な当局によるモニタリング確率は

$$m = \frac{\nu}{a}\left(\frac{t^1(\beta^2, \beta^i) - (1 - e^1(\beta^2, \beta^i)) + P}{2(1+g)} - s_2\right)$$

となる.よって,β^1 タイプの業者にとっての期待効用は

$$(1-m)(t^1(\beta^2, \beta^i) - \Phi(1 - e^1(\beta^2, \beta^i))) + m\frac{t^1(\beta^2, \beta^i) - P + 2gP}{2(1+g)}$$

11.5. おわりに

$$= (1 - m + \frac{m}{2(1+g)}(t^1(\beta^2, \beta^i) - \Phi(1 - e^1(\beta^2, \beta^i)))) + \frac{m(2g-1)P}{2(1+g)}$$

となる．したがって，入札において β^1 タイプの業者が正直に自分のタイプを報告するために，そのときの利益がこの式の値を上回らなければならない．(11.14)，(11.16) と同様にして，入札契約の IC 条件と IR 条件を適用すれば，期待社会厚生が得られる．たとえば，(11.16) 式の (β^2, β^2) に対応する項は

$$\begin{aligned}
& (1-\nu)^2(S - (1+\lambda)(\beta^2 - e^1(\beta^2, \beta^2)) + \Phi(e_2(\beta^2, \beta^2))) \\
& - (1 - m + \frac{m}{2(1+g)})(\frac{\lambda\nu}{1-\nu})\phi(e^1(\beta^2, \beta^2)) \\
& + \frac{m(-1+2g)}{2(1+g)}P\lambda x^1(\beta^2, \beta^2)
\end{aligned}$$

となる．したがって，この項を最大にする $e^2(\beta^2\beta^2), x^1(\beta^2, \beta^2)$ を求めればよい．前節までと同様にして求めれば，次の性質が得られる．

性質5 事後モニタリングにおいて当局と業者の癒着の可能性がある場合の最適契約における $e^2(\beta^2, \beta^2)$, $e^2(\beta^1, \beta^2)$ は過少投資となり，さらに，e^- より少ない．また，$e^2(\beta^2, \beta^1)$, $e^2(\beta^1, \beta^1)$ は効率水準となる．

11.5　おわりに

　これまでは事後的モニタリングがあるとき，業者と規制当局との癒着の可能性を検討してきたが，事前のモニタリングをおこなう場合が検討され，事後の場合と比較厚生分析がなされなければならない．この場合の機構を簡単にスケッチしておこう．まず，第2節に設定した事前のモニタリング技術によって当該業者グループが識別される．この場合，一般にノイズのあるモニタリングとなるであろう．そして，効率タイプと認定された業者（複数または単独）にたいしてあらためて入札をおこなうことになる．このとき，IC 条件における相手業者のタイプ確率はこのモニタリングによって訂正されていることに注意されねばならない．このときの当局による最適契約の厚生分析が必要になる．また，この事前モニタリングによる入札システムにおける当局の戦略的行動の可能性が検討されねばならない．これは，事前に得たタイプ情報が業者にとって都合

が悪ければ，入札に残るために賄賂を当局に申し出るかもしれない．この場合の都合の悪いときとは自分が悪いタイプと判断されたときであろう．また，相手業者のタイプを非効率タイプと認定するように当局に唆すかもしれない．したがって，事前モニタリングの場合にも賄賂の生じる可能性がある．こうして，政府による公共財の調達におけるさまざまな調達システムと監査システムを当事者達のインセンティブとかれらがもつ情報の構造に留意しながら比較検討していくことが重要になる．

参考文献

[1] Baiman,S., Evans, J. and J. Noel(1987), "Optimal Contracts with a Utility-Maximizing Auditor," *Journal of Accounting Research*, vol.25.

[2] Baiman,S., Evans,J. and N. Nagarajan(1991), "Collusion in Auditing," *Journal of Accounting Research*, vol.29.

[3] Baron,D. and R.Myerson(1982), "Regulation a Monopolist with Unknown Costs," *Econometrica*, vol.50.

[4] Baron,D. and D.Besanko(1984), "Regulation, Asymmetric Information and Auditing," *Rand Journal of Economics*, vol.15.

[5] Diamond,D.(1984), "Financial Intermediation and Delegated Monitoring," *Review of Economic Studies*, vol.51.

[6] Demski,J. and D.Sappington(1987), "Hierarchical Regulatory Control," *Rand Journal of Economics*, vol.18.

[7] Fudenberg,D. and D.Kreps(1987), "Reputation and Simultaneous Opponents," *Review of Economic Studies*,vol.54.

[8] Graetz, M. J., Reinganum, J. F. and L. Wilde(1986), "The Tax Compliance Game : Toward an Interactive Theory of Law Enforcement," *Journal of Law, Economics, and Organization*, vol.2.

[9] Green,P. and M.Porter(1984), "Non-Cooperative Collusion Under Im-

11.5. おわりに

perfect Price Information," *Econometrica*, vol.32.

[10] Grossman,S. and O.Hart(1983), "An Analysis of the Principal-Agent Problem," *Econometrica*, vol.51.

[11] Khalil,F.(1992), "Commitment in Auditing," Mimeo, University of Washington.

[12] Kofman,F. and J.Lawarrèe(1993), "Collusion en Hierarchical Agent," *Econometrica*, vol.61.

[13] Laffont,J-J. and J.Tirole(1986), "Using Cost Observations to Regulate Firms," *Journal of Political Economy*, vol.94.

[14] Laffont,J-J. and J.Tirole(1990), "Cost Padding, Auditing and Collusion," Working Paper, no.572.

[15] Laffont,J-J. and J.Tirole(1993), "A Theory of Incentives in Procurement and Regulation," MIT Press.

[16] Maskin,E. and J.Riley(1984), "Monopoly with Incomplete Information," *Rand Journal of Economics*, vol.15.

[17] Polinsky,A.M. and S.Shavell(1984), "The Optimal Use of Fines and Imprisonment," *Journal of Public Economics*, vol.24.

[18] Sappington,D.(1983), "Limited Liability Contracts Between Principal and Agent," *Journal of Economic Theory*, vol.29.

[19] Simon,H.(1954), *Centralization versus Decentralization in the Controller's Department*, Controllership Foundation.

[20] Tirole,J.(1986), "Hierarchies and Bureaucreacies : On the Role of Collusion in Organizations," *Journal of Law, Economics, and Organization*, vol.2.

[21] Tirole,J.(1990), "Collusion and the Theory of Organizations," Mimeo, MIT Press.

[22] Theroux,R. and J.Umbeck(1987), "Drunken Driving, Hit-and-Runs, and Bribery," *Regulation*, vol.2.

[23] Williamson,O.(1985), *The Economic Institutions of Capitalism*, New York: Free Press.

第12章　不法投棄，リサイクル，および モニタリング

12.1　廃棄物とリサイクル

　経済活動の拡大とともに廃棄物の増加が問題となってきた．これは廃棄物の投棄による環境汚染としてあらわれる．また，最終処分場や産業廃棄物処理施設の建設が困難になっていることからもわかる．この廃棄物問題の解決は環境問題の重要な課題であり，そのため廃棄物の減量化を図ることが必要である．こうして，廃棄物の発生を極力抑え，また使用済み製品の再利用，排出された廃棄物の再利用などが環境問題としてクローズアップされてきた．

　わが国でも2001年4月より家電リサイクル法が実施されている．これは家庭や事務所から排出される特定家庭用機器廃棄物(現在，政令でエアコンディショナー，テレビジョン受信機，電気冷蔵庫，電気洗濯機がこれに指定されている)のリサイクル・システムを確立するために，消費者や事業者に料金を課し再商品化を促そうとする法律である．そこでの特定家庭用機器廃棄物と収集・運搬および再商品化料金の流れは，まず，家計が排出した場合に小売業者はその廃棄物を引き取るときに料金を請求し，小売業者は指定取引場所において製造業者が引き取る際に事前に公表した適正な料金を請求するものとなっている．

　本章の目的は，このようにわが国においても政策課題となってきたリサイクル・システム構築がどのような経済効果をもつかを検討することである．その際，重要な問題点はモニタリング問題である．すなわち，廃棄に際して料金を課すことによって，家計あるいは小売業者は場合によっては不法投棄をする可能性がある．このため，政府＝自治体はこの不法投棄に対して監視－ペナルティ体制を構築しておく必要がある．先ほどの家電リサイクル法においては，つぎ

---

*本章は細江(2002)を加筆・修正したものである．

のような罰則が定められている.

1. 小売業者が引き取り・引き渡しの方法と引き取り運搬料金について主務大臣の勧告にしたがわない場合は50万円以下の罰金,主務大臣から各種の報告を求められた際にこれに従わなかった場合および立入検査に協力しなかった場合には20万円以下の罰金.
2. 製造業者等が引き取りの方法と再商品化料金について主務大臣の勧告にしたがわない場合は50万円以下の罰金,主務大臣から報告を求められた際にこれに従わなかった場合および立入検査に協力しなかった場合には20万円以下の罰金.
3. また,家電リサイクル法は,廃棄物処理法の特別法であるので,不法投棄は同法第16条違反となり,

    - 行為をした人には,5年以下の懲役または1千万円以下の罰金若しくは科料.
    - さらに,「産業廃棄物」を不法投棄した場合は,行為をした人と雇用関係にある法人には1億円以下の罰金,行為をした人と雇用関係にある個人には1千万円以下の罰金が科せられる.

このようにペナルティについては法律によって定められているが,監視体制はどうであろうか.この監視体制が十分でないと罰則規定は全く意味のないものになってしまうだろう.本章ではこうしたリサイクル・システムをモニタリング・システムとあわせてデザインし,そのあり方がどのように人々のリサイクル行動,生産活動に影響を与えるか検討する.われわれが注目するのは,財市場と再資源生産要素市場の両市場間における連関を分析することと,企業の再資源生産要素とヴァージン資源生産要素の選択の問題である.また,廃棄対象物に関して物質バランスである資源保存原則を前提に分析を進めている.

まず,家計によって当該財に対して需要が発生するが,その消費にともなって廃棄物が発生する.これに対する回収にあたって自治体は業者を通してリファンド料の提供あるいは回収費の徴収をおこなう.リサイクル業者は回収した廃棄物をメーカーに再利用商品として販売するか,投棄するかを選択する.再利

用可能にするには費用がかかる．さらにメーカーは購入した再資源生産要素をつかって製品の生産をおこなうが，ヴァージン資源要素を使ってでももちろん生産できる．どちらの生産要素をつかって生産するかはコスト効率に依存する．こうしたフレームワークのなかで，不法投棄の発生，抑止，および社会厚生にともなう問題を検討していく．また，最初の分析において，家計は廃棄物の提出によってリファンド料を自治体より受け取るようなケース(飲料容器など)を扱い，最後に，家計が廃棄物の提出によって料金を支払うようなケース(家電など)を分析する．

12.2 廃棄物とリサイクリングのモデル

12.2.1 家計の廃棄とリファンド料金

いま，家計は消費によって廃棄物をともなう財(以下では財1という)と廃棄物をともなわない合成財の消費選択をするとしよう．とくに，財1の消費量をx，合成財の消費量をz(基準化してその価格を1とする)としたときの代表的な消費者の効用関数を

$$U(x,z) = ax - \frac{1}{2}x^2 + z$$

であらわすとする．また，この財1をx単位消費すれば，廃棄量$y=x$が発生するものとする．いま，この財に対する価格をpとしたときの財1の消費による廃棄物を自治体に提出したとき，pkのリファンド価格を受け取ることができるとする．しかし，自治体への廃棄物y単位の提出には，$(b/2)y^2$の費用がかかるとする．したがって，自治体への提出にはコストがかかるので，kが低いときには提出せず，不法投棄するかもしれない．そこで，不法投棄がおこなわれた場合，当局による摘発がありうるとする．そのため，$x-y$の不法投棄が生じたとき，予想される期待ペナルティは，簡単化のために$(x-y)M$とし，Mは正の定数である．Mの上昇は当局による摘発能力の上昇あるいは廃棄物単位のペナルティ額の増加を意味する．

そこで，まず，ある価格のもとで不法廃棄しない場合を考える．この場合，家

計は次の問題を解くことになる.

$$\max_x U(x) = ax - \frac{1}{2}x^2 + z$$

$$\text{s.t.} \quad I + pkx - \frac{b}{2}x^2 = px + z$$

ここで, I は家計の所得である. これから, 財に対する需要関数

$$x(p,k) = \frac{a - (1-k)p}{1+b} \tag{12.1}$$

が求められる. これに対して廃棄物を一部不法廃棄する場合には, 次の問題を解くことになる.

$$\max_{x,y} U(x,y) = ax - \frac{1}{2}x^2 + I - px + pky - \frac{b}{2}y^2 - (x-y)M$$

$$\text{s.t.} \quad x > y$$

これから, 不法廃棄する場合の合法的な廃棄量は,

$$y(p,k,M) = \frac{pk + M}{b} \tag{12.2}$$

で得られる. また, そのときの財需要は,

$$x(p,M) = a - M - p \tag{12.3}$$

で表される. これらの考察から図 12-1 にあるような需要関数が求められる.

合法的廃棄から非合法的廃棄へ転換するときの価格および需要量を (p^*, x^*) とするとこれは,

$$p^*(M,k) = \frac{ab - (1+b)M}{k+b}, \tag{12.4}$$

$$x^*(M,k) = \frac{ak + M(1-k)}{k+b} \tag{12.5}$$

となる. この値を転換価格, 転換需要量と呼ぶ. こうして, 財価格が高いときには相対的に合法的な廃棄が有利になり, すべての廃棄は合法的になるが, 財価格が低いときには財に対する需要が拡大し, 合法的廃棄処理以上の廃棄をすることになる. また, 不法投棄のペナルティが大きくなるのと対応して転換価格は低下する. さらに, 合法的廃棄の処理コストに関するパラメータ (b) が高くなると, その処理コストを考慮して財そのものの需要が減少し, 転換価格は上昇する. また, 廃棄物価格の上昇 (k 上昇) は, 合法的廃棄の場合の需要曲線を上昇させ, 転換価格を低下させる.

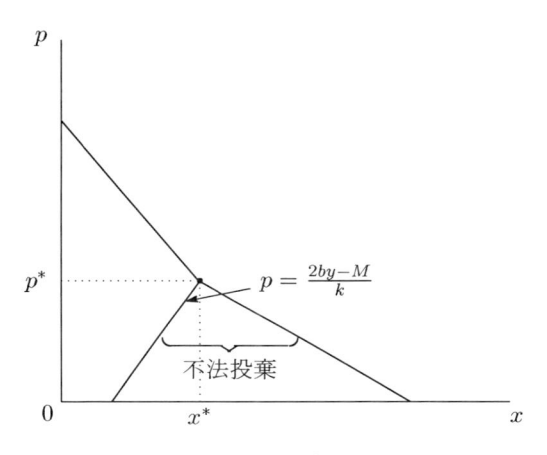

12.2. 廃棄物とリサイクリングのモデル   207

図12-1：財の屈折需要関数

12.2.2 リサイクル業者と生産者

　つづいて，家計から排出された廃棄物は自治体に回収されて，リサイクル業者に買い取られるものとする．このときの廃棄物1単位の価格をsで表し，自治体でその価格を決定するものとする．自治体はその価格のもとでリサイクル業者に強制的に買いとらせるものとする．リサイクル業者はリサイクルするかどうかを決定する．いま，y_1単位のリサイクルをおこない，生産要素として再資源生産要素市場に供給するための費用を$C(y_1)$で表す．また，再資源生産要素市場での価格をqとする．ここで，リサイクル業者は自治体から強制的に買い取らされた廃棄物を一部不法投棄するかもしれない．したがって，家計での不法投棄の場合と同様に，不法投棄の期待ペナルティを$(y-y_1)N$で表すとする．ここで，Nは不法投棄の発見確率やペナルティ額と考えることができる．これから，再資源生産要素市場へのリサイクル業者による再資源生産要素供給は次の式で与えられる．

$$\max_{y_1} \pi(y_1) = qy_1 - sy(p,k) - C(y_1) - (y(p,k) - y_1)N$$

$$\text{s.t.} \quad y(p,k) \geq y_1$$

これから，リサイクル業者が受け取った廃棄物 $y(p,k)$ より，再資源量 y_1 が小さいとき，つまり，リサイクル業者が不法投棄するとき，再資源生産要素供給は，

$$q = C'(y_1) - N \quad \text{if} \quad y(p,k) > y_1$$

を満たすような y_1 である．明らかに，不法投棄の発見確率が高ければ不法投棄そのものの量は減少する．以下では簡単化のために $C(y_1) = fy_1^2/2$ とする ($f > 0$)．このとき，$y_1 = (q+N)/f$ で表される．また，リサイクル業者が不法投棄しないときの再資源生産要素供給は $y(p,k)$ である．

次に，財生産者について考えよう．生産者は生産要素としてヴァージン資源の生産要素 v を使うか再資源の生産要素 t を使うか決定しなければならない．これまでの議論と同様にこれらの生産要素を投入して同一量の生産物が発生するものとする．いま，それぞれの生産要素を使って生じた生産量に関する費用関数を $C_1(t), C_2(v)$ とする．ここで，生じた生産物は同質の生産物となることを仮定しており，このヴァージン資源の生産要素と再資源の生産要素の違いは，費用関数の形状に集約される．特に，$v = t$ のとき，$C_2'(v) < C_1'(t)$ が成り立ち，$C_1(0) = C_2(0) = 0$ とする．つまり，このことは同質の生産物を産出するには，再資源を用いるときがヴァージン資源を用いるときよりコストがかかることを意味している．また，それぞれの生産要素価格を m, q とするとトータルの費用は，$qt + C_1(t), mv + C_2(v)$ となる．したがって，生産者のそれぞれの生産要素需要は，利潤最大化の1階条件から，$p = m + C_2'(v), p = q + C_1'(t)$ を満たすような $v = v(p,m), t = t(p,q)$ で表される．また，財の供給量は $x^s(p,m,q) = v(p,m) + t(p,q)$ で表される．以下ではこの費用関数をそれぞれ $C_1 = dt^2/2, C_2 = ev^2/2$ で表す ($d, e > 0$)．なお，以下では分析の簡単化のため家計，廃棄物処理業者，生産者はそれぞれ同質で代表的主体の行動として理解する．また，財市場も再資源生産要素市場も競争市場とする．最後に，資源の物質収支 (マテリアル・バランス) として，

$$x = t + v \tag{12.6}$$

が成り立つことを仮定している (図12-2参照)．これが成立していなければ，循環サイクルが時間と共に変化していく．

12.2. 廃棄物とリサイクリングのモデル

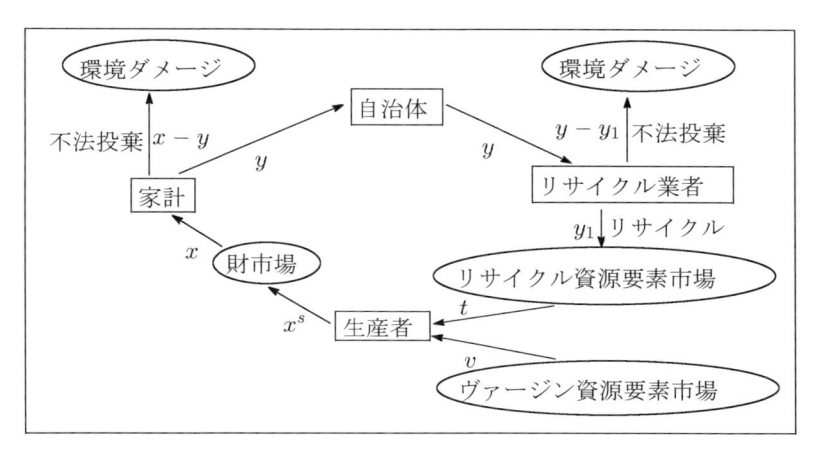

図 12-2：廃棄物とリサイクリングのモデル

12.2.3 社会的最適解

まず，ベンチ・マークとして社会的最適解を求めよう．これは家計の消費行動と廃棄行動からリサイクル業者によるリサイクリング，そして生産者による再資源とヴァージン資源を利用しての生産までのすべてのプロセスを考慮しなければならない．

ここで，社会的最適解とは，社会厚生 {(家計の効用)−(リサイクル費用 + 再資源利用による財生産費用 + ヴァージン資源利用による財生産費用 + 不法投棄による環境ダメージ)} を最大にする財の消費量 x_f，家計による合法的廃棄量 y_f，リサイクル業者によってリサイクルされる廃棄量 y_{1f} のことである．よって，社会的最適解は，以下の問題を解くことによって求めることができる．ここで，不法投棄による社会に対する限界ダメージ係数を D で表す．

$$\max_{x,y,y_1} U(x,y,y_1) = ax - \frac{1}{2}x^2 - \frac{b}{2}y^2 - C(y_1)$$
$$-C_1(y_1) - C_2(x-y_1) - D(x-y) - D(y-y_1)$$
$$\text{s.t.} \quad x \geq y \geq y_1$$

ここで，y は目的関数の最適化より，y_1 に等しくなるまで下げた方がよいことに気づくだろう．つまり，リサイクル業者に関しては，不法投棄させない方が

望ましいといえる．よって，$x = y$（完全循環のケース）と $x > y$（家計の不法投棄を許すケース）の 2 ケースが社会的に望ましいことになる．

完全循環のケース　上の問題で，$x = y$ として解くと，限界効用が家計の限界処理費用，リサイクル業者の限界リサイクル費用，および企業の限界生産費用の和と等しくなるところで決まり，

$$x_f = \frac{a}{1+b+f+d}$$

で表される．

家計の不法投棄を許すケース　上の問題で，$x > y$ として解くとその解は，

$$x_f = \frac{a(b+f+e+d) - D(b+f+d)}{(b+f+d+e) + e(b+f+d)}$$

$$y_f = \frac{ae + D}{(b+f+d+e) + e(b+f+d)}$$

で表される．

ここで，両ケースにおける社会厚生を比較すると，$a < (1 + 1/(b+f+d))D$ のように財需要の規模に関するパラメータ a が十分小さく，環境ダメージに関するパラメータ D が十分大きいときは完全循環のケースが望ましく，逆に，$a > (1 + 1/(b+f+d))D$ のように財需要の規模に関するパラメータ a が十分大きく，環境ダメージに関するパラメータ D が十分小さいときには家計の不法投棄を許すケースが望ましくなる．

補題 1　社会厚生を最大にするような状況は，

1. $a < (1 + 1/(b+f+d))D$ が成り立てば，完全循環（家計・リサイクル業者ともに不法投棄しない）のケース
2. $a > (1 + 1/(b+f+d))D$ が成り立てば，家計の不法投棄を許すケース

である．

12.3 市場均衡解

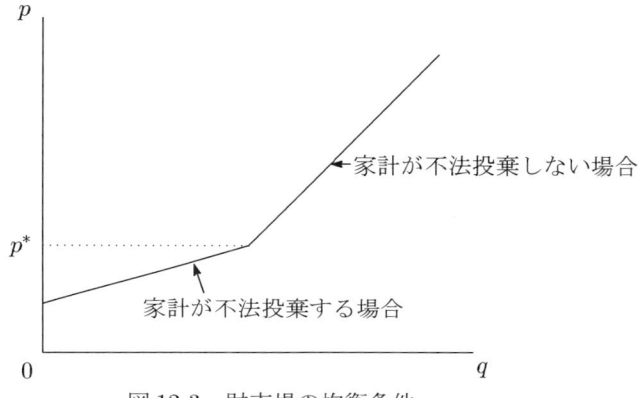

図12-3：財市場の均衡条件

12.3.1 リファンド制度（$0 < k < 1$）下での均衡

 以上の分析では，社会的に最も望ましい状況を考えたが，各経済主体は自己の効用もしくは利潤を最大にするよう行動するため，各市場において必ずしも社会的最適解は導かれない．すなわち，ここでは，あるモニタリング政策 (M, N) とリファンド率 k のもとでの財市場とリサイクル資源生産要素市場からなる市場経済において生じる市場均衡条件を求めることにする．

 まず，財市場での均衡条件は，

$$x^s(p, m, q) = x(p, k, M)$$

また，再資源生産要素市場での均衡条件は，

$$y_1(q, p, k, N) = t(p, q)$$

となる．ここで特定化された費用関数を使えば，上の均衡条件式はつぎのようになる．すなわち，財市場の均衡条件は，

$$\frac{p-q}{d} + \frac{p-m}{e} = \frac{a-(1-k)p}{1+b} \quad (\text{if } p > p^*)$$
$$= a - M - p \quad (\text{if } p < p^*)$$

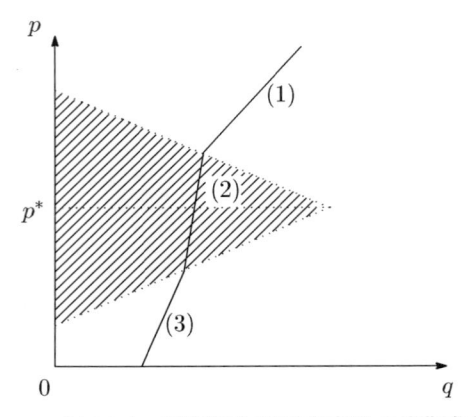

図 12-4：再資源生産要素市場の均衡条件

また，再資源生産要素市場の均衡条件は，
(リサイクル業者が不法投棄する場合)

$$(p-q)/d = (q+N)/f$$

(リサイクル業者が不法投棄しない場合)

$$\begin{aligned}(p-q)/d &= (a-(1-k)p)/(1+b) \quad (\text{if } p > p^*) \\ &= (pk+M)/b \quad (\text{if } p < p^*)\end{aligned}$$

で表される．

　まず，財市場の均衡条件を分析しよう．この条件式から図 12-3 のような財市場を均衡させる (p, q) 曲線が求められる．ここで，2 つの直線はそれぞれ家計の不法投棄がある場合とない場合に対応している．すなわち，再資源価格が低いときには，財価格も低く，家計は不法投棄をおこなう．また，再資源価格が高いときには，財価格も高く，家計は不法投棄をしない．

　これに対して，再資源生産要素市場の均衡条件は図 12-4 のように表せる．図 12-4 の斜線部は，リサイクル業者が不法投棄する領域を表しており，再資源価格が比較的低い範囲に広がっている．財価格，再資源価格がともに比較的高いとき，家計・リサイクル業者ともに，不法投棄しない完全循環を表す直線 (1) が

12.3. 市場均衡解　　　　　　　　　　　　　　　　　　　　　　　　213

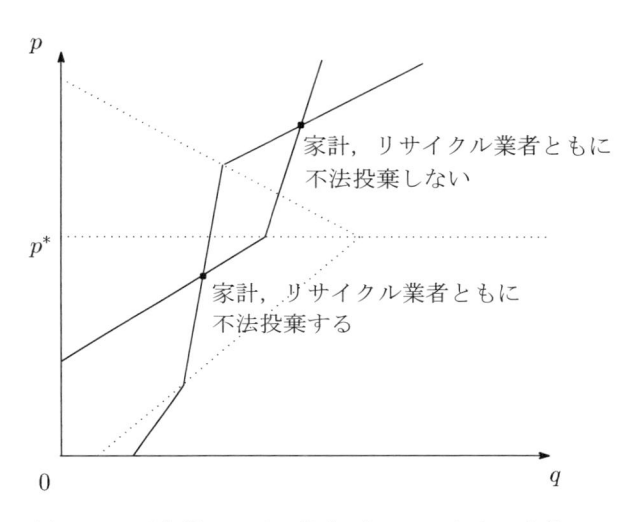

図12-5：両市場における均衡（M, N ともに中位レベル）

書ける．次に，財価格，再資源価格がともに中位にあり，財価格が p^* より大きければ，家計は不法投棄しないが，リサイクル業者は不法投棄する．また，財価格が p^* より小さければ，家計・リサイクル業者ともに不法投棄する．これらを表す直線が (2) である．最後に，財価格，再資源価格ともに低いとき，家計は不法投棄し，リサイクル業者は不法投棄しない．これを表すのが直線 (3) である．これらの直線は，モニタリング政策 (M, N)，または，リファンド率 k を操作することでシフトさせることができる．

12.3.2　両市場均衡におけるモニタリング政策の有効性

ここでは，両市場における均衡条件から導出される均衡財価格と均衡再資源価格の性質を分析し，生じた均衡解が，モニタリング政策を通して社会的最適な状況 (完全循環のケース)，(家計の不法投棄を許すケース) を達成できるかを考察する．

まず，家計に対する監視力 M，リサイクル業者に対する監視力 N がともに中位レベルのときの均衡解の決定を表したものが図12-5である．この図による

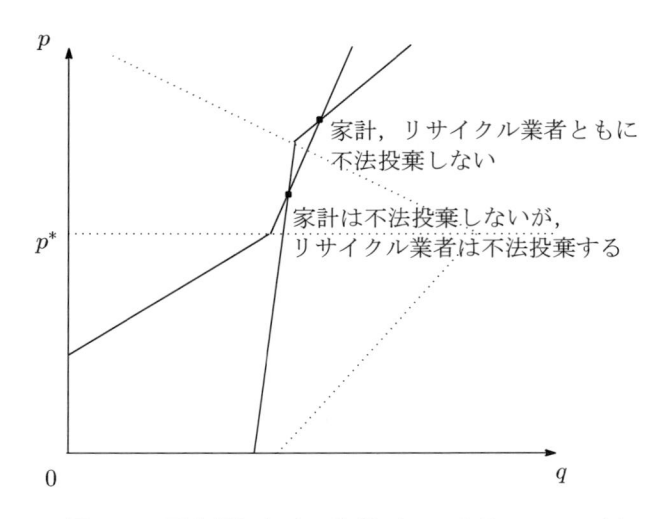

第 12 章　不法投棄，リサイクル，およびモニタリング

図 12-6：両市場における均衡（M：上昇，N：一定）

と，均衡解として 2 つの解が存在する．一つは家計・リサイクル業者ともに不法投棄しない完全循環を達成した均衡であり，もう一つは家計・リサイクル業者ともに不法投棄する均衡である．

次に，N の水準を一定にして M を上げることを考えよう．このとき，図 12-6 のように，完全循環の均衡と，家計は不法投棄しないがリサイクル業者は不法投棄する均衡が存在する．つまり，家計への監視力の上昇は，家計の不法投棄量を減少させるが，その分，リサイクル業者がリサイクルしなければならない廃棄物の量が増えるため，リサイクル業者の不法投棄量を増加させる．

また，同様に N の水準を一定にして M を下げることを考えよう．このとき，図 12-7 のように，完全循環の均衡と，家計は不法投棄するがリサイクル業者は不法投棄しない均衡が存在する．つまり，先とは逆に，家計への監視力の減少は，家計の不法投棄量を増加させるが，その分，リサイクル業者がリサイクルしなければならない廃棄物の量が減少するため，リサイクル業者の不法投棄量を減少させる．

社会的最適な状況 (完全循環のケース)，(家計の不法投棄を許すケース) を考えたとき，図 12-7 の状況が社会的に望ましいことが分かる．つまり，モニタ

12.3. 市場均衡解

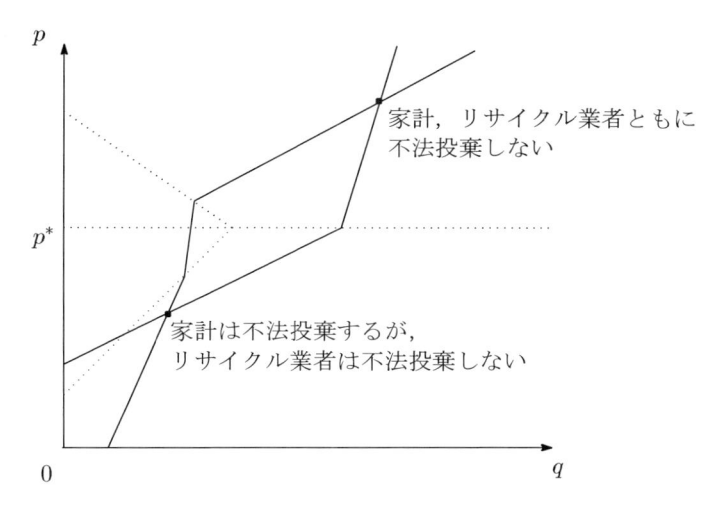

図12-7：両市場における均衡（M：減少, N：一定）

リング・コストを考慮すると，Mをできるだけ下げることがよいことになり，$M=0$まで下げることができる．また，Nに関しては，モニタリング・コストを考えるとできるだけ下げた方が望ましいが，Nを下げすぎるとリサイクル業者まで不法投棄するようになってしまうため，$N>0$でなければならない．

定理2 リファンド制度下において，社会的に望ましいモニタリング政策(M, N)は，家計への監視力Mを0に設定し，リサイクル業者への監視力をある$N>0$に設定することである．

12.3.3 料金制度（$-1 < k < 0$）下での均衡

ここで，家計が自治体に廃棄物を提出する際に，1単位あたりpkだけ料金を支払わなければならないようなケースを考える．この場合，先までの議論のkを$-k$に置き換えて分析し直すだけでよい．このとき，財市場における均衡条件はリファンド制度のときと差異はないが，リサイクル要素市場は図12-8のようになる．つまり，料金制の場合，家計は不法投棄しやすくなり，リサイクル

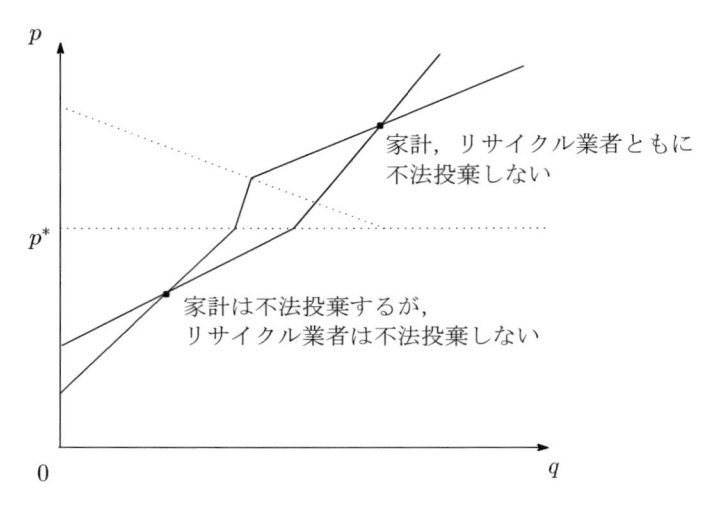

図12-8：料金制の下での両市場における均衡

業者は受け取った廃棄物が少ないため，すべてリサイクルし不法投棄しないかもしれない．よって，ファースト・ベストな状況が達成しやすいかもしれないが，料金制のもとでは，財の消費量が減少し社会厚生が低くなり，さらには家計による不法投棄が起こりすぎるため，$M > 0$ を設定しなければならない．ただし，N に関しては 0 に設定しても，M がある程度大きければリサイクル業者は不法投棄しないであろう．

定理3 料金制度下において，社会的に望ましいモニタリング政策 (M, N) は，家計への監視力をある $M > 0$ に設定し，リサイクル業者への監視力を $N = 0$ に設定することである．

12.4 おわりに

本章は，財市場と生産要素市場を廃棄物のリサイクルという形で資源的に関連させた部分均衡モデルを用いて分析を行っている．そして，その中で自治体の不法投棄に対する監視力に依存してどのような市場均衡が生じるか，また，社

12.4. おわりに

会厚生がどのようになるかを検討した．モデル自体は簡単であるがその経済的な意味付けは重要であり，一般的なメッセージとして理解することができる．

これまでに，多くのリサイクルと廃棄物に関する研究が行われてきた．Bohm=Russell(1985) にそのサーヴェイが見られ，最近では，Walls=Palmer(2001) におけるリファンド制度を明示化した部分均衡アプローチによる分析が行われるようになった．また，Fullerton=Wu(1998) は，廃棄物問題に対して一般均衡アプローチによる分析を試みており，細田 (1999) も廃棄物に対する政策の選択を一般均衡の枠組みで考察している．しかし，以上の先行研究はいずれも家計や企業の不法投棄の導入が十分とはいえず，自治体によるモニタリングに関する分析はあまりなされていない．そういう意味で，本章は新たな分析視角と分析内容の展開を与えている．だが，ここでの分析はまだ十分ではなく，いろんな方向に拡張し，整備する必要がある．まず，本章における部分均衡アプローチを一般均衡アプローチに拡張し分析する必要があろう．次に，不法投棄量に政策的判断を置いてきたが，場合によってはヴァージン資源生産要素と再資源生産要素との比率も重要な政策的指標と考えることができるかもしれない．また，最適なモニタリング率を明示的に求めることも可能である．そして，財市場におけるリファンド率の不法投棄への影響をもっと明示的に求めることも重要であろう．さらに，リサイクル率については，技術的代替の問題を考察することも興味深い．本章ではリサイクル率については価格体系に依存して選択するだけとなっているが，リサイクル率の増加のための投資を行う場合を考え，リサイクル投資の問題を導入することが可能であろう．

参考文献

[1] Baumol, W. and W. Oates(1992), *The Theory of Environmental Policy*, Cambridge University Press.

[2] Bohm, P. and C. S. Russell(1985),"Comparative Analysis of Alternative Policy Instruments," In Kneese,A.V. and J.L.Sweeney (ed.), *Handbook of Natural Resource and Energy Economics*, vol.1, Elsevier Science.

[3] Dinan, T. M.(1993),"Economic Efficiency Effects of Alternate Policies for Reducing Waste Disposal," *Journal of Environmental Economics and Management*,vol.24.

[4] Dobbs, I. M.(1991), "Litter and waste management:Disposal taxes versus user charges," *Canadian Journal of Economics*,vol.24.

[5] Fullerton, D. and T. C. Kinnaman(1995),"Garbage, recycling and illicit burning or dumping," *Journal of Environmental Economics and Management*,vol.29.

[6] Fullerton, D. and W. Wu(1998),"Policies for Green Design," *Journal of Environmental Economics and Management*,vol.36,no.2.

[7] Sigman, H.(1995),"A comparison of public policies for lead recycling," *Rand Journal of Economics*,vol.26.

[8] Sullivan, A. M.(1987),"Policy Options for Toxic Disposal:Laissez-faire, Subsidization, and Enforcement," *Journal of Environmental Economics and Management*,vol.14.

[9] Walls, M. and K. Palmer(2001), "Upstream Pollution, Downstream Waste Disposal, and the Design of Comprehensive Environmental Policies," *Journal of Environmental Economics and Management*,vol.41.

[10] 小出秀雄(1997),「デポジット・リファンド制度が消費者の廃棄行動に及ぼす効果」,『三田学会雑誌』第99巻第2号.

[11] 細江守紀(2002),「不法投棄,リサイクル,及びモニタリングの経済分析」,『環境経済学のフロンティア』(細江守紀・藤田敏之 編) 第7章, 勁草書房.

[12] 細田衛士(1999),「廃棄物処理費用ルールの支払いルールと廃棄物処理政策」,『三田学会雑誌』第92巻第2号.

第13章 汚染排出権市場と遵守メカニズム

13.1 はじめに

　環境問題を克服するための方法として，大別すると，直接規制方式，課税・補助金政策，排出権取引市場のデザインなどがあげられる．これらの理論研究もかなりなされてきた．しかし，そうした方法が十分うまく機能しているかどうかの評価は必ずしも容易ではない．そうした評価を確立し，現実に環境制御方式が採用されていくためには，環境汚染に対する統御メカニズムを情報とインセンティブの観点から総合的に見なおすことが重要である．本章ではこうした観点からとくに排出権市場の特性とその汚染抑止効果を検討し，とくにその効果を保証するために遵守機構のデザインを行う．これまで，排出権市場の環境統御への有用性についてはかなり理解されてきている．これは排出権市場を通じての効率的排出水準の達成可能であることと，直接規制方式などにくらべて，その成果を実現するためのコストが低いことによるものである．しかし，情報とインセンティブの観点からこの排出権市場のメカニズムを見なおすと非常に重要な問題点を含んでいることが分かる．それは排出権にもとづいて実際の排出がなされているかどうかということである．この排出権制度の遵守問題はこの制度の根幹にかかわることであり，こうした遵守を可能にするためにあらたな遵守メカニズムを構築しなければならない．この問題はMalik(1990)によって最初に取り上げられ，遵守されない場合には排出権市場の効率性が損なわれることを示した．また，Keeler(1991)は直接規制と比較して排出権市場のほうがルールを逸脱する可能性が高いことを示した．こうしてこの分析は情報とインセンティブの観点から環境汚染の抑止ルールの比較をおこなう先駆けとなった．さらにMalik(1992)はルール遵守メカニズムを明示的に導入することによっ

て Keeler(1991) の主張を補強した．こうしたルール遵守メカニズムの重要性が認識されてきたにもかかわらず，この遵守メカニズムそのものの最適デザインを追究していない．わずかに Stranlund=Dhanda(1999)，Garvie=Keeler(1994) においてこの問題が取り上げられている．本章の目的は排出権市場と連動した最適遵守メカニズムの特徴をあきらかにすることである．また，ペナルティ関数の性質が社会的費用と私的費用に与える影響について言及する．

13.2 排出水準とファースト・ベスト解

いま，ある市場において生産の副産物として環境汚染を引き起こす状況を考える．それぞれの企業はなんらの環境規制もないときに実現する汚染物質排出水準が共通にある e^0 となるものとする．その点で企業間の差はないが，排出水準を下げるために生じる費用においてタイプが異なるとする．とくに，e^0 から e の水準に引き下げるために企業が被る費用を

$$\frac{1+\theta}{2}(e^0 - e)^2$$

とする．ここで，θ は企業間で異なり，θ の大きな企業ほど削減費用が高い，すなわち非効率的企業である．この θ は $(0,1)$ 上のある確率密度関数 $f(\theta)$ のもとに分布しているとする．また全体の企業数は 1 に基準化しておく．また排出量一単位の汚染額を $a(>0)$ であらわす．このとき，各企業に対して最適な排出水準は社会的費用（外部費用＋私的費用）を最小にするものであるので，それは

$$\min_{e} ae + \frac{1+\theta}{2}(e^0 - e)^2$$

より，

$$e = e^0 - \frac{a}{1+\theta} \tag{13.1}$$

で表される．これはファースト・ベスト排出水準ということができる．この排出水準はタイプ θ の増加関数となっている．このとき，タイプ θ の企業の最小社会的費用は

$$ae^0 - \frac{a^2}{2(1+\theta)} \tag{13.2}$$

13.3. 排出権市場

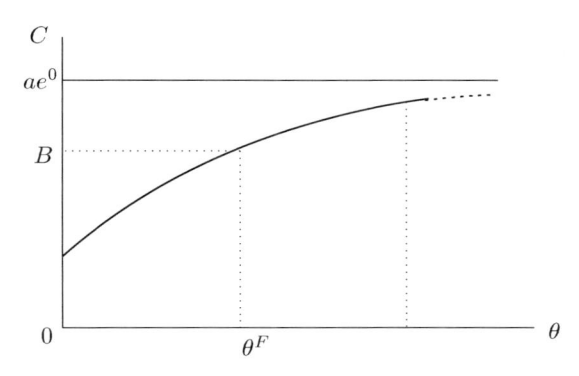

図 13-1：私的費用と企業退出

となる．したがって，いま，すべての私的便益を B であらわせば，社会的に望ましい企業のタイプは

$$B \geq ae^0 - \frac{a^2}{2(1+\theta)}$$

を満たすものであり，そのときの最大タイプ θ^F は $(a^2/2(ae^0 - B)) - 1$ である．これに対して，なんらの環境規制もないときにはすべてのタイプの企業は B の利益をもつ．ここで，規制がないときには e^0 の排出をすることになるがこのときの純利益が B ということである (図 13-1 参照)．

13.3 排出権市場

つぎに規制当局は企業タイプも企業の排出水準も観察できないとする．このとき，当局がなにもしなければ，どのタイプの企業も排出削減努力をしないことをみたが，これを克服するために，排出権市場を導入し，それがどのような規制効果をもつか検討しよう．ここで排出権市場はつぎのようなメカニズムである．まず，各企業に対して 1 単位の排出水準を許可する権利証をたとえば $\bar{m}$ 枚割り当てる．この割り当てがどのように企業の排出水準に影響するかはあとで述べる．ただし，当局は企業タイプを知らないので，割り当て量はすべての企業に対して同一である．つぎに，この初期割り当てのもとで各企業は最適な

排出水準を求める．いま，排出権の価格が p とするとタイプ θ の企業は

$$\min_{e} \frac{1+\theta}{2}(e^0 - e)^2 + p(e - \bar{m})$$

となるように排出水準 e を決める．これが初期排出権の量 $\bar{m}$ より多ければ市場から排出権を調達し，少なければ市場に放出することになる．これから，最適排出水準は

$$\hat{e} = e^0 - \frac{p}{1+\theta} \tag{13.3}$$

となり，このときの私的最小費用は

$$\hat{C} = -\frac{p^2}{2(1+\theta)} + p(e^0 - \bar{m}) \tag{13.4}$$

となる．したがって，生産をおこなって排出権市場に参加すれば，タイプ θ の企業は

$$B - \left(-\frac{p^2}{2(1+\theta)} + p(e^0 - \bar{m})\right)$$

の利益を得，生産をやめて初期割り当ての排出権を放出すると $p\bar{m}$ の利益を得るので，

$$B + \frac{p^2}{2(1+\theta)} - p(e^0 - \bar{m}) = 0$$

となるタイプ以下の企業が生産をおこなうことになる．この最大タイプを $\underline{\theta}$ とすると，

$$\underline{\theta} = \frac{p^2}{2(pe^0 - B)} - 1 \tag{13.5}$$

となる．これから，排出権価格にたいして，市場に留まる企業タイプのこの限界値は次のように示すことができる．こうして，排出権制度を導入することは企業数に影響することがわかる．

すなわち，価格が低いときにはすべての企業は市場に留まり，十分高くなると企業数は価格の減少関数となる．また，ある有限の価格水準において $\underline{\theta} = 0$ となる．この価格を p^0 とする (図 13-2 参照)．

したがって，ある価格水準のもとでの排出権市場での超過需要は

$$\int_0^{\underline{\theta}} (e^0 - \frac{p}{1+\theta} - \bar{m})f(\theta)d\theta + \int_{\underline{\theta}}^1 \bar{m}f(\theta)d\theta$$

13.3. 排出権市場

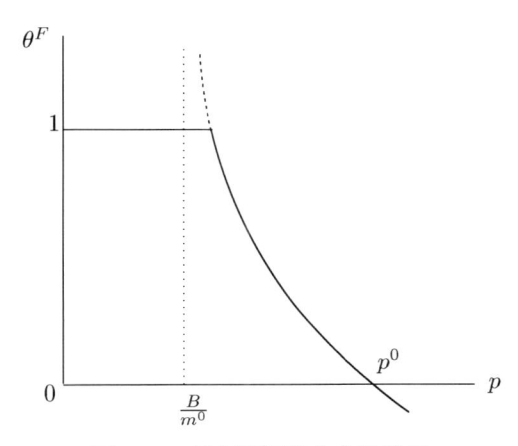

図 13-2：排出権価格と企業退出

となる．これから，均衡価格は

$$p = \frac{F(\underline{\theta}e^0) - \bar{m}}{\int_0^{\underline{\theta}} \frac{1}{1+\theta} f(\theta)d\theta} \tag{13.6}$$

を満たすことになる．ここで，右辺の値を $H(\underline{\theta})$ であらわすと

$$2e^0 + 2\sqrt{e^{0^2} - B} > H(1)$$

が成立すれば，現状の企業がすべて参加する均衡価格 p^1 が存在する．また，価格が十分高くなると $H(\cdot)$ は無限に大きくなるので，このとき，市場退出が生じる均衡価格 p^2 が必ず存在する．そのような均衡価格が一意であるかどうかは $H(\cdot)$ の形状に依存する．図 13-3 では一意な均衡価格が存在する場合を示している．ここで，均衡価格の安定性を調べると，均衡価格 p^1 はつねに安定であることがわかる．また，均衡価格 p^2 は一意であれば不安定であることがわかる．

定理 1 排出権市場の均衡価格

$$2e^0 - 2\sqrt{e^{0^2} - B} > H(1) \tag{13.7}$$

が成り立つとき，既存の企業体制のもとで均衡価格が存在する．この均衡価格は安定的である．また，その条件のもとで，市場退出が生じる均衡価格も必ず存在する．

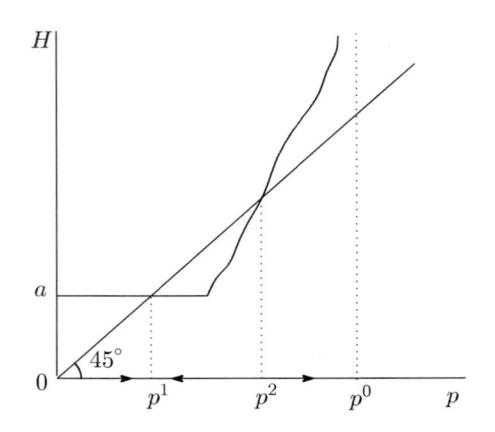

図 13-3：排出権価格

つぎに，この排出権市場を導入することによって先のファースト・ベスト解が実行されるかどうかを検討してみよう．まず，ファースト・ベスト解において現状の企業数が許容されているとき，すなわち，$\theta^F \geq 1$ のときから考えよう．このとき，均衡価格 p^1 では，各企業の費用は

$$\frac{1+\theta}{2}(\frac{p}{1+\theta})^2 + p(e-\bar{m})$$

となる．第2項はすべてのタイプに対して積分すればゼロであることに注意しよう．したがって，ファースト・ベスト解の排出水準との比較から，$p^1 = a$ が成立すればファースト・ベスト解を達成することになる．これは

$$a = \frac{e^0 - \bar{m}}{\int_0^1 \frac{1}{1+\theta}f(\theta)d\theta} \tag{13.8}$$

を満たすことを意味する．これは適当に初期割り当てをすることによって実現される．

また，ファースト・ベスト解において企業数に制限がなされる場合にはもはや均衡価格 p^1 では実行されない．しかし，p^2 を考えれば，$p^2 = a$ となるように初期割り当てを調整することによってファースト・ベスト解を得ることができ，また，このとき，市場に留まる企業数もファースト・ベスト解の場合と一致することがわかる．こうして，つぎの定理が得られる．

定理2 排出権市場におけるファースト・ベスト解

$\theta^F \geq 1$ ならば，$p^1 = a$ になるように初期割り当てをすることによってファースト・ベスト解は得られる．また，$\theta^F \leq 1$ ならば，$p^2 = a$ となるように初期割り当てをすることによってファースト・ベスト解は得られる．

13.4　排出権市場の遵守可能性と監視制度

これまでは排出権を入手すればそれ以上の汚染排出をおこなわないということを前提にしてきた．すなわち，排出権制度は厳密に遵守されるとしてきた．しかし，考えてみると，排出権どおりの排出水準を企業が遵守する保証はない．それどころか，われわれの設定では，企業が排出権どおりに排出しないとすれば，初期割り当てをすべて市場で売却し，売却利益を得，さらに，排出水準を初期水準 e^2 にするであろう．したがって，結果として排出権市場の価格はゼロとなる．こうして，排出権市場は機能しなくなる．これを回避するために，排出権制度を監視する制度が必要になる．すなわち，排出権市場の効果的機能のためには監視体制が不可欠なのである．

このために，つぎのようなモニタリング確率とペナルティの組によってこの監視制度を表すことにする．いま，各企業に対して排出量が超過しているかどうかチェックするための監視を確率 β でおこなうとすれば，そのための規制当局の費用は $T(\beta)$ で表されるとする．ここで，監視の費用関数は限界費用逓増的であるとする（$T' > 0, T'' > 0$）．また，ペナルティについては $V(e-m)$ の関数とする．ここで，m は排出権市場で購入した排出権数であり，実際の排出水準が e であれば，$e-m$ が違反量である．このペナルティ関数は $T(0) = 0$ であり，違反量に対して非減少関数である．ここでは監視されれば当局は確実に違反量を把握できるものとする．こうして，モニタリング制度が与えられると各企業は排出水準と排出権購入量を決めなければならない．これはつぎのように定式化できる．

$$\min_{e,m} \frac{1+\theta}{2}(e^0 - e)^2 + \beta V(e-m) + p(m - \bar{m})$$

この問題において，排出水準 e は m より少なくないことは明らかである．われ

われの問題は1期間であるから排出権の貯蓄は考えられない．まず，違反する場合の最適問題を解いてみよう．この1階の必要条件は

$$-(1+\theta)(e^0 - e) + \beta V'(e - m) = 0$$

$$-\beta V'(e - m) + p = 0$$

である．これから，

$$p = (1+\theta)(e^0 - e) \tag{13.9}$$

すなわち，排出権価格＝限界削減費用が導かれる．したがって，その場合の最適な排出水準と排出権需要量はそれぞれ

$$e = e^0 - \frac{p}{1+\theta} \tag{13.10}$$

$$m = -V'^{-1}\left(\frac{p}{\beta}\right) + e^0 - \frac{p}{1+\theta} \tag{13.11}$$

で表される．このときの各企業の総費用は

$$C_1 = \frac{1+\theta}{2}\left(\frac{p}{1+\theta}\right)^2 + \beta - \frac{p^2}{2(1+\theta)} + \beta V(V'^{-1}(\frac{p}{\beta})) - pV'^{-1}(\frac{p}{\beta}) + p(e^0 - \bar{m})$$

$$= -\frac{p^2}{2(1+\theta)} + \beta V(V'^{-1}(\frac{p}{\beta})) - pV'^{-1}(\frac{p}{\beta}) + (e^0 - \bar{m})p$$

で表される．

これに対して，排出権制度を遵守する場合の最適排出水準はすでに示したように

$$e = e^0 - \frac{p}{1+\theta}$$

であり，最適排出水準そのものは排出権制度を遵守しようとしまいと同じである．これは排出削減費用関数の特定化にかかわらず成り立つことがわかる．排出権制度を遵守する場合の各企業の最小費用は

$$C_2 = -\frac{p^2}{2(1+\theta)} + p(e^0 - \bar{m})$$

となる．

13.4. 排出権市場の遵守可能性と監視制度

以上の2つの場合を比較して，排出権制度を遵守すべきかどうかが決定される．それぞれの最小費用を比較すると，

$$C_1 - C_2 = \beta V(V'^{-1}(\frac{p}{\beta})) - pV'^{-1}(\frac{p}{\beta})$$

となる．ここで，$V'(s) = p/\beta$ とすると，上の式は

$$s(-1 + 1/\epsilon)$$

と表すことができる．ここで，ϵ はペナルティ関数の違反量に関する弾力性である．したがって，この弾力性が1より大きければ，$C_1 < C_2$ がつねに成り立ち，すべての企業は排出権制度を遵守しないことになる．すなわち，

定理3 ペナルティ関数が違反量にのみ依存する場合，違反するかしないかは企業タイプに依存しない．すなわち，すべてのタイプが違反するか，すべてのタイプが遵守するかになる．とくに，ペナルティ関数の違反量に関する弾力性 ϵ が1より大きければ（小さければ），排出権制度を遵守しない（遵守する）．また，違反する場合は，その違反量自体は

$$e - m = V'^{-1}(p/\beta)$$

となり，企業タイプに依存しない．

以下では ϵ が1より大きいと仮定しよう．このとき，すべてのタイプは排出権制度を遵守しないことを選択し，タイプ θ の企業は

$$m = -V'^{-1}(\frac{p}{\beta}) + e^0 - \frac{p}{1+\theta}$$

の排出権需要をもつ．また，そのときの最小費用は

$$C_1 = -\frac{p^2}{2(1+\theta)} + \beta V(V'^{-1}(\frac{p}{\beta})) - p(V'^{-1}(\frac{p}{\beta})) + p(e^0 - \bar{m})$$

となる．あるモニタリング環境 $(\beta, V(\cdot))$ のもとで，実際に生産をおこなう企業は $B - C_1 \geq 0$ の場合である．したがって，この式が等号で成り立つ企業タイ

プを θ^1 とすると，これは $\theta^1 = \theta^1(p, \beta, \bar{m})$ で表される．このとき，排出権市場での超過需要は

$$\int_0^{\theta_1} (-V'^{-1}(\frac{p}{\beta}) + e^0 - \frac{p}{1+\theta}) f(\theta) d\theta - \bar{m}$$

で表される．

13.5 モニタリング設計

これまではモニタリング環境を所与のものとして企業行動を考察してきたが，モニタリング環境そのものをデザインする必要がある．規制当局の目的は

$$B - \int ae(\theta)f(\theta) + \frac{1+\theta}{2}(e^0 - e(\theta))^2 f(\theta) d\theta - T(\beta)$$

を最大にすることである．議論を簡単化するために，以下で，ペナルティ関数を

$$V(e-m) = \frac{\phi}{2}(e-m)^2 \quad \text{if } \theta^0 \geq \theta$$

$$V(e-m) = \frac{\phi}{2}(e-m)^2 + q \quad \text{if } \theta^0 \leq \theta$$

とする．ここで θ^0 はある企業タイプであり，また ϕ はある正の定数である．これらは $\beta, \bar{m}$ とともに，規制当局が決定しなければならないものである．ここで，ペナルティ関数を2次式にしたのは，もし $q(>0)$ がなければすべての企業は排出権制度を遵守しないことになることを前提としたうえで，ある程度のタイプの企業は遵守することがあり得ることかどうか検討したいためである．ここで注意しておかなければならないことは，上のペナルティ関数は θ に依存しているということである．モニタリングによって不法行為が発覚したとき，その企業のタイプがわかると考えればこの前提は不自然ではない．したがって，以下ではモニタリングによって規制当局は違反量だけでなく違反企業のタイプも知ることができると仮定する．また，$q(>0)$ は定額ペナルティであるが，上のペナルティ関数の意味はこの定額ペナルティが θ に関して段階関数となっているということである．一般に，この定額ペナルティは θ の増加関数として定式化することができるが，排出権制度を遵守するかどうかはある境界点を境に二

13.5. モニタリング設計

分されるから，こうした段階関数として定式化しても一般性を失わない．また，違反する場合を前提にすれば定額ペナルティはゼロとしても貨幣的収入を問題にしないかぎりかまわない．また，この定額ペナルティは社会的に許容される水準と考え，固定されているとしよう．

また，企業タイプの分布を $(0,1)$ 区間上の一様分布としよう．まず，$q=0$ の場合を考える．この場合にはすべての企業は排出権制度を遵守しないので，排出権市場の均衡条件は

$$\int (-\frac{p}{\beta\phi} + e^0 - \frac{p}{1+\theta} - \bar{m}) d\theta = 0$$

となるから，均衡価格は

$$p = \frac{e^0 - \bar{m}}{\log 2 + \frac{1}{\beta\phi}} \qquad (13.12)$$

で得られる．したがって，このとき社会的費用は

$$\int_0^1 (ae^0 - \frac{p}{1+\theta} + \frac{1+\theta}{2}(\frac{p}{1+\theta})^2) d\theta + T(\beta) = ae^0 + \frac{1}{2}(-2ap + p^2) \log 2 + T(\beta)$$

となる．したがって，規制当局はこの社会的費用を最小にする β を求めればよいことになる．これはモニタリングの限界費用が極端に高くなければ，ある最適な β の値が求められることを意味する．なお，この節以降は簡単化のためにモニタリング環境がどうであれ初期の企業が退出しないほど私的便益 B が十分大きいものとする．

いま，排出権制度を遵守しない場合に限定しているのであるが，それにもかかわらず，最適なモニタリング確率が正となることは重要である．通常，モニタリングに関する経済分析においては不法行為が許容される場合には，モニタリング確率を当然ながらゼロにすることになるが，われわれの排出権制度のもとではそれは成り立たない．β を小さくしていくと排出権価格が下がっていくことにより排出水準そのものが上がっていくからである．すなわち，β の減少は排出権価格をとおして排出水準に負の効果をもたらし，モニタリング費用への正の効果をうち消していくからである．

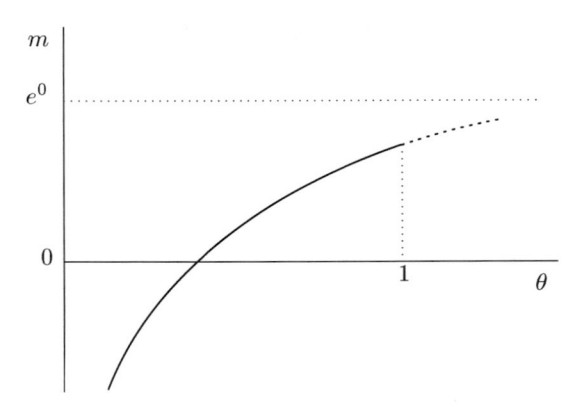

図 13-4：排出権需要

13.6 最適モニタリング

つぎに，排出権制度を遵守しない場合の最適初期割り当てを求めよう．これは上の社会的費用を $\bar{m}$ に関して微分することによって求められる．これは

$$(-2a + 2p)\frac{dp}{d\bar{m}}$$

の符号を求めればよいが，$-2a + 2p$ は β に関する最適条件より負であることがわかり，また，$dp/d\bar{m}$ も負であるから，結局，この符号は正である．したがって，社会的費用を最小にする初期割り当ては $\bar{m} = 0$ である．ここで，$\bar{m} = 0$ とはいったいどういう意味であろうか．これは排出権制度が事実上消滅することを意味するであろうか．実はそうではない．

文字どおり，初期割り当てをゼロにするだけである．このとき，各企業はそれぞれ必要なら排出権 (ただし公認されたもの) を発行し，必要なら排出権を購入することによって排出権市場で正の価格が成立する状態を意味している．事実，各タイプの企業の排出権に対する需要は図 13-4 のように表される．

われわれの定めたペナルティ関数のもとで θ^0 以上のタイプの企業が遵守をする条件は，

$$C_1 - C_2 = -\frac{p^2}{2\beta\phi} + \beta q$$

13.6. 最適モニタリング

から,

$$\beta \geq \frac{p}{\sqrt{2q\phi}} \tag{13.13}$$

となる．この条件をみたすモニタリングのもとで，排出権市場の均衡条件式は

$$\int_{\theta^0}^{1}(e^0 - \frac{p}{1+\theta})d\theta + \int_{0}^{\theta^0}(-\frac{p}{\beta\phi} + e^0 - \frac{p}{1+\theta})d\theta = \bar{m}$$

となる．したがって，均衡価格は

$$p = \frac{e^0 - \bar{m}}{\frac{\theta^0}{\beta\phi} + \log 2}$$

となる．この均衡価格をあらためて (13.13) に代入すると,

$$\beta \geq (\frac{e^0 - \bar{m}}{\sqrt{2q\phi}} - \frac{\theta^0}{\phi})/\log 2 \tag{13.14}$$

となる．したがって，規制当局としてはモニタリング費用を減らすために，この式が等号となる β を設定すればよい．この値を β^* とおく．対応して排出権市場の均衡価格は

$$p^* = (e^0 - \bar{m} - \theta^0\sqrt{2q/\phi})/\log 2 \tag{13.15}$$

で表される．このとき，社会的費用は

$$\int_{0}^{1} ae + \frac{1+\theta}{2}(e^0 - e)^2 d\theta + T(\beta^*) = ae^0 + (\frac{p^2}{2} - ap)\log 2 + T(\beta^*)$$

となるので，最適な θ^0 は

$$(p^* - a)\log 2 \frac{dp^*}{d\theta^0} + T'(\beta^*)\frac{d\beta^*}{d\theta^0} = 0 \tag{13.16}$$

を満たさなければならない．

ここで，$dp^*/d\theta^0$ と $d\beta^*/d\theta^0$ はともに負であるから，(13.16) の最適条件のもとでは $p^* - a < 0$ が成り立つ．すなわち，最適モニタリングのもとでの排出権市場の均衡価格は排出の限界外部費用より低くなり，したがって，ファースト・ベストにおける最適排出水準より過大な排出水準となる．

また，一般に最適違反タイプの境界点は内点となるのは，遵守するタイプの境界点を拡大することによって，需要が減少するので価格は低下し，それが排

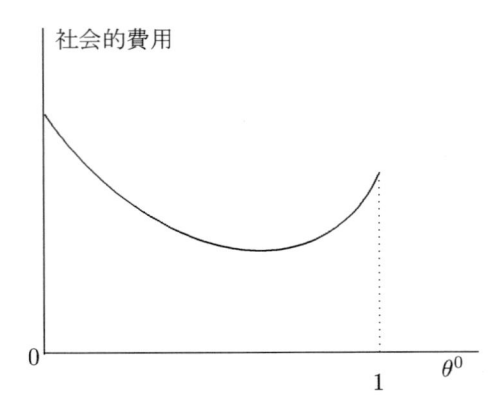

図 13-5：社会的費用と境界点

出水準を増加させる負の効果と，逸脱の範囲の縮小によるモニタリング費用の減少とのトレードオフが存在するからである．

こうして，最適違反タイプの境界点は一般に内点に定まることがわかったが，つぎに規制当局のおこなう初期割り当てはどのようにすべきであろうか．さきほど述べた，すべてのタイプを逸脱させるようなモニタリング体制の場合のように初期割り当てはゼロにもっていくのがよいであろうか．これを調べるために，(13.14)，(13.15) の各式において $p^* = p^*(\theta^0, \bar{m}), \beta^* = \beta^0(\theta^0, \bar{m})$ とおいて，最適違反境界の条件 (13.16) を満たす θ^0 を初期割り当ての関数として $\theta^0(\bar{m})$ で表せば，社会的費用の式を $\bar{m}$ で微分することによって

$$\log 2(-a+p)(\frac{\partial p^*}{\partial \theta^*}\frac{d\theta^*}{d\bar{m}} + \frac{\partial p^*}{\partial \bar{m}}) + V'(\beta^*)(\frac{\partial \beta^*}{\partial \theta^*}\frac{d\theta^*}{d\bar{m}} + \frac{\partial \beta^*}{\partial \bar{m}})$$

が求められるが，各項にある $\bar{m}$ の変化の排出権市場の価格へのトータルな影響とモニタリング確率へのトータルな影響はともに負であることがわかる．

$$\frac{\partial p^*}{\partial \theta^*}\frac{d\theta^*}{d\bar{m}} + \frac{\partial p^*}{\partial \bar{m}} < 0$$

$$\frac{\partial \beta^*}{\partial \theta^*}\frac{d\theta^*}{d\bar{m}} + \frac{\partial \beta^*}{\partial \bar{m}} < 0$$

したがって，初期割り当てを増加させると，排出権市場の価格は低下して排出水準が上昇する負の効果と，モニタリング確率を減少させる正の効果が相殺さ

13.7. 私的費用と社会的費用

社会的費用

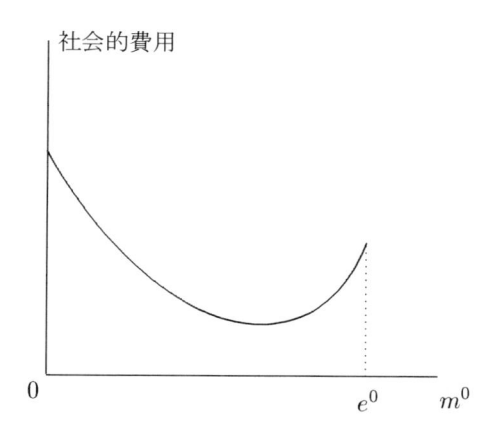

0   e^0 m^0

図 13-6：社会的費用と初期割り当て

れて，図 13-6 のように一般に初期割り当てをゼロあるいは $p=0$ まで増加させるという端点をとらず，内点をとることがわかる．

13.7 私的費用と社会的費用

これまではペナルティ関数としてより効率の悪い企業に排出権制度を遵守させるようなものを前提に，その最適な境界点を求めたが，逆により効率の悪い企業に排出権制度を違反させるようなペナルティ関数にした場合どのような問題が生じるであろうか．その場合は実現する社会的費用が高くなり，そうしたペナルティ関数は不適当であるということができるであろうか．この点について考察してみよう．

この場合，ペナルティ関数はつぎのように表せる．

$$V(e-m) = \frac{\phi}{2}(e-m)^2 \quad \text{if} \ \ \theta_0 \leq \theta$$

$$V(e-m) = \frac{\phi}{2}(e-m)^2 + q \quad \text{if} \ \ \theta_0 \geq \theta$$

θ_0 が境界点で，これ以下のタイプの企業が違反するように設定されるのである．

このとき，前と同様にして，排出権市場での均衡条件から，均衡価格は

$$p = \frac{e^0 - \bar{m}}{\frac{1-\theta_0}{\beta\phi} + \log 2}$$

となる．したがって，前節の議論において $\theta_0 = 1 - \theta^0$ とおけば同様な議論ができる．また，社会的費用についても同様である．したがって，つぎのような定理が得られる．

定理 4 社会的費用最小化をおこなうモニタリングのもとでは，汚染削減費用においてより効率的な企業に対して排出権制度を遵守させるペナルティ関数を採用しようと，より非効率な企業に対して排出権制度を遵守させるペナルティ関数を採用しようと，$\theta_0 = 1 - \theta^0$ とおく限り対称的な議論が成立する．言い換えると社会的費用関数は $\theta_0 = \theta^0 = 1/2$ に対して対称な形状をしている．

　それでは，2種類のペナルティ関数のどちらを採用するかは経済的に差がないといえるであろうか．実は，社会的費用については事実上同じであるが，私的費用に関してはことなることがわかる．いま，ある $\theta_0 = 1 - \theta^0$ に対して，最適なモニタリング確率のもとで私的費用関数を図示してみよう．このとき，境界点の取り方から，それぞれの場合の，遵守する場合と遵守しない場合での関数は図形的に一致するが，実際に採用される私的費用関数は実線で示すようになっている．こうして，より非効率な企業に対して排出権制度を遵守させると絶対的に大きな費用を負担させることになる．したがって，もし，各企業の私的利益は同じであり，ある程度低ければ，その場合，より非効率的な企業は退出しているかもしれない．したがって，これは企業数を減少させることになり，排出権市場への影響をもたらすことになる．こうして，上の定理は限定つきで成り立つということができる．すなわち，各企業の私的利益が十分大きく，どちらのペナルティ関数が採用されても退出しないという条件のもとでこの定理は成り立つということができる．

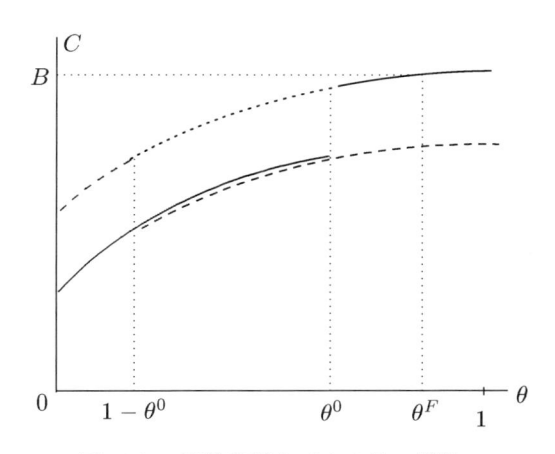

図 13-7：私的費用とペナルティ関数

13.8　おわりに

　本章では遵守メカニズムを明示的に導入することにより，排出権市場のワーキングとその社会的費用への影響を分析し，最適遵守メカニズムの特徴を明らかにした．とくに，違反者へのペナルティ関数の導出，財市場での企業の退出行動への影響などあらたな結果を導くことができた．これらの分析を基礎として今後なすべき問題は直接規制，課税・補助金政策との比較をこうした情報とインセンティブの観点からおこなうことである．また，モニタリング費用として単に監視確率に対応する費用のみを本章では取り扱ったが，通常の監督の経済学でなされているように，監視確率に対する費用と情報収集費用（違反を確定するための費用）とに分けてその効果を考慮すべきであろう．さらに重要な拡張としては完全競争市場として排出権市場を取り扱わないで，不完全競争市場として分析することであろう．この点についてはEgteren=Weber(1996)などが参考になる．

参考文献

[1] Amacher, G. and A. S. Malik(1998), "Instrument Choice When Reg-

ulators and Firms Bargain," *Journal of Environmental Economics and Management*, vol.35.

[2] Egteren, H. V. and M. Weber(1996), "Market Permits, Market Power and Cheating," *Journal of Environmental Economics and Management*, vol.30.

[3] Garvie, D. and A. Keeler(1994), "Incomplete enforcement with endogenous regulatory choice," *Journal of Public Economics*, vol.55.

[4] Keeler, A.(1991), "Noncompliant Firms in TDP Market : Some Extentions," *Journal of Environmental Economics and Management*, vol.21.

[5] Malik, A. S.(1990), "Markets for pollution control when firms are noncompliant," *Journal of Environmental Economics and Management*, vol.18.

[6] Malik, A. S.(1992), "Enforcement costs and the choice of policy instruments for pollution control," *Economic Inquiry*, vol.30.

[7] Stranlund, J. K. and K. K. Dhanda(1999), "Endogenous Monitoring and Enforcement of a Transferable Permits System," *Journal of Environmental Economics and Management*, vol.38.

事項索引

あ行

一括契約 16
依頼人 33
インセンティブ・コンパティビリティ
　条件 187
請負契約 103
エージェンシー関係 33, 104
エンフォースメント政策 .. 141, 143
オーナー 113, 125, 127, 130

か行

外部監査 116, 118, 180
外部不経済 167
学歴シグナリング論 22
カルテル 139, 148
監査制度 179
完全循環 210, 214
機会主義 6
逆選択 10, 13
行政行為 160
行政指導 162
行政立法 159
金銭的インセンティブ 130
グループ解消率 67

継続的取引 86
継続取引 26, 89
結託 173
結託が可能なペナルティ体系 .. 177
結託可能条件 178
結託が不可能なペナルティ体系 176
顕示 (表明) 原理 12, 186
原状回復利益 77
公正取引委員会 141
効率的契約破棄 81
コーポレート・ガバナンス 113
個人合理性 187
コミットメント 129

さ行

再交渉不可能契約 87
再交渉防止原理 87
最適モニタリング政策 .. 151, 155
残余請求権 102, 135
シグナリング 25
シグナル 27
事後監督 168, 169
自己選抜 13
事前監督 169

順選択 26
情報レント 118, 189
信義則 83
真実告知メカニズム 12
信念 23
信頼利益 77
ステークホルダー 114, 135
損害賠償 74

た行

代理人 33
談合 183, 197
談合抑止メカニズム 197
単調尤度比条件 36
中古車市場 9
取引特殊的投資 57, 62, 75, 134
努力水準 106, 111

な行

内部監査 116, 120, 180
ナッシュ均衡 153
ナッシュ交渉解 59, 63
入札メカニズム 186

は行

廃棄物 203
排出権価格 222
排出権市場 219, 221
非協力ナッシュ均衡 142
ファースト・ベスト 120
不完備契約 89, 94, 134
不法投棄 207, 212
分離均衡 24, 29
分離契約 16
ペナルティ 118, 123, 165, 204
ペナルティ関数 227, 234
ペナルティ政策 140
法の経済学 73
保険市場 13

ま行

メカニズム・デザイン 11
モニタリング 5, 102, 105, 107, 111,
          114, 124, 130, 165, 185, 191
モニタリング確率 225, 234
モニタリング政策 213
モニタリング制度 225
モラル・ハザード .. 34, 36, 98, 185

や行

約定損害賠償 81
止むを得ざる事由 85, 92
誘引両立条件 118
優越的地位の濫用 92

ら行

履行利益 75, 77
リサイクル・システム 203, 204
リスク回避的 100
立証可能情報 5
立証不可能 58
労働の不確定性 97
労働力の分割不可能性 99
ロックイン効果 57, 68, 69

人名索引

Aghion, Philippe 42, 54
Akerlof, George 3, 9, 22, 29
Alchian, Armen 102, 133
Arrow, Kenneth 3, 99

Becker, Gary 98
Besanko, David 53
Bohm, Peter 217
Bolton, Patrick 42, 54

Caillaud, Bernard 47, 51
Calvo, Guillermo 111
Chung, Tai-Yeong 82

Demsetz, Harold 102, 133
Demski, Joel 22
Dhanda, Kanwalroop Kathy 220

Egteren, Henry van 235

Farell, Joseph 57
Feltham, Gerald 22
Fullerton, Don 217

Garvie, Devon 220
Graetz, Michael J. 184

Hart, Oliver 7

Hviid, Morten 89
Jensen, Michael C. 134
Keeler, Andrew G. 219, 220
Kofman, Fred 116, 121, 180, 184

Laffont, Jean-Jacques 87, 184
Lawarrèe, Jacques 116, 121, 180, 184
Littler, Craig R. 103

Malik, Arun S. 219
Meckling, William 134
Milgrom, Paul 22
Mookherjee, Dilip 169

Nelson, Richard 98

Palmer, Karen 217
Perry, Martin K. 53
Png, I. P. L. 169

Reinganum, Jennifer F. 184
Roberts, John 22
Russell, Clifford S. 217

Schmalensee, Richard 26

Shapiro, Carl 57, 112
Spence, Michael 22
Stiglitz, Joseph 112
Stranlund, John K. 220

Tirole, Jean 62, 87, 173, 184

Vicker, John............55

Walls, Margaret 217
Weber, Marian 235
Wellisz, Stanislaw 111
Wilde, Louis L. 184
Williamson, Oliver 3, 6, 57, 62
Wu, Wenbo 217

Zingales, Luigi 134

伊藤秀史............ 37, 134
内田貴............86
小佐野広............132

片木晴彦............123

清水克俊............3
白石忠志............92

樋口範雄............ 74, 84
平井宣雄............94
細田衛士............217

松本恒雄............85
村上政博............141

柳川範之............7

〈著者略歴〉

細江守紀（ほそえ・もりき）
1968年　九州大学理学部物理学科卒業．
1975年　九州大学大学院経済学研究科博士後期課程単位取得．
現　在　九州大学大学院経済学研究院教授，経済学博士．
主　著　『不確実性と情報の経済分析』九州大学出版会，1987年．
　　　　『非協力ゲームの経済分析』（編）勁草書房，1989年．
　　　　『応用ミクロ経済分析』（編）有斐閣，1990年．
　　　　『Public Policy and Economic Analysis』
　　　　　（eds. with E. Rasmusen）Kyushu University Press, 1997.
　　　　『公共政策の経済分析』（編）有斐閣，1997．
　　　　『法の経済分析』（編）勁草書房，2001．

〈経済工学シリーズ・第2期〉
情報とインセンティブの経済学

2005年4月15日　初版発行

著　者　細　江　守　紀
発行者　福　留　久　大
発行所　㈶九州大学出版会
　　　　〒812-0053　福岡市東区箱崎7-1-146
　　　　　　　　　　九州大学構内
　　　　電話 092-641-0515（直通）
　　　　振替 01710-6-3677
印刷／九州電算㈱・大同印刷㈱　製本／篠原製本㈱

© 2005 Printed in Japan　　　　ISBN4-87378-863-3

〈経済工学シリーズ・第 2 期〉

刊行の辞

　1987年から始まった経済工学シリーズはこれまで10冊余の公刊をみている。刊行された著作は大学の標準的なテキストとして，また，各分野の研究書として高い評価を得てきている。我々はこのシリーズの発刊によって先端的な分野での研究と「経済工学科」の認知に対して少なからず貢献できたものと思っている。九州大学経済学部の経済工学科ができてはや15年，ユニークな学科としての評価は定着し，経済工学科の名称についていちいち説明することは不要になっている。その間，この学科の創設に寄与された先生方は退官され，いまや「第二世代」の研究スタッフ陣がそろってきている。我々はこうした時期に装いも新たに第 2 期経済工学シリーズを刊行することにした。いうまでもなく，我々をとりまく経済社会は大きく変化し，市場経済のグローバル化，高度情報化社会の深化のスピードが一層加速している。このような時期にあらたなシリーズを企画することによって，来るべき21世紀への学問的貢献ができればこれにまさる幸せはない。経済工学という名称の特定の学問分野はないが，経済工学は経済学と数学および情報の三位一体の研究の総称といってよいであろう。その意味でこのシリーズは学部・学科の枠にとらわれず，他大学の研究者の貢献も期待している。

編集世話人　細 江 守 紀

投資関数の理論	朱 保 華 著	A 5 判・232頁　定価 3,500円
不完備情報の動的決定モデル	中 井 達 著	A 5 判・244頁　定価 2,900円
Fortran と C による経済分析	古 川 哲 也 著	A 5 判・220頁　定価 3,000円
複雑系による経済モデル分析	時 永 祥 三 著	A 5 判・252頁　定価 3,000円
電子商取引と情報経済	時 永 祥 三　譚 　 康 融 著	A 5 判・224頁　定価 3,000円
経済成長分析の方法 ―イノベーションと人的資本のマクロ動学分析―	大 住 圭 介 著	B 5 判・332頁　定価 3,200円
情報技術と差別化経済	萩 野 　 誠 著	A 5 判・292頁　定価 3,000円
公共契約の経済理論	三 浦 　 功 著	A 5 判・268頁　定価 3,000円
情報とインセンティブの経済学	細 江 守 紀 著	A 5 判・256頁　定価 2,800円

（定価は税別）